U0681295

越縵堂讀書記全編

五

【清】李慈銘 著
張桂麗 輯校

上海古籍出版社

光緒十三年

正月

爾雅新義　宋　陸佃

初五日　閱陸左丞爾雅新義，嘉慶戊辰蕭山陸氏芝榮所刻三間草堂本，亦出於宋茗香所校，與近年粵雅堂本同。首有王穀人宗炎序，甚佳。左丞此書所據經文自勝，其注頗文句簡古，有西漢人家法；然穿鑿私臆，好行小慧，實經學家之魔道，陳直齋謂其不出荆公字説，玩物喪志，等之戲笑者，良不誣也。王序議論最正，孫頤谷亦止取其經文，可正俗誤。宋氏、陸氏力回護之，蓋好古之盛心，固宜如是。張月霄愛日精廬藏書志舉其精確者二十二條，最爲有識。嚴久能跋極詆其荒鄙，謂陳直齋所譏未足蔽辜，則不免過當。今即舉其第一條論之。其解俶、落二字云：「俶於人爲叔，於天爲始；落於花爲落，於實爲始。」落之解義雖偏，尚自新雋，俶則無理矣。其解舒梟鶩云：「視梟雖舒，音木，則其質木故也。」吾越以人之癡鈍者曰呆木。此方言之俗音，豈可以解經？然亦可見吾鄉此語已古矣。其解麐麎、短脰云：「豬淫穢，亦短脰。今處女腰脛纖細，既嫁而粗矣，既字而粗矣。若所謂褭驂亦以此，所謂小領亦以此。小領攝矣，褭驂戒體猶在。」數語體人物極妙，然與麐麎何涉？

鑑止水齋集 清 許宗彦

初八日 閲鑑止水齋集。其武經總要跋據所載東西拐子馬隊爲北宋西北面行營之制，選精騎爲大隊之左右翼，所以禦契丹弓騎之奔突，金人襲用其名，猶云騎兵之精者耳。宋史乃謂金人聯鎖馬足，一馬仆，二馬不能行，真三家村中語。俞理初癸巳存稿以宋史言拐子馬近兒戲，不可信，尚未見此書也。

論語旁證 清 梁章鉅

十六日 閲論語旁證。其書采取不多，然頗能引用宋儒諸書，平心求是，發明朱注之說。此與黄氏論語後案，皆家塾必讀之書也。

資治通鑑 宋 司馬光

二十日 閲通鑑晉安帝、恭帝紀。晉書頗病蕪雜，而孝武以後三秦、五燕、五涼迭起迭衰，紛拏交錯，尤苦雜糅。通鑑叙之井井，不漏不煩，實非後人所能及。胡身之注地理秩然，亦爲有功。

鮚埼亭集外編 清 全祖望

二十三日 閲鮚埼亭集外編。其釋奥一篇殊爲紕繆，謂古有奥神，故禮器云「燔柴於奥」，鄭注「奥當爲爨」者，非，不知五經異義引大戴記禮器本作「竈」，見御覽禮儀部。故鄭又云「或作竈」也。

二十五日 閱鮚埼亭集外編。此書終身閱之，探索不盡，然其經學自不逮史學也。

二月

王龍谿先生集 明 王畿

朔 閱王龍谿先生集。先生於良知之學，實有心得，其天泉證道語謂「意之動亦無善無惡」，與陽明宗旨顯殊，流入於禪，不特爲朱學者訶病，即王門亦深疑之，然其意不過主靜而已。其與唐荆川問答語，字字鍼砭意氣之失，可謂名言。與王遵巖問答語亦有精理。蓋龍谿天分極高，故其悟入處極透徹，其與人言，層層鞭辟，真能開發神智。吾曹志氣浮散，能時時讀之，所得非尠。讀書如醫病，惟求藥之對證耳。是日寒陰多感，精神小極，靜玩此編，殊有會心。

儀禮

十六日 儀禮喪服「緦麻三月」章，「夫之諸祖父母，報」。鄭君注：「諸祖父母者，夫之所爲小功，從祖、祖父母、外祖父母，或曰曾祖父母、曾祖於曾孫之婦無服，而云報乎？曾祖父母，正服小功；妻從服緦。」賈疏云：「鄭云曾祖父母正服小功，妻從服緦者，此鄭既破或解更爲或人本作「成人」，今以意改。而言，若今本不爲曾祖齊衰三月，而依差降服小功，其妻降一等，得有緦服。今既齊衰三月，明爲曾孫妻無服。」

慈銘案，此鄭君正喪服之名，辨正尊、旁尊從服之義，明妻於夫之曾祖父母有服而不報，夫之外祖父母有服而報，所以補經之不備也，其誼甚精，而賈疏不能闡發之。諸祖者，上不得包曾祖，下不得晐諸父，而可以統外祖，所謂別嫌明微也。鄭於「齊衰三月」章「曾祖父母」下注云：「正言小功者，服之數盡於五，則高祖宜緦麻，曾祖宜小功也。據祖期，則曾祖宜大功，高祖宜小功也。曾祖、高祖皆有小功之差，則曾孫、玄孫爲之服同也。重其衰麻，尊尊也；減其日月，恩輕也。」是謂曾祖以服數之差，宜小功、大功，而今「齊衰三月」者，尊其名而殺其月。所以不大功者，至親以期斷，父母之三年，本加隆而再期也，父期則祖本宜大功，亦以恩近而加期，同之於至親也。曾祖之恩輕，不得由小功而加至大功也。然其正服本小功，則妻從服降一等，宜緦矣。曾祖之尊，曾孫婦之恩輕，故不爲曾孫婦報也。夫之外祖父母者，姑之父母也，於夫爲外親之最尊者，外親服本緦麻，加隆而至小功，故妻從服降一等而緦，亦以恩姑而服之也。而外祖父母爲之報，皆所謂仁之至義之盡也。此鄭注之精義，而宋人敖繼公、近人程瑤田猶不能達，謂注文第二之曾祖父母當爲從祖父母，夫從祖父母者，父行也，即諸父、諸母而可謂之諸祖父母乎？夫之從祖、祖父母，尚有緦之報，則從祖父母親近者自有相報之服，不待更言矣。而近儒如段懋堂氏猶謂注文第二曾祖父母當作外祖父母，阮芸臺氏猶謂當據通典補「從祖父母」四字於注文從祖、祖父母下。案，今内板通典卷九十二凶十四引鄭此注，並無阮氏所云等文。甚矣，鄭注之不易讀也。

又思喪服經特著「齊衰三月」章於「大功九月」之上，其明曾祖之尊服至矣。爲傳者又重明之曰：「小功者，兄弟之服也，不敢以兄弟之服服至尊也。」作記者又引傳曰「何如則可謂之兄弟，傳曰：小功以下爲兄弟」。古聖賢於正尊之服、兄弟之名，可謂丁寧之至矣。而唐之太宗，賢君也，魏徵等皆名臣也，猶加曾祖服爲五月，而至今因之。至兄弟之異於昆弟，喪服經、傳尤彰彰著明，唐以前禮服諸儒人人知之，而近儒如閻百詩、任幼植等皆不能知。宋之敖繼公乃謂大功亦兄弟服，是不知大功有同財之義者也。至曾祖「齊衰三月」之服，包乎高祖以及百世逮見之祖，自鄭注發之，晉袁氏準、宋沈氏括、國朝顧氏炎武、盛氏世佐、褚氏寅亮、戴氏震、張氏履推闡之甚明，而程瑶田猶謂高祖元孫無服，喪服經所不言者，不制服也。嗚呼，是何悖古蔑倫無忌憚之至此也！故嘗謂喪服足徵記一書，實周孔之罪人，不止爲鄭學之蟊賊也。

史記 漢 司馬遷

十七日 校郊祀志及封禪書訖，寫出三條。「太一皋山山君用牛」。案，史記封禪書作「太一澤山君地長用牛」，褚少孫補孝武紀作「太一皋山山君地長用牛」。索隱謂「澤山，本紀作『嶧山』，嶧山君地長謂祭地於嶧山，同用少牢。」慈銘案，皋澤、澤古書多相亂，此蓋本作睪山君，謂睪山之神也，與下武夷君同，太一者即上所祠之太一，言太一與睪山君皆用牛也。此志及史孝武紀「君」字皆誤重，下卷同。其下文云「祠太一於忌太一壇旁」者，王氏鳴盛謂史孝武紀、封禪書「祠」下皆無「太一」二字，此志誤衍者，是也。蓋自黄帝、冥羊、馬行及皋山君、武夷君皆祠於亳人謬忌所奏立之太一壇旁，以此是春日解祠，或用羊，或用馬，或用牛，或用乾魚，所祭各異。而太一亦有春日解祠之祭，與忌所奏「祠太一之方，春秋各祭七日」者異，故並令祠官領之，而皆祠於忌太一壇旁也。史記之「地長」疑當時嶧山君之別稱，以嶧山君爲地長，故班氏以繁文去之，史記正義謂皋山、山君、地長三並神名者，非也。武帝時太一之祀凡四：一謬忌所奏，立於長安城東南郊者，所謂「忌太一壇」也；一此春解祠之太一用牛者也；一神君所下之太一祠，於甘泉北宫之壽宫者也；一祠官寬舒等所立之太一祠壇，在雲陽甘泉宫之南，所謂「太畤三年一郊見」者也。以祀之時禮皆別，故各爲祭，惟壽宫神君之祠蓋不久廢，餘至成帝時始以匡衡、張譚議罷之也。其三一之祠，亦有太一，然志言「令太祝領祠之於忌太一壇上」，蓋即在一地，惟三年一用太牢，與天一、地一並祠，則其禮亦别是太一。且有五祠矣，蓋漢以祀太一當祀天，而皆用方士之説，故雜出不經。文獻通考郊祀門載漢太一之祀不能分晰，故附辨之。至淫祀門引此志亦作「太一皋山君用牛」，不重出「君」字。

「作二十五絃及空侯瑟自此起」。案，史記封禪書「瑟」上有「琴」字，是也，風俗通義曰「武帝命樂人侯調依琴作坎侯」，王氏念孫謂漢志此文本作「坎侯」，注引蘇林曰，以空侯釋坎侯。宋書樂志曰「空侯初名坎侯，漢武帝令樂人侯暉依琴作坎侯」，通典卷一百四十四樂四云「箜篌，舊説一依琴制，今按其形似瑟而小絃，用撥彈之」，是漢武本以空侯當琴，與二十五弦之瑟同時作之，以爲報塞即「賽」字。史記作「賽」，「賽」字説文所無，俗字也，古祇作「塞」，班書不用俗字。破滅南越祠太一后土之樂，故云「琴瑟自此起」，言郊祀自此始有琴瑟也。

「諸所興如薄忌太一及三一、冥羊、馬行、赤星、五牀寬舒之祠，宫以歲時致禮。凡六祠，皆大祝領之」。案，此皆武帝所興者，「馬行」以上俱見上文。「赤星」者，史記索隱謂即上所立「靈星祠」是也，「五牀寬舒」，史孝武紀、封禪書皆作「五寬舒」，索隱於孝武紀謂並上薄忌太一至赤星數之爲五，固謬。於封禪書謂指寬舒所立之后土五壇，不知下文明言「汾陰后土，三年親祠」，非太祝所領也。至五牀山祠，宣帝時始立，下文亦明言之。此「五牀」，疑當作「五帝」，五帝寬舒之祠者，即上令寬舒所具之五帝壇也，云五帝寬舒之祠者，以別於雍之五帝畤，猶云薄忌太一，以別於雲陽之太一也。至「宫」字，史記作「官」，屬下，以歲時致禮爲句。此作「宫」，誤。官以歲時致禮者，言天子不親祭也。薄一太忌一也，三一二也，冥羊三也，馬行四也，赤星五也，五帝壇六也，所謂六祠也。

通志 宋 鄭樵

二十二日 夜閲通志年譜，自周至隋，其詮次亦頗有法。凡偏霸如十六國之類，亦一一分格譜之，此循史記十二公年表之例，最爲明晳，而各國大事仍書於晉之一格，則嫌累贅矣。

文獻通考　元　馬端臨

二十三日　坐客次南窗閱通考序例二十四篇，叙述簡潔，能得其大，洵佳作也。惜其於禮學不能通鄭注，故所言頗鹵莽。其郊祀、宗廟、王禮三門中便有淩雜之病，蓋言禮不知由鄭學以引申觸類，必多隔閡處。杜氏通典雖采鄭注，猶嫌其出入遊移，不能折衷以歸一是。馬氏乃以兼存鄭王，訾𧦴通典，則尤誤矣。

小蓬萊謡　清　俞樾

閱花農所眎長短句小册，爲跋其尾。甫竟，而花農書來，索還是册。且以俞蔭甫小蓬萊謡二百首見眎。小蓬萊者，蔭甫曲園中閣名。謡皆絶句，擬遊仙詩也。

黄鼎、韓鑄畫册

二十七日　閱黄尊古鼎山水畫册八幅，末幅題字云「雍正乙巳寫於漢上」，畫法大癡，雄深蒼秀，間有橅惠崇、倪迂者。又閱韓冶人鑄潑墨樹石十幅，意趣荒率，似八大山人，末幅題字云「松蘿七十八叟」，有「瓦礫」兩字印，與黄畫合爲一册。本劉寬夫侍御物，今歸子培之戚某氏，去年冬來乞予審定，且求題跋，今日爲書其端，且於畫中擇三幅，各系一絶句，還之。

三月

劉公是集 宋 劉敞

十一日 比日，廳事前迎春一樹作花如旌幬，黄豔四照，綺粲金明。劉公是集有迎春花兩絶句云：「穠李繁桃刮眼明，東風先入九重城。黄花翠蔓無人顧，浪得迎春世上名。」「沉沉華省鎖紅塵，忽地花枝覺歲新。爲問名園最深處，不知迎得幾多春。」詩雖未工，然古今詠此花者絶少。吾越無此樹，江浙間亦未有見者。嘗問湘楚中人，亦云無此花，蓋北地之良也。春花自菜花外無黄色者。薔薇有黄者，木香亦有之，皆開于夏初。牡丹、芍藥黄者，極難得，惟此花金色細朵，先花後葉，獨秉土德之秀，當爲賦詩以張之。

初學集 清 錢謙益

十三日 閱初學集中太祖實録辨證兩卷，奇作也，於李善長獄事尤詳。備載洪武二十三年善長及家屬等供招，及太祖昭示奸黨録手詔等。謂善長以與胡惟庸姻親瞻顧，首鼠兩端，文吏奸深，負恩懷詐，故底於罪。而供招之不足信，獄辭之傅會可疑，皆列著之。又謂善長實下獄受誅，國史謂太祖召見撫慰歸家自經者，非。其子駙馬都尉祺已前一年卒，幸不及禍。史謂謫居江浦，於二十六年卒者，誤。其辨李文忠之卒，據王弇州史乘考誤引李景隆襲爵誥文，證文忠之非令終。其辨常昇之襲封，據逆臣録，言昇爲藍玉之甥，與玉通謀。玉誅後，又於三山聚兵謀逆，是昇於洪武二十六年伏法無疑。諸家紀載謂昇於靖難兵至時，與魏國公分道力戰者，失實。皆深裨於史事。至於龍鳳丙申七月記張士德之擒，載臨海陳敬初基詩云：「一望虞山一悵然，楚公曾此將樓船。間關百戰捐軀地，慷慨孤忠駡寇年。」楚公即士德元所贈者，寇指明太祖也。時蒙叟爲明臣，而於陳詩語略無避忌，蓋明代文字之網最寬，如陳之夷白集等，聽其流布，無所禁耳。

通典　唐　杜佑

十七日　閲通典卷六十八引雷次宗曰：「姪名因姑獨制，故字從女；甥名由舅而發，故字亦從男。姪字有女，明不及伯叔；甥字有男，見不及從母。」引馮懷曰：「鄭君禮注言世稱姑之子爲外兄弟，舅之子爲内兄弟。」據左氏傳聲伯謂同母異父之弟爲外弟，然則異姓之親通謂之外，不必謂吾外者，吾謂之内也，鄭君亦舉俗言以喻俗人耳。此等皆六朝諸儒辨名之精義。卷六十九引晉咸和五年散騎侍郎賀嶠妻于氏上表論胤嗣事，列六不解、十疑，博引古今，其言甚辯。如引禮記「與爲人後者，自謂大宗，無後，族人既已選支子爲之嗣矣，餘本誤作「今」。人之中或復重爲之後，後人者不二之也。自非徇爵，則是貪財，其舉不主於仁義，故尤之也。」案，此足申明鄭注「與猶奇也」之義。「後人者不二之也」，即鄭注所謂「後人者一人而已」也。所疏證較正義爲詳。又引漢代秦嘉早亡，其妻徐淑乞子而養之，淑亡後，子還所生。朝廷通儒移其鄉邑，録淑所養子還繼秦氏之祀。又引吴朝周逸博達古今，逸本左氏之子，爲周氏所養，周氏又自有子。時人不達者亦譏逸，逸敷陳古今，故卒不復本姓。此二事皆未見記載。又引鄙諺有之曰：『黄雞生卵，烏雞伏之，但知爲烏雞之子，不知爲黄雞之兒。』東晉賀氏皆會稽人，二語蓋越諺也。其後載尚書張閫駁議云：「故司空賀循取從子紘爲子，循後有晚生子，遣紘歸本。」此事晉書賀循傳亦不載，循傳止云「有子隰」耳。

清人著述稿本

十八日　全謝山七校水經注本向在寧波抱經樓盧氏，今聞尚存。龔定盦元史注在其子孝拱處，學海談龍在吴清卿處。張碩洲魏延昌地形志稿本在祁左都世長家，孫淵如左傳集解稿本在吴勤惠公棠子浙江候補道某家，嚴鐵橋全上古三代秦漢魏晉六朝文輯本爲巴陵方功惠購去，續金石萃編嚴氏手寫本爲朱修伯子江蘇候補道朱澂購去，徐星伯唐科名記考稿本亦在修伯家，繆筱珊所得寫定本缺首二葉，近年叓託人向朱澂借鈔，不肯也。邵二雲南宋事略稿本舊藏余邑人沈霞西復燦家，其子昉昔年需次江寧，上之湘鄉相國，湘鄉以發書局，將刻矣，而湘鄉去，時提調書局洪琴西汝奎，湖北人。遂祕之，不肯去。今洪已死於粤中矣，所刻開元禮亦未印行。

四月

宋史　元　脱脱

初二日　閲宋史樂志。古秖有燕樂而已，唐始置教坊，有立、坐二部伎，已近今之演劇，至宋乃有隊舞、雜劇之名。隊舞之制，分小兒、女弟子兩隊，其名各十，每易一舞名，衣冠妝束器具皆別，有曰婆羅門隊、異域朝天隊、佳人翦牡丹隊、采蓮隊、菩薩獻香花隊、彩雲仙隊，已同今之戲劇排場，而尚未扮演古事。至元人乃取古人古事演之，而又即宋時教坊所奏曲調演爲詞曲，其曲名源流，井然可考也。然宋史孔道輔傳言契丹優人以文宣王爲戲，又通考樂二十載「唐昭宗光化中孫德昭之徒刃劉季述，帝反正，命樂工作樊噲排闥戲以樂焉」，是皆爨演古人之權輿矣。唐會要卷五十三作「鹽州雄毅軍使孫德昭等殺劉季述，帝反正，製讚成功曲以褒之，仍作樊噲排君難戲以樂焉」。宋史宦者楊戩傳附李彦，而目不載彦名，其實彦傳文倍多於戩也。末有云：「當時謂朱勔結怨於東南，李彦結怨於西北。」然彦置括田局於汝州，所暴斂者惟在京東西諸州縣，此傳西北字雖對朱勔東南言之，而於宋之輿地大勢不合，亦史之駁文。又史於任守忠、童貫、梁師成、楊戩、李彦及董宋臣等一卷，皆不言何地人，亦太疏。

初學記　唐　徐堅

初七日　點閱初學記。初學記載陳子良七夕看新婦隔巷停車詩、李百藥戲贈潘徐城門迎兩新婦詩、隋盧思道夜聞鄰妓詩，梁劉孝綽、陳周弘正皆有詠歌人偏得日照詩，此等題盛唐以後無聞焉矣。

嘉泰會稽志　宋　施宿

十四日　嘉泰會稽志載城西光相寺，後漢太守沈勳公宅，東晉義熙二年，宅有瑞光，遂捨爲寺，安帝賜「光相」額。萬曆志謂相傳此即西寺，又謂沈勳桓帝延熹中會稽太守。按北堂書鈔設官部引會稽先賢傳「沈勳拜尚書令，名冠百僚」。

群書拾補　清　盧文弨

十六日　閱盧氏群書拾補，其於風俗通最用心，所輯逸文至六十五番，再能搜輯宋人類書更補綴之，尤當可觀。

閏四月

論衡　漢　王充

初五日　閱通津草堂本論衡，曝書亭藏書也，古雅可愛，然誤字亦不少。其卷一累害篇「垤成丘山，汙爲江河」下元刊本尚有一葉，見張月霄愛日精廬藏書志據元刊明修本，蔣生沐東湖叢記卷六據元刻本補録其文。此本亦脱去。以「河毫」二字並書，蓋本衹有「河」字，下接「髮」字，後乞改加「毫」字，不知元作「毛髮」，非毫髮也。

頤綵堂文集　清　沈叔埏

初七日　閱沈帶湖頤綵堂文集，其錢武肅射潮考及記長興徐文貞階墓、後唐東陽令張忠愍公一家殉節事頗足資掌故。張名潮，字均彰，汴人，由後唐進士宰東陽，今金華之東陽縣。晉開運二年，死括蒼魔寇之難。幼子天宥獲免，遂居縣之託塘，邑人於縣治築臺爲廟以祀。至宋紹興間毗陵吴炯令是邑，遇寇警，禱於廟，得破賊，遂請於朝，贈太常卿，謚忠愍。其事史傳郡縣志皆不載，惟據吴炯所作吴寧臺記。今其廟尚存，禱者甚著靈異。又言其系出唐東平公藝，後還於汴，其父燦官禮部尚書，天宥後登宋雍熙進士，官天章閣學士，移居玉山，而東陽子姓亦甚盛。明季少傅大學士忠敏公國維、國朝鴻博武承、贊善烈皆其後人，則譜牒之言不可盡信，宋人文集中不知尚有可考否？

五服釋例　清　夏燮

十三日　閲夏嗛甫五服釋例，共二十卷，首以尊服例，終以變禮例。凌次仲禮經釋例，於喪服止附封建尊尊服制考一篇，嗛甫之兄心伯著喪服尊尊述，更得此書，禮服大明矣。

十駕齋養新録　清　錢大昕

二十三日　閲錢竹汀養新録。此書亦鑽研靡盡，然較之日知録，自有大官庖與賣餅家之殊，至精絶處則紅綾異味，轉非天廚所及也。其音韻之學尤精，出顧氏五書之上。

五月

文獻通考　元　馬端臨

朔　閲通考經籍志。長慶三年十月，白香山撰蘇州重玄寺法華院石壁金字經叙，言蓮華經、維摩詰經、金剛經、陀羅尼經、阿彌陀經、普賢法行經、法蜜經、波羅密多心經，是八種經具十二部，合一十一萬六千八百五十七字，三乘之要旨，萬佛之祕藏盡矣。洪文敏隨筆稱之，以爲深通佛典。余謂香山本習淨土，所記特禪學宗旨耳。佛書最初者四十二章經，陳直齋謂其後千經萬論一大藏教乘，要不出於此。晁文元謂明法身之體者，莫辯於楞嚴；明法身之用者，莫辯於華嚴。其孫子止謂圓覺自誠而明，楞嚴自明而誠。真西山謂佛氏之有遺教經，猶儒家之有論語，而金剛、楞嚴、圓覺等經則易、中庸之比。東坡謂楞伽阿跋多羅寶經先佛所說微妙第一真實了義，故謂之佛語心品，如醫之有難經，品品皆理，字字皆法。諸家之推揚備矣。惟朱子之言，最能抉諸經之要。其論四十二章經也，曰：「所言甚鄙俚，卻自平實。後來日添月益，皆是中華文士相助撰集，如晉宋間自立講師，孰爲釋伽，孰爲阿難，孰爲迦葉，各自問難，筆之於書，轉相欺誑，大抵皆是剿竊老列意思，變換以文其說。」其論金剛經也，曰：「大意只在須菩提問云何住、云何降伏其心兩句上，彼所謂降伏者，非謂欲遏伏此心，謂盡降收世間衆生之心，入他無餘涅槃中滅度，都教爾無心了方是，衹是一個無字。自此以後，只管纏去，只是這兩句。」其論楞嚴經也，曰：「佛書中惟此經最巧，只是强立一個意義，只管疊將去，數節之後全無意味，其前後只是說咒，中間皆是增入。蓋中國好佛者覺其陋而加之耳。」其論華嚴經也，曰：「佛書中說六根、六塵、六識、四大、十二緣生之類，皆極精巧，故前輩學佛者必謂此孔子所不及。他底四大，即吾儒所謂魂魄。佛說本言盡去世間萬事，其後黠者出，卻言實際理地，不染一塵，萬事門中，不舍一法。」其論心經也，曰：「既說空，又說色，他蓋欲於色見空耳。大抵只要鶻突人。」所言皆洞若觀火，蓋非深入其中不能得其奥窔。世儒詆朱子嘗學佛，不知非抉其藏府所詫之隱，徒以虚辭闢佛，不能關其口而奪之氣也。然要而論之，諸經中如金剛、楞嚴、心經、圓覺、維摩、涅槃、華嚴、法華八種，實亦有精言名理，非晉人清談所及者，在彼教中卓然可以自立，讀者掃其糟粕，去其重複，亦足爲身心之助。嘗譬之儒家，心經、金剛經、四十二章經、楞嚴經，佛之「四書」也。心經直提心印，以空爲本，猶大學歸重誠意，以慎獨爲本。心經唐貞觀中始譯出，而釋氏以爲撮般若經六百卷之要，猶大學漢儒所傳，而宋儒以爲括六經之綱。金剛經分三十三章，歸本於一「覺」字，猶中庸分三十三章，歸本於一「誠」字。金剛經除一切煩惱，以有爲法，視同夢幻、泡影、露電，極之佛非佛，法非法，衆生我相非我相，猶中庸戒懼於所不睹不聞，而極之上天之載無聲無臭。四十二章經所言醇實，佛家之布帛菽粟，猶論語也。楞嚴經辯才無礙，有意爲文，猶孟子也。圓覺等其猶五經乎？華嚴卷軸多而文富贍浩博，其佛家之禮記乎？

近人喬鶴儕河帥著蘿藦亭札記，言佛書大般若經、金剛經、維摩詰經、楞伽經、圓覺經、楞嚴經，號禪家六籍，猶儒之六經，其説不知所本。所謂大般若經者，即心經所自出，唐開元中所譯者也。佛氏謂華嚴大經龍宫有三本，龍樹菩薩入龍宫誦下本十萬偈四十八品，流傳天竺。晉沙門支法領得下本三萬六千偈至中土，猶禮有經禮三百，曲禮三千，而衹傳四十九篇也。

札樸　清　桂馥

十三日　閱桂未谷札樸，吾宗柯谿居士宏信所刻也，版在蘇州，久燬，柯谿小李山房藏書亦早散盡矣，未谷此書瑣碎過甚，頗稱其名，然古義確然，終爲有本之學，近日都中有翻刻本。

鴅鷞

二十一日　比日庭樹有小鳥似雀，褐色青斑，長尾，其聲似鶯而促，以夜鳴。前日有鼓板盲翁來，聞之，言此名葦蚻，亦曰葦軋子，食葦中蟲，每歲葦長至丈許即來。余案，此即爾雅所謂「鴅鷞剖葦」也。鴅俗字，説文作「刀鷞」，郝氏爾雅義疏、桂氏説文義證皆詳於北方物産，云多得之目驗，而俱未言及之。

六月

唐文粹　宋　姚鉉輯

二十一日　閲唐文粹。文選體目分析，昔人以爲病，文粹踵之，於各體中多區門類，尤近繁猥。然古人因事類文，備人取則，蓋有所自，至宋文鑑出，而古法頓改，此亦不可不知者也。寶臣此選雖本之文苑英華，而别擇精嚴，中晚唐後樸野詭促之作，汰除略盡。今日校讀其記二卷，苦無暇得畢讀耳。

邊防海防形勢論　土藥加征税釐議　清　袁昶

二十八日　得爽秋書，以所著邊防海防形勢論、土藥加征税釐議送閲。論於邊徼形制言之甚詳，援證古今，亦爲博洽。議是駁近日洋總税務司赫德設立土藥關，重征百十一兩之説，尤深中利病。狡夷詭計，肺府畢見，其謂小民之種罌粟者以近年水旱不時，追呼復迫，終歲勤動，不得一飽，而吸菸者衆，罌粟不擇磽确而生，不待雨露而長，遂冒不韙而私種之，以補一歲之凶荒。惟傭工甚昂，收成不易，亦未至棄五穀不植，大妨民食，且播種之人非即吸食之人，不過區區補苴，以完上下忙租賦，於公家初無所損，此皆中國兵火孑遺，力作馴順之民。赫德之心，不過欲重困之，使其利盡歸洋藥，助洋商之焰，而疲敝中國之民。使之吸盡膏血，民不聊生，而國隨之，所謂路人皆知者也。其言尤爲痛切。

建炎以來繫年要録　宋　李心傳

二十九日　閱建炎以來繫年要録。此刻據上海郁氏海山仙館鈔本及南皮張氏傳鈔四庫本，校刊粗率，脱誤重貤，至有顛倒複出者，如卷一百六第二葉缺脱而複刻卷二十一第四十二葉以當之，恨不得佳本校之也。

七月

十三日　閱建炎以來繫年要録。李氏蜀人，或謂其書頗薄東南士大夫而右蜀士，四庫提要已舉其言張德遠富平、符離之敗，未嘗稍恕，以爲之辨。今觀其於李忠定之誅宋齊愈，雖引呂中大事記之言，以爲太過，然引張栻私記，謂忠定誣陷齊愈，則引當日齊愈按款一一爲之辨析。又虞允文亦蜀人，其采石之功，當時盛相誇飾，而備引揮麈録諸書，言其事非實，則皆一代之公言也。惟於岳忠武郾城之捷，言之甚略，並不及朱仙鎮一字，於韓、張諸人亦屢言其短，於趙忠簡亦甚有微辭，蓋當日是非尚無定論，而朱仙鎮之戰亦多本之金陀粹編等書，不無增飾，蘄王當日亦頗恣横。忠簡當高宗自海道還都吾越之時，金人北歸，諸將緣路邀擊，蘄王扼之北固，屢告捷音，呂忠穆力贊親征，進幸浙西，號召諸路。時烏珠師老憚暑，軍中虜獲不可勝計，人人意足，急於遄歸。高宗能一出師爲之聲援，正是極可乘之機會，而元鎮力沮其議，謂金人回師襲我，必不能支，且傾呂而奪之位，此其所失甚大，不得謂無罪也。至載岳自郾城奉詔班師，「其下皆請還，岳亦以爲不可留，且恐金人邀其後，始傳令回軍，軍士應時皆南嚮，旗靡轍亂。岳望之，口呿而不能合，良久曰：豈非天乎？」似未免言之太過。其中小注引朱勝非秀水閑居録甚多，痛詆德遠、元鎮，幾無完膚，則當日朝局恩怨之詞，自不足憑，故李氏多加駁語。大抵每事博稽衆采，詳覈月日，平心折衷，於高宗一朝之事，繩貫珠聯，較之三朝北盟會編，尤覺條理精密矣。

十八日　閱繫年要録，其中及吾越事及先莊簡公事爲宋史及府縣志所未載，或載而未詳者，條寫出之。

建炎三年冬十月壬辰，上至越州，入居州廨百司分寓。

十有一月丁未，以上至越州，德音釋諸路徒以下囚。

己巳，上發越州。先是丁卯以聞金人將自采石渡江，下詔移蹕浙西，爲迎敵之計。次錢清堰，夜得杜充奏。時充以宰相知建康府，金人至，棄郡，奔真州。我師敗績。

庚午上遽回鑾，晚次越州城下。從官對於河次亭上，侍御史趙鼎言衆寡不敵，勢難與戰，宜姑避之。宰相呂頤浩乃聚議航海，遂決策移四明。頤浩奏令從官以下各從便而去。上曰：「士大夫當知義理，豈可不扈從？若如此，則朕所至乃同寇盜耳。」於是郎官以下或留越，或徑歸者多矣。案，越州城下，當是西郭迎恩門。亭上當即永樂橋亭也。余家有池通運河，故老相傳曰避皇漊，疑即高宗次泊之地。

辛未晚，上詣都堂撫諭將士，移御舟過都泗堰，不克，上命斧碎之。癸酉晚，上發越州，雨始作，自是連雨泥淖。

十有二月戊子，留尚書户部侍郎李迨於越州，俾調軍食。時駐明州，次日己丑幸定海縣，御樓船。定海，今鎮海縣也。

丙申，浙東制置使張俊自越州引兵至明州。

戊戌，金人陷越州，初兩浙宣撫副使郭仲荀在越州，聞敵陷臨安，遂乘海州潛遁，知越州兩浙東路安撫使李鄴遣兵邀擊，於浙江三捷，既而衆寡不敵，鄴乃用主管機宜文字宣教郎袁潭計，遣人齎書投拜，敵引兵入城，以琶八今作巴哩巴。爲守。以下叙親事官唐琦袖石擊琶八事，已詳宋史及府縣志，不複出。史志叙李鄴降金事甚略，故載之。初鄴之降也，提點刑獄公事王翿遁居城外，寮吏皆迎拜，朝散郎新通判温州曾忞監三江寨，獨拒敵不屈。敵驅翿至城内，執忞並其家殺之。忞死事，事已詳宋史及府縣志，惟不言其監三江寨，宋史謂其需次越州。初上在越州，遣選鋒將梁斌、張進以所部屯諸暨縣，及是金使人招之，二人皆欲投拜，其下不從，乃與腹心數十人入城降敵，於是屬邑不降者惟嵊縣宋宗年而已。李鄴之未降也，上奏言金分兵自諸暨趨嵊縣經入明州。己亥奏至，乃議移舟之温、台以避之。庚子，上發昌國縣，今定海廳。先是金分兵犯餘姚，知縣事李穎士募鄉兵數千列旗幟以捍敵，把隘官陳彦助之，敵既不知其地勢，又不測兵之多寡，爲之彷徨不敢進者一晝夜。繇是上得以登舟。李穎士事，府縣志已載之，惟不及陳彦事。又志稱穎士事本建炎以來朝野雜記，蓋誤李微之於要録外更著建炎以來朝野雜記四十卷。余舊有之，似無此事，然要録所載大抵本於王明清揮麈三録。

建炎四年春正月戊午，是月甲辰朔。金人再犯餘姚縣。金人自十二月癸卯及是月乙巳兩敗於明州，乃還屯餘姚，請濟師於完顔宗弼，以宗弼駐臨安未嘗渡江也。

二月丁亥，浙東防遏使傅崧卿在婺州聞敵去，遣前軍統制添差通判衢州侯延慶以所部入越州。金人凡兩犯明州，以正月己未破明州，丙寅破定海縣，以舟師絶洋犯昌國縣，是月丙子自明州引兵還臨安，丙戌完顔宗弼自臨安退兵，其去越已數日。敵之去越也，以兩浙提點刑獄公事王翿權州事，翿招義兵入城防守，土豪仁和縣茶漕巡檢胡仁參以其衆入城，因與安撫司主管機宜文字宣教郎袁潭謀執翿殺之，於是崧卿就除直龍圖閣，知越州。

夏四月丙子，上次餘姚縣。以三月辛酉發温州，是月甲戌至明州。海舟大，不能進，詔易小舟，仍許百官從便先發。

癸未，上次越州，駐蹕州治。

丙申，通議大夫、守尚書右僕射同中書門下平章事兼御營使吕頤浩罷爲鎮南軍節度使、開府儀同三司、充醴泉觀使，於是范宗尹攝行相事，遂留會稽，無復進居上流之意矣。

五月丁未，詔越州投拜官已放罷人令吏部並與合入差遣。先是有詔貸浙東官吏降賊之罪，正月丙辰。而知越州傅崧卿復奏罷之。三月庚申。左司諫黎確論其本出脅從，又言國家失信可惜，故有是命。

壬戌，詔行在職事官及釐務官子弟並赴國子監別試。

直龍圖閣知宣州李光以守禦之勞升右文殿修撰。

乙丑，朝奉郎盧伸監行在都進奏院，自軍興此官久廢，至是始除之。録此及上國子監一條者，以見其時吾越所設官司之略。

六月戊寅，傅崧卿移知婺州，直祕閣、添差兩浙轉運副使陳思錫知越州。

秋七月癸卯，斬神武前軍統領官胡仁參於越州市，宣教郎袁潭除名，韶州編管，坐與李鄴同謀投拜，又擅殺王翻故也。尋詔以翻死事，贈朝請大夫，官其家三人。既而言者以爲翻嘗降敵，比敵兵之去遂以印付。翻不當褒贈。范宗尹主之，卒贈翻一官，録其子云。

庚辰，隆祐皇太后至自虔州，資政殿學士權知三省樞密院事盧益、寧遠軍節度使醴泉觀使孟忠厚、神武副軍都統制辛企宗扈從。上出行宫門外奉迎。后喜飲酒，上以越酒不可飲，令别醖，后寧持錢往酤，未嘗直取也。

庚寅，詔廢越州場務，自分榷貨務場於臨安，四月乙未。而商人不復至行在，故廢之。量留監官一員打套出賣乳香而已。

九月甲辰，右文殿修撰李光充徽猷閣待制，知臨安府。

冬十月己卯，以久雨放行在越州公私僦錢十日，自是雨雪亦如之。

十有一月庚戌，詔常程事並權住，自金人破楚州游騎至江上，朝廷震恐，乃議放散百司，仍結絶三省樞密院文字，士民多奔竄者。

壬子，日南至，詔放散行在百司，除侍從臺諫官外，吏户祠部、大理寺、審刑官、告御馬院禁衛所、閤門、駝坊、御廚、皇城通進司、左内藏庫、省倉、榷貨務，並量留官吏，餘令從便寄居，候春煖赴行在。

癸亥。初，議者以爲越州三江口係通接海道之所，遂命神武右軍遣卒三千戍之。至是，守臣陳汝錫言三江口乃平敞河地，中有民居，恐戍兵無以存泊，兼去城止十八里，請俟有警，然後遣兵。從之。尋命以小海舟十艘付軍中爲斥堠。

十有二月甲申，知越州陳汝錫以職事修舉升直顯謨閣。

是歲行在大軍月費見錢五十餘萬緡、銀帛芻粟在外，而諸路養兵之費不與焉。

紹興元年春正月己亥朔，上在越州，平旦率百官遥拜二帝於行宫北門外，自是朔望皆如之。

辛丑，徽猷閣待制知臨安府李光移知洪州。光以事與浙西安撫大使劉光世有違言，光世請避光，上曰：「朝廷方賴光世爲上流屏翰，然光數論事意亦可佳。」乃徙光江西。案，李氏元注云：季陵白雲集有知洪州制及孫覿代知臨安制，恐誤，李氏蓋以季陵已於去年八月罷户部侍郎奉祠，疑兩制非陵所草耳，然制載本集，不容有誤，或羼入他人所作也。宋史言除知洪州，固辭，乃提舉臨安府洞霄宮。

二月庚午，改行宮禁衛所爲行在皇城司。

夏四月庚辰，隆祐皇太后崩於行宮之西殿，年五十九。

甲申，同知樞密院事李回爲攢宮總護使，刑部尚書胡直孺爲橋道頓遞使。調三衙神武輜重越州卒千二百人穿復土。故事，園陵當置五使，議者以遺誥云權宜擇地攢殯，故第命大臣一員總護。汪藻撰曾紆墓志、王明清揮麈後録，皆云紆時以江東漕兼攝二所應辦，時朝論欲稱山陵，紆言宜以殯宮爲名，遂用之，不知草遺誥時紆已與議否也。原注。

五月辛酉，翰林學士汪藻言本院出入經由隆祐殿攢宮門，工役不便，乞權就本家供職。從之。案，此可考見當日即府署建置殿院之略。

六月丁卯，夜寢殿後屋壞，宫人被壓者數人，吴才人驚悸得疾，翌日上以諭輔臣，始令略葺州治。案，吴才人即憲聖慈烈吴后也。

壬申，宰相范宗尹率百官奉上昭慈獻烈皇后謚册於太廟，其文參知政事秦檜所撰也。時太廟神主寓温州，乃即大善寺大殿上設祖宗寓室行禮。

丁丑，詔越州申嚴門禁，時有潰兵數百直入行在，泊於禹蹟寺，闔城震駭，乃命諸門增甲士守視，命官親書職位出入。

己卯，昭慈獻烈皇后靈駕發引，上遣奠於行宮外門，百僚服初喪之服。詣五雲門外奉辭。

壬午，權攢昭慈獻烈皇后於會稽縣之上皇村，神圍方百步，下宮深一丈五寸。此下明器云云，皆詳宋史。改寶山證慈禪院爲泰寧寺，專奉香火，賜田十頃。

八月乙丑朔，詔奉安天章閣祖宗神御於法濟院，以乘輿播越，神御猶在舟中故也。案，嘉泰志院在府東南四里。

庚午，徽猷閣待制、提舉臨安府洞霄宫李光知饒州。時饒、信寇盜甫平，光方里居也。案，宋史及嘉泰、寶慶兩志本傳皆失書知饒州，兩志並不及移知洪州事，蓋皆以未抵任故略之。

九月丙申，新知饒州李光移婺州。

斬進義校尉李世臣於越州市。世臣與其兄敦仁、世雄並爲盜。攻犯江西、福建等路。敦仁，處州道士，以去年十月叛。四月間爲吕頤浩遣將所禽，敦仁乃降於朱勝非，旋復叛，次年三月始平。

辛亥，合祭天地於明堂，太祖、太宗並配，赦天下，諸州守臣更不帶節制管内軍馬，越州曾得解舉人，並免將來文解一次，唐李氏、後唐李氏、後漢劉氏、後周柴氏、郭氏子孫並各與一班行名目。是日以常御殿增築地步爲明堂，上設天、地、祖、宗四位，其位版朱漆青字，長二尺有五寸，博尺有一寸，厚亦如之。用丑時一刻行事，上親書明堂及飛白門榜，禮畢，就常御殿外宣赦書，以行宫門前地峻狹故也。

辛酉，新知婺州李光試吏部侍郎。

癸亥，以明堂禮畢，命同知樞密院事富直柔恭謝越州天慶觀。

冬十月壬申，詔行在置宗正一司，以武翼大夫越州兵馬鈐轄趙仲蒸權行主管。

丙戌，晚，行在越州火，燔民居甚衆。

戊子，斬有蔭人崔紹祖於越州市，以僞造上皇手詔，自稱大元帥故也。

己丑，升越州爲紹興府，以守臣陳汝錫有請也。

斬修職郎李雱於都市，雱爲李成軍正，成敗，爲太湖令所獲以獻。案，都市即越州市，以時爲行在故稱都。

十有一月丙申，吏部侍郎李光兼權侍讀。案，侍讀當時所謂經筵兼侍讀，即知經筵也。

戊戌，詔以會稽漕運不繼，移蹕臨安。

乙巳，磔武義大夫、閤門宣贊舍人張琪於越州市。琪以建炎四年八月聚衆屯舒城爲盜，遂自襄安鎮渡江犯建康、太平、池州、安吉、宣州、徽州、饒州，至是被擒。

乙卯，紹興府奏百姓路榮失火罪狀，上曰：「此災不細，恐是天戒，不專爲榮罪。止杖遣足矣。」

丁巳，日南至，命資政殿大學士、提舉萬壽觀兼侍讀王綯祀昊天上帝於告成觀，初復舊禮也。

己未，命吏部侍郎兼權侍讀李光往臨安府節制本府内外見屯諸軍，兼權户部侍郎、總領臨安府應干錢糧、卸納綱運及修繕移蹕事務。

十有二月丁卯，吏部侍郎李光請復東南諸郡湖田，詔户工部取會奏聞。初明越州鑑湖、白馬、竹谿、廣德等十三湖自唐長慶中創立，案，鏡湖起於漢水經注，謂之長湖，非起於唐長慶。湖水高於田，田又高於海，旱澇則遞相輸放，其利甚博，自宣政間樓异守明，王仲嶷守越，皆内交權臣，專事應奉，於是悉廢二郡陂湖以爲田，其租米悉屬御前，民失水利而官失省税，不可勝計。光奏請復之。既而上虞縣令趙不摇以爲便，遂廢餘姚、上虞二縣湖田，而他未及也。案，莊簡此請它書皆未見。

辛未，夜，行在紹興府火。

乙亥，詔立賞錢千緡，有妄言火災者，許人告捕從軍法，時都人訛言太史局奏是月望復有火災，故禁之。

戊寅，以彗出會稽，許臣民實封言事。元注云：按此手詔甚詳，而日曆不載，蓋失之也。慈銘案，高宗紀故不書。

丙戌，詔大理寺且留紹興府，俟勘斷見禁公事盡絶赴行在。

壬辰，詔以冬寒，命有司振給行在紹興府居民不能自存者。其後移臨安亦如此例。

紹興二年春正月癸巳朔，上在紹興，是日從官以下先發，以將還浙西也。

戊戌，祕閣修撰、知紹興府陳汝錫責授汝州團練副使，漳州安置。先是，手詔因軍期所須索之物令州縣以印榜實數科理，毋得多取於民。汝錫受詔不行，知屬邑侍御史沈與求劾之，下臺獄，法寺當汝錫私罪，該恩原免。右僕射秦檜惡汝錫，特有是命。

資政殿學士提舉臨安府洞霄宮張守知紹興府。

壬寅，上御舟發紹興，神武右軍都統制張俊、中軍統制巨師古以其軍從，留右軍統制官劉寶收後，以吏部侍郎李彌大權知紹興府，節制内外軍馬。時百司先渡江，扈衛者獨執政與給事中直學士院胡交修、中書舍人程俱、侍御史沈與求而已。晚，執政登御舟奏事。上至錢清堰，乘馬而行。

甲辰，上次蕭山縣，顧見帷幙華焕，問輔臣得毋擾民乎？輔臣奏，聞之縣令劉皞民，盡出庫金。上曰：「斂不及民爲善。」

丙午，上至臨安。

二月丁卯，尚書吏部侍郎李光試吏部尚書。

案，以上撮舉高宗駐越時事，有關州里者擬依咸淳臨安志例，名曰南宋行在録，别爲紹興府志中之一門。其涉先莊簡公事當别出之，以近謀刻公集，故備寫諸條，將併宋史本傳及嘉泰志、寶慶續志兩傳爲集後附録，自此以下皆祇録公事跡。

甲戌，吏部尚書李光爲淮西招撫使，神武前軍統制王𤫊副之，吕頤浩欲討韓世清，乃托言路進等諸盜未平，命𤫊將前軍往捕，而以樞密院准備將徐文所部爲光親兵，仍命世清及江東統制官張俊、案，此當日所謂小張俊也。崔邦弼、王進、王冠、李貴等軍權聽光勾抽使喚，事干軍政待報不及者，許便宜行訖以聞。

癸未，淮西招撫使李光發行在，户部尚書李彌大兼權侍讀。

三月壬辰朔，淮西招撫使李光執江東安撫大使司都統制韓世清於宣州。初，光與副使王瓊將忠鋭神武軍合萬餘，以辛卯晦抵城下，時日已暮，隔谿而營，世清將迎謁，其濠寨將曰：「不可，李尚書往淮西而下寨甚嚴，非過軍也，必有謀耳。」世清曰：「我何罪？」遂將親兵千餘人來謁。是夜光與瓊共議，翌日世清率諸將來賀，月旦守臣具食，瓊先以甲士守其從者，光謂世清曰：「得旨揀軍往淮西，可批報諸軍，令素隊出城。」世清欲上馬，馬已持去。光命持黄榜入城，統領官楊明、吉榮聞之，諭其徒擐甲毋出，世清不得已批報諸軍，衆乃聽命，擇其壯者五千餘人隸神武軍，餘許自便。光又得世清所用舟九百艘、帛七千匹，遂執世清以歸。其中軍統領官趙琦先以精鋭二千討賊於建昌，亦命琦赴行在。案，李氏自注引熊克小歷云：「世清在江東彈壓有勢，民間唯恐其去，至畫像祀之。時吕頤浩方招安張琪，而世清襲擊琪，破之，頤浩以世清壞其事，故不樂。後徽人翟汝揭在言路，嘗欲爲世清辨白而未果。」按日曆，吕頤浩未相時，上屢以諭范宗尹，則當時言世清可疑者不特頤浩也。慈銘案，宋史及兩志俱言世清擅據倉庫，調發不行，莊簡請先事除之，及行於上前，面稟成算，宰相以不預聞怒之，故未至行在，即除江東安撫大使，是莊簡此舉出高宗上意。時宰相頤浩與秦檜也。未幾，頤浩與朱勝非當國，莊簡遂落職奉祠矣。

戊戌，資政殿學士江東安撫大使葉夢得提舉臨安府洞霄宫，吏部尚書李光充端明殿學士、江東安撫大使、知建康府，兼壽春府、滁、濠、廬州、無爲軍宣撫使，仍命以親兵千人之任。光奏直祕閣宗穎爲參議官、迪功郎胡珵主管機宜文字，從之。

癸丑，詔揀樞密院水軍統制官張崇精鋭三千五百人隸李光，即建康屯駐。崇，李允文部曲也，有衆僅五萬。

夏四月乙酉，夜，太平州軍士陸德作亂，囚守臣左朝奉大夫張錞，殺當塗縣令鍾大猷，閉城自守，江東安撫大使李光聞變，遣統制官耿進、右奉議郎通判建康府錢需率兵水陸捕之。

閏四月辛卯朔，遣内侍衛茂實往紹興府津送所留宫人赴行在。此條當入南宋行在録。詔知太平州張錞，令安撫大使司追攝取勘。陸德等特與赦罪，既而聞德不服，乃命知池州王進合兵進討，又詔李光親往視師，未行而城破。

丁酉，左朝奉郎提舉江州太平觀孫覿除名，象州羈管。先是，李光爲吏部侍郎，上疏論覿知臨安府盗用助軍錢四萬餘緡，下其章付大理，落覿龍圖閣待制。至是獄成，坐直千八百緡，有司言覿自盗當死，詔貸死免決刺，所過發卒護送，連坐流徙者又三十餘人。

戊戌，賜紹興府行宫復作府治，上謂時方艱難，宜惜財用，若别建府第，益煩費矣。案，行宫作府治，已見嘉泰志，惟不載高宗語，此條當入南宋行在録。

己亥，詔移紹興府榷貨務都茶場於臨安。此條當入行在録。

辛丑，詔武德大夫、忠州刺史、閤門宣贊舍人韓世清特處斬。

庚戌，復太平州。先是，江東安撫大使司統制官張俊、耿進攻城未能下，知池州王進以所部赴之，陸德等受招，王進先入，耿進自西門，張俊自南門入，俊執德以獻，伏誅。其後二人交訟其功，詔李光究實，光上進案，此謂王進。等及軍士五千八百餘人功狀於朝。

五月庚午，賜江東安撫大使司折帛錢十萬緡，爲修行宫之費。時李光言建康自一都會，望朝廷略示經略之意，故有是命。

六月己亥，江東安撫大使李光乞行宫比臨安增創後殿，仍修蓋三省樞密院、百司及營房等。許之。其後上手詔光第令具體而微，毋困民力。輔臣進呈，上曰但令如州治足矣。案，莊簡意在去臨安，進駐建康，爲圖規復中原之計，高宗實不欲行，故止令略修而已。

甲辰，江東安撫大使李光言近緣朝廷除吕頤浩都督八路諸軍，僞地震恐，遂聲言八月金人分道入寇。此固不可不慮。望專任大臣密加措畫。凡諸處探報，乞送頤浩與臣覈實聞奏。今王彦先盜據壽春，滋長不便。請使頤浩至建康，首議過淮，若頤浩病勢未減，臣當遴選五六千人召募敢死之士，身自請行，若止遣兵將，萬一失利，遂使敵人得以窺伺，愈無忌憚。詔：光申督府措置，不須躬親前去。案，吕頤浩以五月間總師次常州，其前軍將榮州團練使趙延壽所部忠鋭軍叛於吕城鎮，於是，頤浩偁疾不進，故莊簡上此疏。其後頤浩旋自鎮江入見，赴都堂治事，遂深仇莊簡與朱勝非，比而去之。而高宗之不悦公，亦始於此矣。

九月甲子，直徽猷閣郭偉爲淮西招撫使。初，江東大帥李光聞僞齊王彦先於壽春鳩兵聚糧，奏言廬州王亨、濠州寇宏、六安謝通兵力單寡，恐透漏過淮，則大江之外盡入賊境。乞兵五六千人，並乞近上文臣一員往廬州屯駐。未及行。光又言本司參議官宗穎乃宗澤之子，以其父故爲諸將所愛，又其人亦慨然有忠憤之氣，望假以制置或招撫使副之名。詔光別選文臣一員充招撫使。案，不用宗穎者，以宗忠簡守東京日力請還汴，爲高宗所不悦也。

乙丑，初命沿江岸置烽火臺，以爲斥堠，自當塗之褐山東、采石、慈湖、繁昌、三山至建康之馬家渡、大城堙、池州之鵲頭山，凡八所，旦舉煙、暮舉火各一以爲信，有警即望之。用李光請也。

丙戌，端明殿學士江東安撫大使兼知建康府李光落職，提舉台州崇道觀，以言者論之也。先是，光嘗遺呂頤浩書，稱李綱凜凜有大節，四裔畏服。頤浩以白上，上曰：「如此等人，非司馬光、富弼，誰能當之？」呂頤浩因言光與其儕類結成黨與，牢不可破。上以爲然。案，高宗深惡李忠定，嘗屢言在靖康時結黨之罪甚大，與蔡京並論。頤浩亦力沮忠定，是月方與高宗言忠定朋黨，與蔡京一體，胡安國亦新以薦忠定被詰責，特以名重不敢殺之耳。時雖起爲湖南安撫使，而去其「大」字，且止領一路，頤浩方議罷之，而莊簡書言如此，故爲君相所深怒矣。揆高宗之惡忠定者，實以靖康時力主守京師之議，恐其當國必不肯退避東南，而黄潛善首勸南走，又素與忠定忤，故雖天下切齒其誤國，而高宗始終念之。張德遠、朱勝非皆仇忠定，遂見信用，張尤痛劾之，深當帝心，故委任獨專，恩禮獨厚，屢偁其忠，雖喪陝西而眷不替。及秦檜得政，張亦罪廢而不遠謫。甚矣，高宗之愚而愎也。其始在越，敵甫渡淮，而即遁至明州。其後方自海道還，聞金人破楚州，而又放行在百官爲再遁計。其於金則始請稱藩主，奉正朔，與金帥諸書哀鳴苦求，無所不至。迨後和議成，終出於偁臣納幣。其於劉豫則偁以大齊，至以金幣致其子麟，而不見納，雖本國文疏亦偁爲劉大總管，且厚卹其用事之臣如張孝純、李鄴等家屬，皆授以厚禄美官。其於夏則目爲兄弟之國，不敢頒曆，皆不恤卑辱以博其歡。自來中興之君，蒙面喪心無如高宗者矣。

案，以上諸條皆宋史及兩志所未詳，或竟不載者，故録之。餘不悉出。

金史 元 脱脱

二十五日 竟日閲金史。其文辭鄙俚而支蔓，雖多本之元遺山野史亭稿本，而纂修時又有歐陽原功諸人，乃絶不見史裁佳處，至多不成句讀。蓋當日紀載皆俚俗之詞，無能爲之潤色也。

讀易詳説　宋　李光

二十七日　作書致繆筱珊，借得鈔本先莊簡公讀易詳説兩册，共十卷，書已久佚，四庫從永樂大典輯否而成者。

金史　元　脱脱

二十八日　閲金史。金熙宗以天會十三年正月即位，九月追尊其父宗峻爲景宣皇帝，廟號徽宗。而宋徽宗於是年四月以昏德公卒於五國城，時爲高宗紹興五年，歲在乙卯，至七年丁巳始聞喪，遥上廟號，亦曰徽宗。可謂巧合矣。

二十九日　竟日閲金史。史之繁釀，錢竹汀氏已言之，然所載冗複處尚有不盡者，今日略增注數條於廿二史考異眉端，兹不復出。

八月

朔　閲金史后妃傳及忠義、文藝、孝友諸傳，頗有法，叙贊亦皆簡潔，文藝傳大抵本遺山也，其它傳亦間有佳者。

毛奇齡、朱彝尊小像

初四日 下午於毛、朱兩先生小像過録翁覃谿詩跋，及所寫鄭芷畦原跋。是圖本芷畦所繪，乾隆中羅兩峰橅之。嘉慶初，法梧門又屬朱野雲鶴年橅之詩龕，而覃谿爲之跋。今所傳皆詩龕本也。惟西河詩話云：「康熙四十年三月，予與朱竹垞諸子過湖上，作三日遊。」而芷畦跋言在壬午三月，與竹垞先生同寓昭慶經房，西河先生來邀與竹垞同遊。壬午是四十一年，覃谿謂當從芷畦。余按，曝書亭集卷二十西湖諸紀遊之作亦題「重光大荒落上巳後」，又卷六十八靈隱寺題名末云：「康熙辛巳三月同遊七人，期而不至者毛大可。」兩公自記詩文，皆不容有誤也。

梁山舟行書心經卷

三十日 爲倪儒粟跋梁山舟行書心經卷，其自記云在乾隆辛亥，時年六十有九，居葛林園爲僧本成書者，有奚鐵生、許周生、嚴修能諸君跋，前有阮文達題「煙雲自在」四大字。

九月

擬刻皇清經解續編目録　清　王先謙

朔　閲王祭酒擬刻皇清經解續編目録，爲之考訂，擬去五種、增四十七種，皆已刻已見之書，家法謹嚴，必當讀者。

日本見在書目　日本　藤原佐世

初九日　夜閲日本見在書目，首題「藤原朝臣佐世奉敕撰」，所載書迄於中唐，蓋其時人也。

明諸司職掌

二十九日　閲諸司職掌，凡三册。所載止六部、都察院、通政司、大理寺、五軍都督府。其諸司皆尚稱部，然户、刑兩部已分十二子部，皆以浙江爲首。吏部文選司已曰選部，是洪武二十九年以前之書也。時主事尚爲首領官，不稱部，屬户刑兩部。首領又各有照磨、檢校各一員，訖於明世。而主事自永樂以後，與郎中、員外郎並爲屬官矣。明初吏部文選司、户部頭司、禮部儀制司、兵部文選司、刑部頭司、工部營繕司皆曰總部，猶沿隋、唐以來六部頭司稱吏部、户部、禮部、兵部、刑部、工部之制，洪武二十二年改六總部曰選部、民部、儀部、司馬部、憲部、營部，次年户、刑所屬四部各改爲浙江等省十二部，二十九年凡各子部皆改爲清吏司，如今制矣。

十月

遼史拾遺　清　厲鶚

初三日　閲遼史拾遺。其書於金元人集采掇不多，御定全金詩中當有可補綴者。近人韓小雲泰華嘗輯全遼文，未見其稿，蓋不過於地志及近出碑幢中攟拾奇零而已。嚴鐵橋等所輯全金文，世亦未見也。

明史　清　張廷玉等

初四日　閲明史職官志。明自定設翰林院詹事府後，其始設翰林院學士掌院事。正統以後，以尚書、侍郎兼之，侍讀、侍講學士及詹事從無專官，大率以禮部尚書、吏部侍郎兼翰林院學士，以禮部侍郎兼詹事及侍讀、侍講學士。中葉以後，專以尚書兼學士，禮部及五部之以翰林出身者充之，故禮部尚書、侍郎專用翰林。而侍郎有不理部務、專掌詹事府者，亦有添注者，故少詹事得推閣臣以居詹事府之首也。掌院事者多以禮部尚書，他部雖兼學士，而不掌院事，惟與講筵。故崇禎末倪文貞爲户部尚書，以掌計非長，專知講筵，而吴履中以給事中擢户部侍郎掌部事。文貞本兼翰林學士，至是不理部務，而視學士預講筵，其官則仍户部尚書也。

明志翰林院下所叙尚未甚明晳，七卿表中書吴履中名已爲非是，然尚存文貞名，未大失也。近來稗史中竟書文貞官爲翰林學士，則大誤矣。蓋由學者未明官制，而有明一代無實授詹事及翰林侍讀、侍講兩學士，亦世所罕知也。

神僧傳　明　朱棣

明槧神僧傳首有序一葉，前題御製神僧傳序，末題永樂十五年正月初六日。四庫提要未見此序，以其第九卷終於元帝師膽巴，故疑元仁宗時人所爲也。其第四卷載釋道琳會稽山陰人，吴國張緒禮事之，梁天監十八年卒。第五卷首載釋普明本名法京，俗姓朱氏，會稽人，以陳太建十四年入天台山，從智者受法，後增創國清精舍，中像設備諸神異。又第九卷載釋全清，越人也，得密藏禁呪之法，在唐末時。三人皆嘉泰會稽志中所未載，後來郡縣志皆無之，至唐釋澄觀，雖見於志，而其姓夏侯氏亦惟見於此書。其書雖成祖偶然鈔撮而成，且惟載著跡靈異者，其高行古德如教宗之天台智者、律師之終南道宣，亦皆見遺。然頗便於尋覽，案頭無開元釋教録、宋贊寧高僧傳、惠洪僧寶傳及五燈會元、佛祖通載、釋氏稽古略諸書，不能悉考吾越名僧，補志乘所遺，聊記三事於此。

昏禮辨正　辨定祭禮通俗譜　喪禮吾説篇　曾子問講録　清　毛奇齡

初五日　閱毛西河昏禮辨正、辨定祭禮通俗譜、喪禮吾説篇、曾子問講録諸書，雖蔑棄先儒，不特掊擊注疏，痛詆朱子，至謂禮記由秦漢人掇拾，多不足信，士禮亦戰國以後俗儒所爲，怪誕不經。其恣悍已甚，然博辨不窮，不可謂非辯才絶出也。其力辨今世子死孫稱承重之非，墓祭之近古，紙錢即明器，今市中所貨千張，皆作刀布形，最爲近古。上香即古之（炳）〔焫〕蕭。樂之有喇叭灑捺，即漢晉之銅角，樂部之所謂横吹，周禮之「六同」，鄭注謂「以銅爲管曰同」，尤近於古。士喪禮有楔齒綴足几之非；殯在西牆下之非；大夫殯去車以棺著地、士殯掘地埋棺之非；弔喪有哭無拜禮、主拜賓、賓不答。皆足以匡古今之失。所定祭禮亦實在可行。其言昏禮須廟見後始配合，三年喪宜三十六月，雖於古無徵，多爲通儒所駁，然亦言之成理，持之有故也。四庫衹收辨定祭禮通俗譜，餘皆附存目，尤深斥其喪禮吾説篇，謂「顛舛乖謬，莫過於是」。然其謂喪服有齊衰，無斬衰，及父在不當爲母期年、父母不當爲長子三年等，誠爲鉅謬。其言喪禮立重，諸儒所説近於非理，因謂重即銘旌，所以識别死者，即所以依神，故重有主道，重之爲言幢也，童童然也。則頗有名理。若如舊説舊圖，誠不知何所取義也。

東湖叢鈔　清　蔣光煦

初九日　閱蔣生沐東湖叢鈔。所記雖頗病淩雜，而佚書祕槧，有裨學問爲多，較之愛日精廬藏書志、拜經樓藏書題跋記，蓋在吴前張後，伯仲之間。其中頗載宋本序跋及今本之脱失者，惜其引施北研國祁禮耕堂叢説，言曾於吴門借得至正浙刻元本，卷三十三禮志六原廟下一葉、卷七十六宗磐傳下一葉皆不缺，施氏叢説中蓋未及載所缺文，遂無從補耳。

仙山樓閣圖　宋　趙伯驌

十八日　夜料檢舊篋，得庚午秋題家藏趙希遠伯驌仙山樓閣圖長卷七古殘作一紙，此圖在余家數世矣。砑色絹，長三丈餘，完好不渝。樓閣百餘，人物數十，丹峰碧嶂，鉤勒極精。楠木匣藏之，上刻八分九字，曰「趙伯驌仙山樓閣圖」，旁注「神品」兩小字。圖尾有「臣伯驌恭進」五小字，今圖已失去。

周易二閭記　周易小義　清　茹敦和

二十二日　閲茹三樵先生周易二閭記，其中有支離涉不經者，爲之删節，且改撰序文，將寄王祭酒刻之也。

夜閲茹氏周易小義，凡二卷，亦條舉易辭，博證群籍，與二閭記相出入，而説龍説鹿引及醫家言，非也。

周易象考 清 茹敦和

二十四日 閲茹氏周易象考，凡一卷，博考諸家之象而證之於經，爲之折衷，然頗講飛伏。

周易小義 清 茹敦和

二十六日 閲茹氏周易小義，爲略芟其支離蔓引之辭。

十一月

劉炫規過持平 清 邵瑛

朔 閲鄉先輩餘姚邵瑶圃先生劉炫規過持平。其書頗謹慎有家法，而取材太少，識見亦未閎通，今日爲補正數條，不能徧也。書共六卷，其自序謂七十四歲以後所作，成於嘉慶乙亥之冬。

五服釋例 清 夏燮

初三日 閲夏嗛父五服釋例，爲補正一二條。儀禮喪服經斬章「爲人後者」，疏引雷氏云：「此文當云爲人後者，爲所後之父。闕此五字者，以其所後之父或早卒，今所後其人不定，或後祖父，或後曾高祖，故闕之，見所後不定故也。」又傳曰：「爲所後者之祖父母妻，妻之父母昆弟，昆弟之子若子。」注云：「若子者，爲所爲後之親如親子。」疏云：「爲所後者之祖父母，則死者祖父母當己曾祖父母，齊衰三月也。妻謂死者之妻，即後人之母也。」夏氏燮釋例云：「爲人後者，爲其所後之祖，即父卒爲祖後者服斬之例也。傳言若子，但言所後之祖父母，不及所後之父母，蓋以此爲人後者，因所後之父已卒，來爲祖後，故經但言爲人後者以統之。雷氏所云猶是經之第二義。蓋凡經言爲父後者，皆父卒之稱，若父在，不得直云爲後也，故言所後之祖父母，而不及父母者，非逸也。」慈銘案，雷氏之意，謂經文特闕此五字，以見所後之不定，本非謂逸也。蓋經文「爲人後者」四字，關乎天子諸侯，雖以兄繼弟，以從父繼從子，如唐宣宗之繼武宗，金衛紹王之繼章宗。以從祖繼從孫，如晉簡文帝之繼哀帝。皆爲人後之義，皆服斬也。聖人之經，立意深遠，雷氏謂見所後之不定，亦所包甚廣，不特士之繼宗子者爲祖後爲曾祖高祖後，當服斬也。至傳文「爲所後者之祖」當讀句，「父母」讀句，爲所後者之祖即曾祖，關乎高祖以上也，爲所後者之父母，即祖父母也。疏連讀「祖父母」爲句者，非。夏氏誤遺傳文「所後者」之「者」字，遂誤認爲所後之祖父母矣。

夏氏又云：「其不及所後案，後下當增一「者」字。之曾祖父母何也？蓋曾祖父母齊衰三月服之盡者，而此所後案，後下亦當有「者」字。之曾祖父母於爲人後者，爲高祖父母，故經不見高祖父母之服也。鄭謂高曾同服。今不據。」慈銘案，鄭君謂高祖亦齊衰三月，此必漢儒相傳孔門之微言，確不可易者。曾者，重也，曾，俗作層。累也。故入廟之稱，雖於始祖，亦曰曾孫。詩稱成王爲曾孫，書稱武王爲曾孫，見墨子兼愛篇中云：「昔者武王將事泰山隧，傳曰：泰山有道，曾孫周王。」所謂傳者，蓋周書中語也。東晉僞尚書武成篇襲之。左傳蒯聵自稱曾孫，皆非對曾祖之辭。曾孫以下之稱同，可知曾祖以上之服同也。蓋人多有及見高祖者，既不可無服，則齊衰三月以下，將何服乎？故即高祖以上推之，凡及見者，皆齊衰三月，則爲人後者，如受之曾祖，當服重若子，即推之高祖以上，亦皆然也。夏氏用王肅之説，謂高祖無服者不可通。至云父卒始有爲後之稱，援爲長子三年。傳文「將所傳重」下一「將」字，可知未傳重者不稱爲後，足補先儒所未及。

讀書後　明　王世貞

初五日　閱王弇州讀書後。日本人所刻，止四卷，無吴江許恭所輯四部稿及續稿，中書後文之四卷，是仍士騏所刻附集也，其文亦有删節。前有陳繼儒序，仍是八卷本之序。

唐摭言　宋　王定保

初六日　閱唐摭言。王定保雖世家，而識趣甚卑，故所載多委瑣，亦有謬誤，且筆舌冗漫，所分門目多可笑。每門下綴以論，亦每近不辭。然唐人登科記等盡佚，僅存此書，故爲考科名者所不可少，太平廣記中幾於十收八九，則宋初已重其書矣。雅雨堂刻本亦有誤字。

弇山堂別集　明　王世貞

閲弇山堂別集中皇明盛事述、異典述、奇事述，共二十卷，大抵紀官爵科名，雖亦間近瑣碎，而多繫於朝章國故，言明事者所必考也。

史乘考誤　明　王世貞

初十日　閲史乘考誤。弇州極不滿於李西涯、王晉溪，然於王濟之書楊邃庵所撰西涯墓志後深詆西涯，謂志文皆非實，則爲之據武宗實録辨其非盡誣，且謂濟之與西涯素有郤，故言之過也。於晉溪雖詆爲逆瑾黨，亦頗稱其能識王文成，助之成功。皆足爲是非之公。至謂武宗實録中力詆文成，言其實通宸濠，且庇劉養正，由於爲總裁者始則楊新都，後則費鉛山，皆素恨文成，而一手總其事者爲董文簡。董公最名忮毒，於鄉里如王鑑之輩巧詆不遺餘力，既又内忌文成之功，而外欲以媚楊、費，作此誣史，將誰欺乎？後文成復爵贈謚，而董受不根之謗，至徹聖聰，未必非鬼責也。慈銘案，萬曆紹興志張文恭於王明仲尚書傳下附注云：「武宗實録謂鑑之厚於瑾，故致仕歸，猶得渥典。又以其繼子一和犯罪，爲鑑之病。」此皆不然。若厚於瑾，必不歸，其子不肖，雖堯舜不免，又何病鑑之耶？蓋秉筆者似有所忮，要非公論也。所謂秉筆者，即指董中峰。中峰之力沮陽明，沈景倩萬曆野獲編亦言之。然以文成之功烈而猶遭忌厄，中峰不足言，楊文忠、費文憲亦安得爲賢者耶？

荀子 周 荀況

十五日 夜閲日本刻唐説齋翻刻熙寧國學本荀子，以校盧抱經刻本勸學、修身兩篇，與盧氏所引影鈔大字宋本皆合，其餘絶無佳處。

古今歲時雜詠 宋 蒲積中

二十六日 閲宋人蒲積中所輯古今歲時雜詠鈔本，曹秋嶽藏書也。每卷有曹溶印，及「溶」一字印，皆朱文。書共四十六卷，裝釘爲二十册，而訛舛甚多，且有空白，全不校勘，非佳本也。積中字致龢，眉山人，其本末無可考。前有自序，言「宋宣獻公所集歲時雜詠，前世以詩雄者俱在選中；然本朝如歐陽、蘇、黄與夫荆公、聖俞、文潛、無己之流，逢時感概，發爲辭章，端不在古人下，因擇今世之詩以附之，名曰古今歲時雜詠。」末題「紹興丁卯仲冬」。其書自卷一至卷四十二，起元日，訖除夜，皆依節序編之；卷四十三至四十六，更以正月至十二月非關節序及有月無日之詩編次。蓋皆依宋之原第，宋書止二十卷，此所取宋人詩過倍。每類皆先曰古詩，即宋所編自漢至唐也；次曰今詩，則蒲所續宋詩。於宋人如歐、宋、司馬等或稱公，或稱謚，或稱爵，又有韓資政縝、吕相公公著等皆稱官，蘇、黄、梅、陳等皆稱字，而劉筠、楊億、晏殊皆稱名，又有豹林先生、東溪先生等稱，頗無義例；不如宋選之概題姓名也。其中如「本朝」字皆提行，「敬」字等皆缺筆，蓋據宋本鈔出。惜太草草，不足觀。書賈索價甚高，至四十六金，今日以二十金諧定，然尚不直，明當退還之。

十二月

繆篆分韻　清　桂馥

初九日　閱桂未谷繆篆分韻，共五卷，無補編，以銀一兩得之。又以銀二兩購樊榭山房詩詞集原刻本，無文集。

大雲山房集　清　惲敬

十二日　閱惲子居大雲山房集。其潮州韓文公廟碑、廣州光孝寺碑，皆稱奇作，而議論皆有過當處。

王復齋鐘鼎款識　宋　王厚之

十三日　閱王復齋厚之鐘鼎款識，葉東卿志詵翻刻阮儀徵本也。自董武鐘至楚公鐘共五十九器，原册三十葉，皆精拓本。其中十五種標以青箋，爲畢少董良史詒秦伯陽者，末書良史拜呈，餘亦多伯陽所收。其楚公鐘、師旦鼎、虢姜鼎皆一德格天閣中物。又有虢姜敦，末書云：「此一款識得之於禮部郎官朱敦儒所藏者。」查查浦以爲似出伯陽筆。其它數十種有「順之私印」、「復齋珍玩」兩印。每器有題款及釋文，阮文達以爲皆出復齋筆。然謂此册本伯陽所集，後歸王順伯者，其語始於朱竹坨之跋。又云後轉入趙子昂家，子昂鈐以「大雅」二字印，兼書薛尚功考證於曾侯鐘後。又云：「曹倦圃謂册首鐘鼎款識四篆字亦松雪所書。錢竹汀跋謂與所見松雪篆書大道歌石刻相類，又謂册後方城范氏鐘以下兩葉恐是松雪增入，故楚公雷鐘複出。」慈銘案，第十葉周楚公鐘款識後有紹熙四年東州榮芑跋，言「紹興十四、五年間茂世先兄自成都運判除倉部外郎，總領淮東軍餉，邵澤民見屬云：我有雷鐘，藏之久矣，兩得秦會之書見取，度不可留，爲我達之會之，償以三千緡。」云云。次新此跋不知爲何人作，而虢姜鼎後有大字考證廿二行，於「殷」字缺末筆，末云「愪曾大中皇恐百拜上呈」。「愪」字與「曾大中」三字並書，「愪」不知何字，亦不知何人。據宋史文苑朱敦儒傳，言敦儒晚爲秦氏所輓，先用其子爲删定官，敦儒亦復仕爲鴻臚少卿。老牛舐犢，致晚節不終，而不言其子之名。然據此兩事，足證此册固宋人所藏，亦或可信爲秦伯陽物。又有厚之等印，則自爲復齋所得。阮文達又謂范氏鐘以下兩葉有公輔兩字朱文印凡三，當是石公弼之印。公弼乃北宋越州新昌人，字國佐，初名公輔，見宋史本傳。此二葉所題「方城范氏古鐘銘」及「政和三年武昌太平湖所進古鐘」共二十字，皆公輔之筆，乃北宋拓本，復齋得之續於册後者。慈銘案，此兩葉中間有「義叟」一印，「石氏家寘」即寶字一印，則或是石國佐之舊藏。而兩葉中獨無厚之、復齋等印，又首葉董武鐘亦無厚之等印，而皆有「大雅」印，疑首尾皆松雪增入，阮氏必謂題款釋文皆復齋手書，而後兩葉題識字出一手，故以爲復齋所續者，然首葉並無題識也。此册明時歸項墨林，印識皆徧，國初歸曹秋嶽，後歸朱竹垞，竹垞以贈馬寒中。乾隆末歸吴門陸氏松下清齋。嘉慶初爲文達所得，七年秋，摹勒於版，印記題識，鉤刻甚精。道光癸卯春，册毁於火，版片亦燼。道光二十八年冬，葉氏志詵重摹於粤東撫署，時冬卿年已七十，就養於其子崑臣相國也。

寶真齋法書贊　宋　岳珂

十四日　閲岳倦翁寶真齋法書贊。此書深有裨於宋史，其跋高宗御札，極言秦氏之無君。跋宗忠簡劄子家書，極辨當日之事勢。跋宇文肅愍兩漢册，力白肅愍之以忠死。皆考宋事者不可不讀。卷二十四載先莊簡三字帖。

二十二日　閲寶真齋法書贊。此書在目録家可稱奇絶，不特遺聞佚事，足裨史乘，其於宋世賢奸，並蓄兼收，議論平允，不没纖豪之善。倦翁作吏頗乏賢聲，然據此書觀之，其宅心固和厚也。所系贊多各成體格，富健俊爽，斐然可觀。錢衎石刻楮集中有題此書絶句五十首，皆取其事之有關係者以當詩史。蓋倦翁詩曰玉楮集，余嘗見其鈔本，詩格峭瘦，而澤以典雅。衎石詩頗相似，其集名刻楮，或有取於此爾。

光緒十四年

正月

萬曆野獲編 明 沈德符

初四日 閱萬曆野獲編。入年來小病謝客，專以此編遣日，間取明史證之，蓋言明事者莫此爲詳也。沈氏所著有飛凫語略一卷，入四庫子部雜説類存目，又敝帚軒賸語四卷，入四庫子部小説家類存目，而此編獨未見及。考朱竹垞集有此書跋，言已鈔輯略備，康熙庚辰桐鄉錢枋爲分四十八門，都爲三十卷，以活字版印行，欽定日下舊聞考中采取百數十條，不知開四庫館時何以遺之。其實敝帚軒賸語即從此編中録其神怪諧瑣諸條，飛凫語略又從賸語中剌取論法帖紙墨及器玩數事爲之。蓋沈氏是編多直記朝政闕失，故當時深諱不出，而僅以談諧瑣語出應世人之求，别題書名而已。飛凫語略衹十八條，即此編卷二十六之玩具一門，而四庫提要譏賸語中載嚴世蕃冤報林潤事，以爲獎亂，即在此編卷二十八果報門中，則四庫館臣實未見此書也。近日通行皆道光初錢唐姚祖恩廣東刻本，姚序稱沈氏所著清權堂集中有天啟宫詞，而兹編於熹宗朝客、魏亂政概未之及，殆危行言孫之旨。案，沈氏自序雖題萬曆三十四年丙午，而卷十三褐蓋一條，載巡城御史穆天顔於棋磐街笞許顯純事，末云顯純後爲魏璫鷹犬，即五彪之一，士大夫受其屠戮，最爲慘酷，則已及天啟之末。其它及萬曆末年事者甚多，亦時有前後緟複、彼此矛盾者，是隨時紀録，未及訂定之故。卷十七奇兵不可再一條、梅客生司馬一條，語有違悖，則編輯者之疏忽也。補遺四卷，自序題萬曆四十七年己未。

卮林　明　周嬰

十九日　閲周方叔卮林。其書雜辨群籍引用之誤，聞見博洽，立論多有據依。方叔明末人，而文章爾雅，絶無當日纖詭之習，尤難能也。每條以兩字標目，皆繫以作書人之姓名，如格鮑、娸張、洗梅、商艾等，謂正鮑彪之國策注，譏張表臣之珊瑚鉤詩話，娸字出字林，廣韻未收，集韻類篇始有之，注云女字。惟後漢書馮衍傳「娸子反於彭城兮」，注引「吕忱音仕眷反，勉也」。東觀記作「譏」，遂謂娸亦譏刺之意。實無它據也。洗剔梅鼎祚之書記洞詮及詩乘、古樂苑諸書，商略艾南英之墨卷評語，名目頗近佻仄。又如徐青藤之路史，鍾譚之詩歸及南英之評，此類鄙瑣短書，何足置喙，而一一彈駁，則天壤間書如入海算沙，豈能窮究？然大致詳確，在明代説部中爲最有根柢，較之筆精、談薈、蟫雋、疑耀諸書相去遠矣。蕭山陳氏校刻頗精，間采附近儒駁正之語，亦爲明晳。

述聖記　唐　李治

二十二日　述聖記中「排空寶蓋，接翔雲而共飛，莊野春林，與天花而合彩」，莊即「妝」字，妝隸變作「疘」，六朝後遂訛作「粧」，萬年宫銘「葉泠帷秋，庄濃□黯」，庄亦即「妝」字，皆隸之省變也。蓋高宗文喜用此字，今人釋疘野爲莊野，非也。

金史詳校　清　施國祁

二十四日　閱施氏國祁金史詳校，共十卷，前有自作小引及例言三則，以南監本爲主，而校以北監本、官本，及元至正四年甲申江浙祖刻本。凡竭二十餘年之力，刊訛補脱，極爲詳密，間亦是正原文，凡緟複錯出者俱改正之。於宋交聘表，用全謝山之説，取北盟會編、繫年要録等書數十種爲之注，其事目至盈二卷，尤粲然可觀。惟文筆鬱轖，偶附議論，如謂宋相秦檜是宗弼所植，而祕不肯言；酈瓊等傳載瓊告宗弼以秦檜老儒云云，皆宗弼故以欺人。案，此是當日宋人惡檜者甚之之辭，未必有其事，後人徒以紹興和議誓約中有不易宰相語，遂以爲實，不知當日宋人全以臣禮事金，自居屬國，故不得擅易輔相，非金必以檜爲反間，恐宋易人梗和議也。

末附史論五答一卷，乃北研答楊抽園論金史書五首，其辨粘罕無下獄被誅事，而謂粘罕之釋兵入朝，由韓企先密議調維，善全君臣之際，則不免臆決。其謂宇文虚中雖其始不忘宋，而後已委心事金，其死由於恃才取禍，不得爲死節。案，施德操北窗炙輠録等謂虚中謀結死士劫金主帳，挾淵聖南歸，其事固未可信，要其惓惓故國，婁以蠟丸言金虚實，且固請宋毋遣其家屬北來，岳倦翁寶真齋法書贊諸書言之甚詳。後爲秦檜所泄，至百口并命，故宋人立祠贈謚，卹典甚渥，安得一概抹殺之乎？

北研尚有金源劄記及詩文集，俱未得見，有金源紀事絶句百首，自注甚詳，此書亦屢引之，其於金源一朝之事，可謂盡心焉矣。此本稿歸汪謝城，謝城爲之校寫，其每卷後有記云「汪曰楨校寫於越城開元寺」，時謝城方爲吾邑學官，權榷酤於此寺也。

揮麈前録　宋　王明清

二十八日　閲王仲言明清揮麈前録四卷。後有自記，言是乾道丙戌冬奉親居會稽時所作。又有自跋，謂乾道之初，竊叢祠之禄，偏奉山陰，親朋相過，偶及昔聞，間有可記，隨而筆之，曰揮麈録。其曰「偏奉」者，時其父雪谿銍已没，止奉母也。末題淳熙乙巳，系銜曰「朝請大夫主管台州崇道觀」。蓋去成前録時已二十年，仲言時已老矣，不知終於何官。其跋前標目云王知府自跋，不知何人所題也。是録皆朝章國故，最爲可觀。卷四「王延德叙使高昌行程」一條，上有厲太鴻墨筆附注數十字。

揮麈後録　宋　王明清

三十日　閲揮麈後録，共十一卷，末有自跋，言「紹熙甲寅書於武林官舍」。所載紹興以前士夫軼事爲多，亦間及典制，如卷五紀后妃、太子、諸王、公主、宗室、宰相、執政、文臣、武臣、外戚、内臣謚，續宋宣獻春明退朝録而作。宋止於熙寧三年，此止於孝宗朝，多足補宋史之闕。

二月

揮麈三録　宋　王明清

朔　閲揮麈三録。其言「趙叔近被王淵差張浚冤殺」一條，「吕頤浩、趙鼎相排」一條，「曾紆上宣仁后辨謗録」一條，皆足存是非之公。至言招降孔彦舟爲張浚族子某，而浚信讒不納，然云途遇族兄，從而攫金不得，因譖之浚，所云族兄者，似指南軒，恐不可信。

又記先莊簡公在海外，嘗寓書秦檜求内徙事。檜之恨先莊簡甚矣。莊簡之居瓊儋，坦然自安，絶無介意，遺集尚在，並無此書。且豈不知秦之深仇，而尚肯效祈哀之請？尤恐無此理。況云莊簡以書寄會稽，其子弟不敢以人入都，就令齎書之隷自投相府。夫子弟畏禍尚如此，豈莊簡轉有不知？然則王趯之獄自係檜疑趯爲莊簡門人，恐莊簡私至全州就趯耳。

其記吴處厚與蔡確構隙之由，頗不直處厚。記南渡采石拒亮之捷，全由王權所部兵士及統制官時俊、盛新之功，虞允文適至，遂與王琪報捷於朝。此二事可存備異説。又言曹筠以曾留秦檜一飯，遂由黄巖主簿召爲敕局删定官，驟遷至四川制置使。陳汝錫知紹興府，當搶攘之後，安輯經理，美效甚著，以秦檜素懷睚眦，坐罪貶竄。吴棫娶孟忠厚之妹，以爲忠厚撰移帥浙東謝上表語含譏刺，爲秦檜所怒，罷任廢斥。汪澈以求再任衡州教授，爲秦檜所疑，改沅州，適萬俟卨以忤檜居沅，與汪投分甚歡，及卨大拜，力薦之，七年間遂登政府。皆宋史所未及詳。其據中書舍人李正民乘桴記載建炎己酉七月至庚戌正月高宗自金陵避敵至温州，皆逐日繫事，李心傳繫年要録全采之。至載秦檜於靖康丙午上金人請立趙氏兩狀，據其孫塤之門客所録，則仲言尚未聞何琉等之説也。

揮麈餘話　宋　王明清

初三日　閲揮麈餘話二卷。此與三録三卷皆仲言晚歲所作，慶元間同後録並刻於昭武者，所記大率高宗以前事。其據游九言定夫之孫。謂靖康中秦檜所上金人議狀，乃監察御史馬伸之文，而强秦列名者。又備載王俊所首岳侯罪狀，李氏繫年要録亦據此全録之。

其第一條帝王自有真云：「永昌陵卜吉，命司天監苗昌裔往相地，謂董役内侍王繼恩云太祖之後當再有天下。繼恩默識之。太宗大漸，繼恩乃與參知政事李昌齡、樞密趙鎔、知制誥胡旦、布衣潘閬謀立太祖之孫惟吉，適泄其機，吕正惠時爲上宰，鎖繼恩而迎真宗即位，繼恩等尋悉誅竄。熙寧中昌齡之孫逢登進士第，以能賦擅名一時。逢素聞其家語，與方士李士寧、醫官劉育熒惑宗室世居，共謀不軌，旋皆敗死。靖康末趙子崧守陳州，子崧先在邸中剽竊此説，至是天下大亂，二聖北狩，與門人傅亮等歃血爲盟，以倖非常。傳檄有云：『藝祖造邦千齡，而符景運，皇天佑宋，六葉而生眇躬。』繼知高宗已濟大河，皇懼歸命，遣其妻弟陳良翰奉表勸進。後與大將辛道宗争功，道宗得其文，繳進之，詔置獄究治。高宗不欲暴其事，以它罪竄子崧於嶺外。」案，王繼恩事，宋史及東都事略、續通鑑長編皆言謀立楚王元佐，湘山野録、夢谿筆談誤以爲謀立秦王廷美，蓋牽引盧多遜事併合之，獨未有以爲謀立燕懿王子惟吉者。此所記恐不足信。或以元佐字惟吉，因而致誤。世居事，宋史、東都事略皆甚略，長編載之稍詳，邵伯温聞見録所述尤略，皆不言逢爲昌齡之孫，亦未言欲奉世居以反。惟涑水紀聞謂李士寧以爲太祖肇造，宋室子孫當享其祚，會仁宗有賜英宗母仙游郡君挽歌，微有傳後之意，士寧竊其中間四句，易其首尾四句，密言世居當受天命以贈之。續通鑑謂士寧以此詩贈世居之母康，本於宋史刑法志，此所記可裨史闕。子崧事繫年要録亦采此書。宋史宗室傳亦載苗昌裔事，而極言子崧之功，但云檄文頗涉不遜而已。此事於宋最有關係，故備著之。苗昌裔蓋苗訓一家，宋史方伎傳載訓子孫，亦無昌裔名。諸書止言李逢爲餘姚縣主簿，宋史李昌齡傳亦不載逢事。如三録言王寀子彦融官至節使，直内閣，彦融二子萬全、萬樞皆官正郎，諸孫登進士第者相繼，而宋史王韶傳亦不一及，其疏往往如此。

劇談録　唐　康駢

初四日　閲康駢劇談録。唐人小説藻采斐然，而語意多近儇浮，事每失實。此録雖多涉神怪瑣事，然如紀鄭畋之忠義，及含元殿、曲江諸條，猶有裨於史事。

歷代名畫記　唐　張彦遠

初八日　閲唐張愛賓彦遠歷代名畫記、宋郭若虚圖畫見聞志、鄧公壽椿畫繼。三人皆故家文獻所系，儲藏既富，聞見尤博，故所述不特深契六法，妙具微言，而傳授源流，亦多有資於掌故。張氏門閥尤盛，叙致高簡，時可考唐代故事。郭氏自序稱大父司徒公貴仕而喜廉退，與丁晉公、馬正惠蓄書畫均，故畫府稱富，先君少列珍藏罔墜。陳直齋書録解題謂郭氏在國初無顯人，但有郭承祐。司徒公未知何人，四庫提要謂今考宋史並無郭承祐。慈銘案，宋真、仁之世，誠無郭姓爲三公宰相者，然真宗章穆郭皇后，史稱太原人，宣徽南院使守文第二女，守文妻梁氏封萊國太夫人，子崇仁官莊宅使、康州刺史，姪承慶、承壽皆顯官；又仁宗郭皇后史稱其先應州金城人，平盧軍節度使崇之孫；是不得謂郭氏無顯者。考宋制，后父多贈三公，若虛或出二后家，史略之耳。鄧公壽爲政和中樞密鄧文簡洵武之孫，其所記畫人，續張、郭而作，訖於乾道三年。得此三書，畫家源流大略具矣。

捫虱新話　宋　陳善

初九日　閱陳善捫虱新話十五卷。此書四庫提要極詆之，謂顛倒是非，毫無忌憚，必紹述餘黨之子孫不得志而作，又謂葉夢得避暑録話雖陰抑元祐而曲解紹聖，至深斥蘇洵辨奸論，然終怵於公論，隱約其文，不似陳善黨邪醜正，一概肆其狂詆。見避暑録話提要。今平情閲之，其中雖頗言元祐之務反荆公所爲，及言荆公晚年删定字説，貫串百家，語簡意深，今晚生小子亦隨例譏評，厭讀其書，非獨不喜新法也。又舉山谷和張文潛詩曰：「荆公六藝學，妙處端不朽。諸生用其短，頗復鑿户牖。譬如學捧心，初不悟己醜。」謂元祐諸公惟此一人議論稍自近厚，似爲紹述餘黨。然其他言荆公新經穿鑿，其書經新義意在規諷二蘇，至大誥篇則幾乎罵。又言其新經、字説多用佛語。又言荆公經術、東坡議論、程氏性理，三者各立門户，末流皆不免有弊。是亦持平之論。至謂熙寧間王荆公用事，一時字多以「甫」，押字多以圈。案，荆公押名，石字作匾圈，如歹字，見宋人説部。時語云：「表德皆連甫，花書盡帶圈」，則直指其短矣。

善爲福建人，而於紹述之吕、章諸人，皆不一及，惟兩言蔡京，皆稱蔡相，亦以紀它事及之，不一涉其行事。其於子由，雖言其作神宗御集序，比之曹操，然此語當日程子門人攻蘇者屢見章疏。至謂老蘇之辨奸論、子瞻元祐初撰贈王司空制，皆修怨之詞。又謂新法免役一事不可改，至今賴之。其言皆是非之公。老蘇辨奸論不特立言太過，文亦不高；且老蘇卒時，治平二年。荆公尚未大用，何由知其後必誤國？故昔賢以此論爲僞作。或子由兄弟欲示其父先見之明，託辭爲之。即真出老蘇，亦是一時快其筆舌，以報荆公斥爲策士之怨，固不足爲定論。其餘推美永叔、東坡、山谷之詩文字畫，連篇累紙，惟謂歐陽公信經廢傳，其疑繫辭、左傳皆太泥，則正中歐陽之失。至其書區分門類，誠爲瑣屑，識議亦近卑陋。又過尊佛經，尤涉偏譎。

然如謂古人多假借用字，論語中如「孝弟也者，其爲仁之本與」、「觀過斯知仁矣」、「井有仁焉」之「仁」，皆當作「人」。又謂論語自有章句，而説者亂之，如「祭如在」兩句、「唐棣之華」四句、「色斯舉矣」兩句、「微子去之」三句，皆是古語，孔子因而爲説，故弟子並記之，而下加「子曰」二字。又如「德行顔淵」一節，當連下「子曰回也非助我者也」、「子曰孝哉閔子騫」爲一章，蓋德行四科，是當時孔門中有此科目，弟子記之，遂因而記孔子所言顔、閔於其後，以見顔、閔所以爲四科之首。「柴也愚」四句，亦是當時有此品論，其下「子曰回也其庶乎」兩節，當連此爲一章。又言孟子「莊暴章」「惟鼓樂」之「樂」爲「禮樂」之「樂」，其它「樂」字皆當音洛，爲「悦樂」之「樂」。其語皆有名理，足裨經説。

又謂堯讓天下於許由，及堯舜讓天下於子州支伯、善卷、石户之農，及堯之師曰許由，由之師曰齧缺，缺之師曰王倪，倪之師曰被衣，此等皆莊子寓言，其人名字與「子虚」、「亡是」、「烏有」無異，而後世誤信之，亦爲有識。提要又詆其謂江西馬師在孔子上。案，此語在第十卷儒釋迭爲盛衰條，乃述王荆公轉述張文定方平之語。陳氏謂此等今不必論，然自馬大師後釋門不聞有人，近世歐陽文忠公、司馬温公、范蜀公皆不喜佛，然其聰明照了，德行成就，豈在馬大師下？惜荆公不聞此語，是亦不以其言爲然。

冷齋夜話　宋　釋惠洪

初十日　閲惠洪冷齋夜話十卷，皆瑣屑不足道之事，其論詩亦甚凡近，此等所謂底下之書。

西谿叢語　宋　姚寬　芥隱筆記　宋　龔頤正

十一日　閲姚令威寬西谿叢語三卷、龔養正頤正芥隱筆記一卷，兩書皆主考證，所辨皆有據依，亦頗通小學，在南宋並時可與學林、野客叢書、能改齋漫録等並傳。

桯史 宋 岳珂

十二日 閲岳倦翁桯史。桯，牀前小几也。此因李衛公書名而用之，取几案間私史之義，不過與筆記篋衍等類耳。

十三日 閲桯史。此書雖間及諧戲怪瑣之事，然大率記朝政得失及南渡士夫佚事爲多，惟筆頗冗漫，不似所著愧郯録之簡潔。其記韓平原八字爲壬申、辛亥、己巳、丙寅，日者謂至丁卯年壬子月必得奇禍，而竟驗，亦足以資異聞。

玉臺新詠 南朝梁 徐陵

十四日 以乾隆間無錫華氏翻刻馮己蒼校趙寒山所鈔宋本玉臺新詠勘明萬曆間張嗣修所刻小字本。兩本雖同出永嘉人陳玉父宋刻本，而各有改移，華本又頗據萬曆間楊刻本，而馮氏所校亦有臆改，華氏多去其校語，惟存圈點而已。兩刻幸皆附注宋本作某、新本作某，尚可考其大略。其校勘則張刻誤字較少耳。

南澗甲乙稿 宋 韓元吉

閲宋韓無咎元吉南澗甲乙稿。無咎爲魏郡公維之元孫，尹和靖之門人，朱子之友，吕東萊之婦翁，仲止淲之父。其詩文雅健，具有北宋典型，南渡以後可與晦翁、攻媿並稱，而宋史既不爲立傳，其集亦久無傳者，名姓翳如，可歎也。其中銘志頗多，殊病繁蕪。

十五日　閲南澗甲乙稿，共二十二卷，四庫館輯本也。其答朱元晦兩書，一有云：「貸金苟不外。某窮悴，止江東有少俸，連遣二女子，且置得數畝飯米；去歲了兩處葬事，今年又從人假借矣。他時稍有餘，尚當相助，亦已轉語趙德莊矣，渠爲地主，必能周旋也。」一有云：「嶽祠須自請，朝廷意雖未可知，亦不應便以嶽祠除下爾。至謂無用於世，非復士大夫流，不知元晦平日所學何事？願深考聖賢用心處，不應如此忿激，恐取怒於人也。與世推移，蓋自有道，要不失己，但人於道不熟，便覺處之費力耳。」此兩書一在朱子葬母後廬墓時，一在朱子辭召命而願復畀祠禄時。無咎既不應所求，而爲之籌畫，具見古人交情真摯，言無矯飾。其辭薦乞祠，又直言相規，侃侃不避，尤見無咎學識有本，爲朱子所嚴事，而借貸往復，亦聖賢所不廢也。

十六日　閲南澗甲乙稿。四庫館所輯諸書及官本宋史，凡宋人文字斥金爲「虜」者皆改爲「敵」字，此今日諭旨及官文書於法夷構兵事皆稱爲敵之讖也。

聞見録　宋　邵伯温　聞見後録　宋　邵博

十九日　閲邵子文伯温聞見録及其子公濟博聞見後録。子文所記頗近翔實，而於荆公父子有過甚之詞，然亦謂荆公本賢者，可與司馬温公並稱，爲雱及吕惠卿等所誤。其書蓋隨時筆記，故語多複沓。至言雇役、差役各有病，秦晉之民利差役，吴蜀之民利雇役。温公、荆公皆早貴，未歷州縣，故狃於一偏。章子厚雖賢否不同，而性聰明，深知吏事，故於温公改役法時，言往日行免役法以行之太驟，故多弊，今日改法，宜詳酌而緩行之，庶幾無弊，而温公不聽。此則萬世之公言也。公濟詞務簡潔，而頗近枯澀，其詆荆公尤峻，於程、蘇亦頗致不滿。所極推者温公及張安道、陳了翁、吕獻可數人。論文重韓、柳，而於歐陽有微辭，論詩重子美及韓，具有特見。其全載温公疑孟、李泰伯常語、了翁尊堯集序及雷簡夫太簡薦老蘇三書，皆它書所未及。其論古人，如謂王濬在益州作大艦長百二十步之不可信，唐太宗誅建成、元吉之未可非，李淳風言女子姓武之讖近怪，皆有卓識。

邵公濟録伊川與謝金堂書，謂學易祗看王弼、胡先生、王介甫三家文字，韓無咎録尹和靖書，謂學者但看尹川易説，不必看語録，皆宋學之名言。

聞見後録云：「紹興己未春，金人初許歸徽宗梓宫，宰臣上陵名永固，有王銍者言犯後魏文明、後周文宣二后陵名，下祕書省參考，如銍言，再議，改永祐。然前漢平帝、後漢殤帝、十國劉龑同曰康陵，本朝順祖亦曰康陵；後魏孝明帝、後周宣帝、唐中宗同曰定陵，本朝僖祖亦曰定陵；前漢惠帝、唐懿宗王后同曰安陵，本朝宣祖亦曰安陵；唐太宗曰昭陵，本朝仁宗曰永昭陵，後魏宣武后曰永泰陵，唐玄宗曰泰陵，本朝哲宗亦曰永泰陵。蓋本朝陵名犯前代陵名者不一，祖宗以來不避也。予時爲校書郎，爲祕監言之，具白丞相，不報。」慈銘案，陵名前後相襲，不勝僂指，即昭陵之名，後周明帝已先用之，故曹魏皆加「陽」字，晉皆加「平」字，劉宋皆加「初」字，元魏自孝文以後皆加「永」字，俱恐其複也。

而趙宋亦加「永」字，適與元魏相犯。公濟謂不能盡避，誠是。然徽宗梓宫北還，而陵名二字，適與前之北朝二后相犯，故王性之議改而朝廷從之，不得以爲非。後魏文明后馮氏，文成帝后，後周文宣后叱奴氏、武帝母，皆別葬，故別立陵名。津逮祕書本甚錯誤。

閲聞見後録云：「汾、晉間祈雨，裸袒叫呼，奮臂爲反覆手狀，又以水灑行道之人，殆可笑。按董仲舒傳注有閉陽縱陰、以水灑人之説，蓋其自也。」慈銘案：漢書董仲舒傳：「仲舒治國求雨，閉諸陽，縱諸陰，其止雨反是。」小顔注謂「若閉南門、禁舉火，及開北門、水灑人之類是也。」今春秋繁露求雨止雨篇所載開陰閉陽法，但云「令民闔邑里南門，置水其外，開邑里北門」，無禁舉火、水灑人之語。北史魏孝靜帝紀天平二年「夏五月，大旱，勒城門、殿門及省府寺署坊門，以水今刻本脱此二字。澆人，不簡王公，無限日，得雨乃止」。是並晉舊俗至南宋猶然，其法本之董子繁露，而唐初人所見猶有此語，今本繁露訛闕多矣。

二十一日　閲聞見後録訖。閲僧道温文瑩湘山野録，所記皆宋初及仁宗以前事，雖多關國故，非盡小説，而多傳聞失實，不足取信。其續録中記太祖燭影斧聲事，本涉語怪，以彰道士之神異，全出無稽，不足辨也。

春渚紀聞　宋　何薳

二十三日　閲何薳春渚紀聞。薳爲博士去非之子，故是書極推東坡，載其逸事甚多。其餘大率談諧瑣事，及神怪果報，乃説部之下者，然亦足資談助。

貴耳集　宋　張端義

二十六日　閲張正夫端義貴耳集，共三卷。其書筆舌冗俗，罕可觀采，每卷爲一集，卷首各有小引，頗自誇詡，而文尤拙。其所引據之謬，四庫提要已備列之。惟第一條紀曾覿奉思陵旨進祐陵林檎鸜鵒畫扇詩「玉輦宸遊事已空」一絶，桯史以爲康與之所題者，誤。案，桯史所載與之給中貴事，不近情理，此所言近實。其餘紀朝廷時事，亦頗有佚聞。

二十八日　貴耳集有云：「唐天寶後曲偏繁聲皆曰入破，破者破碎之義，明皇幸蜀。宋宣、政間，周美成、柳耆卿輩出，自製樂章，有曰側犯、尾犯、花犯、玲瓏四犯，犯者侵犯之義，二帝北狩。曲中之讖，深可畏。」案，曲之有破，至宋猶然。柳耆卿仕仁宗朝，非宣、政間人；然詞曲以犯名，至宣和始盛行，實由片玉擅場所致，此語非無理也。正夫於時事多舛，如紀王岐公元夜應制詩，用「鳳輦」「鼇山」事，謂在宣和時。禹玉爲翰林學士在仁宗朝，卒於神宗元豐八年，安得至宣和？又紀趙良嗣作破遼上京詩，誤作「趙嗣良」，謂爲裕陵眷遇，案，裕陵爲神宗陵名，良嗣以徽宗政和元年來降，安得見神宗？此裕陵或是祐陵傳寫之誤。

又云：「天寶間楊貴妃寵盛，安禄山、史思明之亂作，遂有楊安史之謠。嘉定間楊太后、史丞相、安樞密，亦有楊安史之謠。時異事異，姓偶同耳。」案，宋人小説中有言史彌遠通於楊后者，蓋由此等説啟之。然是條在第三集，其序題淳祐丙午，是理宗在位之二十一年，去嘉定僅二十餘年，而敢爲此説，亦可謂無忌矣。

又有云：「太后謚『聖』字者垂簾，典故用四字謚，慈聖光獻曹后，宣仁聖烈高后，欽聖獻肅向后，昭慈聖憲孟后，憲聖慈烈吴后，恭聖仁烈楊后。獨章獻明肅劉后保右仁宗十二年之政，諸賢在朝，天下太和，謚不及『聖』字，或者議有玉泉、長蘆之讖起於側微耳。」此事無人拈出。

又有云：「當時李師師家有二邦彦，一周美成，一李士美，皆爲道君狎客，士美因而爲宰相。君臣遇合於倡優下賤之家，國之安危治亂可想而知矣。」周事人所盡知，而未有言及李者。

其第三集序有云：「紹興間泰發與會之失歡，諸子多萃前朝所聞，猶未成編，或者以作私史告，稔成書禍。文字之害人如此。」可知吾家當日所爲，本足與眉州井研二李鼎足而立，乃宵人構禍，致興大獄，書焚家破。而並時私家著録如王仲言父子等皆以畏禍被燬，是不特秦檜之罪通天，即陸升之之肉亦豈足食哉。

三月

農書　元　王禎

初八日　閲農書。元人重農務，故其時天下安樂，士大夫優遊田里，率以詩酒自娱，較之南宋之重斂，明初之酷法，相去倍蓰。而明人外視之，甚至作續綱目者於元末群盜之起，學綱目之於秦隋，皆書爲起兵，可謂妄矣。

避暑録話　宋　葉夢得

十七日　閲葉石林避暑録話二卷。四庫提要謂其「本爲蔡京之門客，不免以門户之故，多陰抑元祐而曲解紹聖」。案，其稱京必曰蔡魯公，自其依附之實據，惟提要謂論詩賦一條爲王安石罷詩賦解，葉源一條爲蔡京禁讀史解，王姬一條爲蔡京改公主曰帝姬解。案，其論詩賦云：「政和間大臣有不能爲詩者，因建言詩爲元祐學術，不可行。李彦章爲御史，承望風旨，遂上章論陶淵明、李、杜而下皆貶之，因詆黄魯直、張文潛、晁無咎、秦少游等，請爲科禁。時何丞相伯通適領修敕令，因爲科云，諸士庶傳習詩賦者杖一百。或問刑名將何所施？伯通無以對。」其論葉源云：「源自言熙寧初以上舍優等赴省試，策問交趾事，茫然莫知，或告以見馬援傳，遂誤作『馬願』，乃被黜。方新學初行，何嘗禁人讀史？而學者自爾。崇寧立三舍法，雖崇經術，亦未嘗廢史，而學校爲之師長者，本非所學，幸規時好，以唱其徒，故凡言史，皆力詆之。」其論王姬云：「周之諸女言姬，猶宋言子、齊言姜也，自漢以來不復辨，類以爲婦人之名。史記言『高祖居山東，好美姬』。漢書外戚傳云『所幸姬戚夫人』之類，固已失矣。注漢書者見其言薄姬、虞姬、戚姬、唐姬等皆妾而非后，則又以爲衆妾之稱。近世言妾者，遂皆爲姬。事之流傳失實，每如是。今謂宗女爲姬，亦因詩言『王姬』而誤。」凡此皆直言其失，無所回護。

至謂深斥蘇洵辨奸論，尤其顯然。考老蘇此論本自可疑，昔人多辨之，且其立言太過，荆公之學行自有本末，其才當日亦無能及之者。無論老蘇卒時，荆公未有所施行，即真出老蘇，亦豈足爲定論哉？老蘇文學萬不敢望荆公，即論心術，其好言兵，亦足以禍國，而縱横權譎殆有荆公所不爲者。石林謂韓魏公、富鄭公皆不喜之，魏公且以咎歐公，其言未必無據也。石林頗不滿新唐書，是録屢及之，其辨張九齡傳與李林甫争牛仙客實封時方秋，上賜以白羽扇，九齡惶恐獻賦事，謂「本於鄭處誨明皇實録。據曲江集賦序云開元二十四年盛夏，奉敕大將軍高力士賜宰相白羽扇，九齡與焉，則非秋時。且通言宰相，則林甫亦與，非獨爲曲江設也」。其辨劉昌傳守寧陵、斬孤甥張俊事，本於杜牧集。「考李希烈傳，希烈圍寧陵時，守將高彦昭，昌乃其副。賊坎城欲登，昌蓋欲引去，從劉元佐請兵，出不意以擣賊。彦昭誓於衆以死守，士皆感泣請留，昌大慚。則全寧陵者，彦昭也。牧好造作語言，不復審虚實。希烈圍寧陵四十日，而謂之三月，以劉元佐救兵至敗希烈，而云韓晉公以强弩三千，希烈解圍，皆非。」是二事尤有裨於史學。

其記「歐文忠作范文正神道碑累年未成，范丞相兄弟數趣之，文忠以書報曰：『此文極難作，敵兵尚强，須字字與之對壘。』蓋是時吕申公客尚衆也。嘗於范氏家見此帖，其後碑載爲西帥時與申公釋憾事，曰二公歡然，相約平賊。丞相得之，曰：『無是，吾翁未嘗與申公平也，請文忠易之。』文忠怫然曰：『此吾所目擊，公等少年，何從知之？』丞相即自刊去二十餘字，乃入石。既以碑獻文忠，文忠卻之曰：『非吾文也。』」案，范忠宣刊易歐文事，它書多載之，而不如此之詳。又云「碑載章獻太后朝正事，謂仁宗欲率百官拜殿下，因公争而止。蘇明允修因革禮，見此禮實施行，公亦自知其誤，則銘志書事固不容無誤，前輩所以不輕許人也。」此尤足見史家輕取野史及各家志狀之非。

其記科目云：「唐制取士用進士、明經二科，本朝初惟用進士，其罷明經不知始於何時。仁宗嘉祐三年始復明經科，限以間歲取士。王簽書巖叟首應明經。鄉貢及南省殿試皆第一，謂之明經三元，復科以來一人而已。」又云：「唐初以明經、進士二科取士，初不甚相遠，皆帖經文而試時務策，但明經帖文通而後口問大義，進士所主在策，道數加於明經，以帖經副之爾。永隆後進士始先試雜文二篇，初無定名，唐書自不記詩賦所起，意其自永隆始也。」又云：「國初廷試進士多不過二十人，少或六七人。太宗欲廣致天下之士，太平興國二年遂有一百九人。」又云：「國初州郡貢士猶未限數目，太宗始有意廣收文士，於是爲守者率以多士爲貴。淳化二年試禮部，遂幾二萬人。時錢樞密若水知舉，廷試取三百五十三人，孫何爲第一，而丁晉公、王冀公、張鄧公三宰相在其間。」案，丁晉公謂，王冀公欽若，謚文穆，張鄧公士遜，謚文懿。又云：「自建隆至太平興國二年更十五榜，案，建隆元年至太平興國二年丁丑，凡十八年，而十五榜，蓋五代宋初皆沿唐制歲一放榜。宋史選舉志言太平興國三年冬，諸州舉人並集，會將親征北漢，罷之。自是間一年或二年乃貢舉。文獻通考載開寶七年及九年，亦以事罷舉者二科，不知緣何事也。所得宰相畢文簡公一人而已。」案，畢士安，乾德四年進士。是年「得呂文穆公爲舉首案，呂文穆公蒙正，封許公。與張僕射齊賢宰相二人。」案，張齊賢謚文定，宋史本傳言「太宗欲置齊賢高第，有司偶失掄魁，上不悦，一榜盡與京官」。選舉志言是科「甲乙等進士及九經皆授將作監丞、大理評事、通判諸州」，司馬温公涑水紀聞謂「是榜張齊賢中選適在數十人後，及注官，乃詔盡與超除」。文獻通考謂「是年定進士優劣爲三等，並賜及第」。畢氏續通鑑考異謂「齊賢蓋在二等，故凡二等盡與超除，後人不考，皆云爲張齊賢一榜盡賜及第，非也。齊賢雖在數十人後，固已及第矣」。慈銘案，畢説是也。蓋是時三等皆賜及第，至八年始分三甲，仍皆賜及第。惟遺才再試及特奏名者，乃賜出身。至真宗景德四年，始定爲五甲，亦曰五等，第一第二甲曰及第，第三甲曰出身，四甲五甲曰同出身也。又葉氏石林燕語謂是年「吕文穆爲狀頭，李參政至第二人，張僕射、王參政化基等數人皆在其間」，是更有兩執政矣。「自是取人益廣，得士益多，百餘年間得六人者一榜，楊寘榜案，仁宗康定二年辛巳。王岐公、案，王珪，謚文恭。韓康公、案，韓絳，謚獻肅。王荆公、案，王安石謚文。蘇子容、案，蘇頌謚正簡，封魏公，宋史皆不載，但云封趙郡公。吕晦叔、案，吕公著，謚正獻，封申公。韓師朴。案，韓忠彦，謚文定，封儀公。得四人者一榜，蘇參政易簡榜，案，太平興國五年庚辰。易簡謚文憲，見揮麈録。李文靖、案，李沆，謚文靖，原本誤作文正。向文簡、案，向敏中，封公，追贈燕王。寇萊公、案，寇凖，謚忠愍。王魏公。案，王旦，謚文正。得三人者三榜，王沂公榜案，真宗咸平五年壬寅。沂公、案，王曾，爲三元，謚文正。王文惠、案，王隨，初謚章惠，改文惠。章郇公。案，章得象，初謚文憲，改文簡。劉煇榜案，仁宗嘉祐四年己亥。劉莘老、案，劉摯，爲省元一甲第二人，謚忠肅。章子厚、案，章惇，封申公。蔡持正案，蔡確謚忠懷。案，王沂公榜上當脱「孫何榜丁晉公、王冀公、張鄧公」十二字。改科後焦蹈榜案，神宗元豐八年乙丑。時哲宗已即位，在諒闇中，援神宗初故事，不廷試臨軒，以後迄宋世皆如此。凡諒闇皆不親策，以省元爲狀元。曰改科者，謂自熙寧二年從王安石議，更貢舉法，罷進士試詩賦及明經諸科，以經義論策試進士。分四場，初大經義十道，次兼經義十道，次論一首，次策三道，以明經元解人數及諸科解名十分之三增進士額也。徐擇之、案，徐處仁。白蒙亨、案，白時中，封崇國公。鄭達夫。案，鄭居中謚文正，封崇公，改宿國公，進燕公。畢漸榜案，哲宗紹聖元年甲戌。杜欽美、案，杜充。唐欽叟、案，唐恪。呂元直。案，呂頤浩，謚忠穆，封成公。而王岐公等三人皆第一甲而連名，尤爲盛事。」「劉莘老、章子厚二人亦連名。」此等皆足裨史事。

其記官制云：「本朝官稱初無所依據，但一時造端者自爲，後遂因之不改。觀文、資政殿皆有大學士，觀文稱『大觀文』，而資政稱『大資』，此何理耶？宣和間，蔡居安除宣和殿大學士，遂稱『大宣』。是時方重道術，騶唱聲於路，聽者訛爲大仙，人以爲笑，乃改爲『大學』。龍圖閣學士，舊謂之『老龍』，但稱『龍閣』。宣和以前，直學士、直閣同爲稱，未之有別也。末年陳亨伯進直學士，佞之者惡其下同直閣，遂稱『龍學』，於是例以爲稱。而顯謨閣直學士、徽猷閣直學士欲效之，而難於稱『謨學』、『猷學』，乃易爲閣學大學士。閣學士皆有三，何以別耶？」又云：「唐以金紫銀青光禄大夫皆爲階官，此沿襲漢制金印紫綬、銀印青綬之稱也。漢丞相、太尉皆金印紫綬，御史大夫銀印青綬，此三府官之極崇者。夏侯勝云『經術苟明，取青紫如拾地芥』，蓋謂此也。顏師古誤以青紫爲卿大夫之服，漢卿大夫蓋未服青紫，此但據師古當時所見爾。古者官必佩印，有印則有綬，魏晉後既無佩印之法，唐爲此名，固已非矣，而品又在光禄大夫之下。漢光禄大夫秩比二千石，本以掌宮門爲職，初非所貴重，何以是爲升降乎？元豐官制，諸儒考核古今甚詳，亦循而弗悟，故遂爲階官之冠。」二事亦無人言及，其它有益考據者尚多。

石林此録本爲消夏而作，故中多言消遣之法及訓子孫之語，格言名論，往往而有。其帥建康被論，而先莊簡公繼其任，頗嚴劾之。毛子晉跋謂此録作於紹興五年，蓋據其中有云「建炎己酉春，虜犯維揚，夜從大駕渡江，至今且六七年也」。時由資政殿學士退居湖州卞山，自言山居已七年，又言「明年六十歲，今春治西塢隙地，築堂其間，名之曰知非」，蓋已有終老之意。至紹興八年五月復拜江東安撫制置大使，知建康府，宋史文苑本傳謂紹興初起爲江東安撫大使兼知建康府，八年除江東安撫制置大使兼知建康府行宮留守。考本紀石林以紹興元年九月代汪伯彦帥江東，二年三月罷，而代以先莊簡，則紹興五年不得云山居已七載，蓋當在七八年間也。其録中絶無一語及莊簡，蓋所論皆公家事，本無可怨，亦見其宅心和厚，得於山水者深。

觀其中一條云：「士大夫作小説，雜記所聞見，本以爲游戲，而或者暴人之短，私爲喜怒，此何理哉？歐陽公歸田録自言不記人之過惡，君子之用心，當如此也。」又云：「李德裕是唐中世第一等人物，其才遠過裴晉公，錯綜萬務，應變開闔，可與姚崇並立，而不至爲崇之權譎任數，至其卒不能免禍，而唐亦不競者，特恩怨太深、善惡太明之累也。」其宗旨可知矣。因提要深詆是書，特備論之。

十八日　石林記韓持國語云：「汝少年安知此？吾老矣，未知復有幾春，若待可與飲者而後從，吾之爲樂無幾，而春亦不吾待也。」石林時年五十九，已謂其言有味，況吾今年六十耶？

三元之稱

二十一日　夜以文獻通考選舉志校宋史選舉志。唐、宋每科總目，賴有通考此志，班班可考，狀元、省元姓名亦幸附此以傳。明代及國朝實録，每科皆書賜某某等若干人及第、出身、同出身有差，意宋代實録亦如此，續通鑑有記有不記，其例非也。至「三元」之稱，向謂起於唐之張又新。然唐時進士僅有解試及禮部省試，第一者即爲狀元。雖武后載初元年時尚睿宗居位，武后稱制。策問貢人於洛城殿，案，諸書皆作「城」，疑當作「成」。通典雖謂殿前試人自此始，然通考謂此如後世之省試，時試士尚屬考功員外郎，武后自詭文墨，故於殿陛間下行員外郎之事，非省試之外再有殿試。案，馬氏之説是也，故曰貢人者，謂天下所貢之人，非已試禮部也。其後訖唐世，惟賢良方正及宏詞諸科試於殿廷，故曰制科。若進士未有試殿中者，雖以長慶元年因人言禮部侍郎錢徽取士不公，敕中書舍人王起、主客郎中白居易重試，亦未云在殿廷。且雖覆落狀元鄭朗等十三人，止取温業等三人，而未聞温業稱狀元。惟武翊黄稱三頭者，謂解頭、狀頭、又中宏詞敕頭，故曰三頭。而摭言亦曰：「張又新時號張三頭，注云進士狀頭、宏詞敕頭、京兆解頭。」蓋唐人登第後，須再中宏詞、賢良及拔萃諸科方得官也。唐人雖有狀頭、狀元等稱，然宋登科記總目所載自開寶六年以前，進士第一人皆曰榜首，至八年以後則曰狀元矣，蓋竟以爲官稱，觀宋庠、吕誨事可見，雖朝廷亦稱之矣。通考謂開寶初年，李昉知舉，下第者訴榜不公，太祖於講武殿命題重試，御試自此始。昉等所取十一人重試，共取二十六人。然於昉等所取十一人内祇黜武濟川一人，餘十人則高下一依元次，而續取十六人不過附名十人之後。至八年覆試禮部所取士，於講武殿内出試題，得進士三十六人，以王嗣宗爲首，而禮部所定第一人王式居第四，於是始有省試、殿試之分，省元、狀元之别。是殿試有狀元起於王嗣宗，而此後如太宗端拱元年不廷試，則止有省元程宿。至神宗以後，遇諸帝諒闇中，皆不廷試，謂之不臨軒，則即以省元爲狀元，迄於宋世。而高宗紹興八年、孝宗隆興元年非在諒闇，皆不親策，亦以省元爲狀元，是非每科必有狀元也。王厚齋小學紺珠載三元祇宋之孫何、王曾、楊寘、馮京四人，蓋考之審矣。

竹坡詩話　宋　周紫芝

二十七日　坐藤花下閱宋人周少隱紫芝竹坡詩話。其見聞頗陋，而論詩亦時有悟處。如言「白樂天長恨歌云『玉容寂寞淚闌干，梨花一枝春帶雨』，人皆喜其工，不知其氣韻之近俗。東坡送人小詞云：『故將別語調佳人，要看梨花枝上雨。』雖用樂天語，而別有一種，非點鐵成黄金手不能爲此」。又言「東坡和僧守詮詩：『但聞煙外鐘，不見煙中寺。幽人行未已，草露濕芒屨。惟應山頭月，夜夜照來去。』未嘗不喜其清絶，過人遠甚，及得詮詩云：『落日寒蟬鳴，獨歸林下寺。松扉竟未掩，片月隨行屨。時聞犬吠聲，更入青蘿去。』乃知其幽深清遠，自有一種林下風流，東坡雖欲回三峽倒流之瀾與谿壑争流，終不近也。」又言「『銀燭秋光冷畫屏』一詩，杜牧之、王建集中皆有之，當是建詩。蓋二子之詩，其流婉大略相似，而牧多險側，案，當云峭雋。建多工麗，案，當云流麗。此詩蓋清而平者。」所論皆能辨别氣格，深有所契。惟謂「東萊蔡伯世作杜少陵集正異甚有功，亦時有可疑者，如『峽雲籠樹小，湖月落船明』，以『落』爲『蕩』，且云非久在江湖間者，不知此字之爲工。以余觀之，不若『落』字爲佳。又『春色浮天外，天河宿殿陰』，以『宿』爲『没』字，『没』字不若『宿』字之意味深遠。」案，「蕩」字之妙與「落」字相去天淵，謂非身習江湖不知，尤是妙語。蓋此船是行船，「蕩」字如見天水晃漾，取景不盡；

「落」字庸甚，且對不過「籠」字。「没」與「宿」字亦工拙相懸，「天河没殿陰者」，形其坐久，而殿之高亦見。「宿」字襲孫逖語，亦與「浮」字不對。石林詩話謂「詩下雙字極難，唐人記『水田飛白鷺，夏木囀黄鸝』爲李嘉祐詩，王摩詰竊取之，非也。此兩句好處正在『漠漠』『陰陰』四字，此乃摩詰爲嘉祐點化，以自見其妙」。竹坡詩話亦言之，皆得詩家三昧。王漁洋最重神韻，獨以爲不然，何耶？二句去此四字，便成獃語，精神景狀，全在疊字中也。

國史補 唐 李肇

二十九日 閱唐李肇國史補。其言王維有詩名，然好取人文章佳句，「行到水窮處，坐看雲起時」，李華集中詩也；「漠漠水田飛白鷺，陰陰夏木囀黄鸝」，李嘉祐詩也。是未嘗云添「漠漠」「陰陰」四字。

列朝詩集小傳 清 錢謙益撰 清 錢陸燦輯

四月初九日 閱列朝詩集小傳，康熙中錢湘靈陸燦所輯也。前有湘靈自序，力辨吴修齡殳正錢之誤，皆有據依。其書一如原次，分乾集、甲前集、甲集、乙集、丙集、丁集上中下、閏集。蒙叟此集之選，成於順治四年，自祕書院學士罷歸之後，既自慚墮節，又憤不得修史，故借此以自託。其編次皆有寓意，而列明諸帝王后妃於乾集，列元季遺老於甲前集，自嘉靖至明末皆列丁集，分上中下，以見明運中否，方有興者，其文亦純爲本朝臣子之辭，一似身未降志者，其不遜如此。列李贄於三大奇人中，在諸僧之後，推闡備至；又極推憨山、紫柏兩僧爲彼教中龍虎。其論詩力表程孟陽，用遺山中州集谿南詩老例，謚之曰「松圓詩老」，讚歎投地，若不容口，過情之論，殆近侜張。然其大旨揚處士而抑顯官，薄近彦而尊先輩，於孤寒沈悶之士，崇獎盡力，是則存心頗厚，宜爲一時雅俗所歸也。

中州集　金　元好問

十九日　閱中州集卷三党懷英和道彦至詩云：「山光凝黛水浮空，地僻偏宜叔夜慵。尚喜年登更冬煖，敢論人厄與天窮。君方有志三重浪，我已無心萬里風。擬葺小園師老圃，緑畦春溜引連筒。」佩文韻府於「畦」字下引「擬葺小園」二句，出懷英名，故廷中皆知之。

六月

毛詩讀　清　王劼

十四日　閱近人巴郡王劼毛詩讀，凡三十卷，咸豐乙卯刻於成都。自序謂初爲毛詩述義，與包慎伯、陳碩甫相商榷，道光戊申於南昌舟次失去，歸田後重輯此書。大抵掊擊鄭箋，以朱子集傳爲不足辨，而謂詩皆是責備臣道之辭，寓言婦德。關雎序言后妃，后妃謂王者之匹偶，引晉語「若翟公子吾是之依兮，鎮撫國家惟王妃兮」。韋昭注言「重耳當霸諸侯，爲王妃偶」，以證后者王也，妃者匹也，后妃之德，言賢臣當匹其君之德。不特周召爲后妃，即文王亦爲后妃，雅則后妃之政有大小者也，頌則美后妃之成功者也，变則非其后妃者也。舊説誤后妃爲王后，他經前史無稱王后爲后妃者，周書之后皆斥王，周禮皆稱王后，不稱妃，何彼襛矣序云「下王后一等」，葛覃傳云「王后織玄紞」，與周禮合，惟關雎八篇序傳合正喻二義，而立后妃之名，示人以臣道之重，有偶王之責，不得如後世公卿徒卑以自牧也。所言皆狂悍迂曲，絶不可通，雖亦頗講古本章句及典禮名物，而大端已謬，其文義又多故爲晦窒，不足取也。

御定春秋左傳讀本 清 黄鉞等

十五日 授僧喜讀春秋左傳，用道光御定春秋左傳讀本，黄左田、程春海、祁文端諸公所纂者。時程、祁皆以翰編直南齋，注釋兼采諸家，極爲簡明，而大義微言，條旨全備，多正杜氏之失而不存駁辨之語，是讀本之最善者。

乾道稿 淳熙稿 章泉稿 宋 趙蕃

二十七日 小極多券，閲四庫本宋趙昌父蕃詩集，凡乾道稿一卷，淳熙稿二十卷，章泉稿五卷。昌父事蹟附見宋史文苑傳，以祖蔭得官，不過簿宰之秩，平生大半隱居，而以老壽官至直祕閣，没得謚文節，可謂儒生殊遇。素與朱子及楊誠齋等交契，其詩頗爲當時稱重，與韓淲澗泉有「二泉先生」之稱。其五古頗淵原陶詩，五律七律胎息中唐，具有灑落自然之致。又詩中多言梅花及山林閑適之趣，故筆墨間亦時覺蕭然塵外。惟根柢太淺，語多槎枒，時墮江湖、擊壤兩派，章泉稿後附雜文二首，亦迂冗不足觀。

七月

左傳 春秋 左丘明

初十日 左傳桓二年「藻率鞞鞛，鞶厲游纓，昭其數也」。正義引服虔注：「藻，畫藻；率，刷巾，禮有刷巾。」杜注以藻率爲藉玉之韋，是一物，而駁服說「禮有刷巾」事無所出。且哀伯謂之昭數，固應禮之大者，不當舉拭物之巾。案，服蓋讀藻爲繅，讀率爲帥，帥爲帨之本字，訓佩巾，古率、帥字通，後人通假爲𨔣、𢔨字，是服說非無所出。惟單以藻字爲繅藉，既近不辭，而與刷巾亦非同類，且巾何足以昭數？孔說亦是。藉玉用韋，飾刀用革，鞞是刀室，古謂之刀削，以革爲之。鞛是刀本，所謂刀環，亦以革裹之。刀鞞飾以珧曰珌，諸侯則以玉；鞛飾以玉曰琫，諸侯則以金。珌，古作琿。故舉物之同類言之。繅藉、刀飾皆有命數，故曰昭數。繅藉謂之率，古雖無徵，疑當時有此語，如鞶厲之比，古人行文往往用它字足成之。「鞶厲」之「鞶」，當讀如周禮「巾車玉路樊纓十有再就」之「樊」。鄭注「樊讀如鞶帶之鞶，謂今馬大帶也」。賈、服及杜氏皆以鞶爲紳帶。不知上文帶裳幅舄之帶是紳帶，故與裳並言，杜注以爲革帶者非。此句鞶帶游纓皆主車馬之飾言，游即「巾車大常十有二斿」之「斿」，纓即「樊纓」之「纓」，禮家所謂當胸後，鄭以爲馬鞅者，是也。馬鞅夾馬之頸，猶人冠之有纓結於頷下。樊纓斿皆有多少之數，故曰昭其數也。解經不必求新，惟比類合誼而已。今日因授僧喜此傳，略一發之。

蘇魏公集 宋 蘇頌

十七日 閱蘇魏公集，凡七十二卷，卷一至卷十三爲古今體詩，卷十四爲輓辭，卷十五以下皆雜文，而内外制至盈十六卷，青詞、齋文、祝文、樂詞、春帖子、教坊致語，皆入内制。詩多酬應率爾之作，文亦頗病沓拖。子容當時負文學名，而所就止此，足見非特歐、蘇爲間出，即楊、劉、晏、夏、二宋、二劉、王華陽、胡武平諸公，臺閣雍容製作之才，亦一代僅見也。然子容學有本原，集中如立家廟議、承重議、學校議、貢舉議、論前代帝王追尊本親及嗣王公襲封故事、論祖無擇對獄事、奏今後不許特創寺院、請增修尚書省稍復南宫故事，皆準古酌今，深得國體。

其駁吕公著王安石等請復侍講坐講議，謂「侍講居侍讀之下，若侍講輒坐，侍讀當從何禮？若亦許之坐，則侍從之臣每遇進説，皆當坐矣」。足考宋設侍讀、侍講學士，班制自有高下，至今沿之，而宋史不詳，尤可裨史闕。惟謂侍講解詁舊儒章句之學，非有爲師之資，不得自居傳先王之道，則近於蔑經而阿主矣。

詩毛鄭異同解　說文逸字考　清　張守銘

十九日　閱張守銘卷訖，其詩毛鄭異同解、說文逸字考，皆密行細字，至數萬言，說文雜撮諸書，雙行小注，至十餘葉，大半割裂段、嚴、錢、桂之說，傎倒錯亂。又益以類篇、集韻及一切經音義所收之字，語意多不相屬。此生於學實無所知，嘉其用力之勤，間爲之是正譌謬，目力幾昏。

八月

唐六典　唐　張説　張九齡

二十四日　今日復覺困劣，卧閱唐六典，其中多古義，有裨周禮之學，惜其時亦不能盡行，而總其成於哥奴，爲是書之玷耳。

九月

竹書紀年

朔　校史記十二諸侯年表。竹書紀年雖始出時事已難信，今本又屢經竄亂，非唐以前人所見之本，然如所載春秋以後事：威烈王六年，「晉夫人秦嬴賊幽公於高寢之上」；十二年「於越子朱句代郯，以郯子鴣歸」，十七年，「田悼子卒」；安王九年，「晉烈公卒，子桓公立」；十五年，「晉太子喜出奔」；二十三年，「於越遷於吴」；二十六年，「越人殺太子諸咎越滑，吴人立孚錯枝爲君」。此等皆足以補正史表。其以赧王爲隱王，蓋「赧」非謚。史記赧王名延，延、赧一聲之轉，隱其謚也。

春柳詩　清　愛新覺羅允禮

十五日　夜爲弢夫跋果毅親王爲齊次風侍郎書所作春柳七律四章直幅。其自跋云：「此調久已不彈，予與諸阿哥詣暢春園，見柳枝明媚，蔥蒨宜人，即率成七律四章。譬如蚓喟蟲吟，自抒鄙見，實不暇計工拙耳。録呈次風老先生大人，即請誨正。果親王稿。時甲辰春三月十有六日。」其稱謂甚恭，於「誨」字亦空格書之，如弟子之於師。毅王爲高宗叔父，時尊禮甚至，次風官不過侍郎，而能得此於王，蓋碩學重名，有以致之也。惟次風以病告歸在乾隆十四年己巳，至甲辰則爲乾隆四十九年，不特毅王早薨，侍郎亦久歸道山矣。此幅弢夫得之侍郎後人，必非僞作，甲辰蓋是甲子，一時筆誤耳。

金石苑　清　劉喜海

二十日　閲劉燕庭金石苑，較余舊所得者唐以後增十之三四，自漢而下皆系以跋尾，蓋足本也。然紙槧已遠遜，諸跋亦罕所考證，時有謬誤，蓋燕庭是收藏家，於學問殊淺，惟摹刻精工耳。跋皆後增，頗有訛字。隋大業六年庚午，道士黄法暾造天尊像；又十年，女弟子文託生母造天尊像，皆在綿州西山觀。唐貞觀廿二年戊申，洞玄弟子辨法遷造天尊像，在綿州佛祖巖。此三種皆余舊藏本所無，辨姓見萬姓統譜，漢有淮南名士辨武。劉氏謂西山觀又有咸通七年造像，亦多辨姓，而楊升庵希姓録不載，亦疏略也。又周久視元年庚子十一匝（即「月」字。）石堂山高涼靈泉之記文已半泐，中有云「朝散大夫清河崔府君諱融，夫生（即「人」字。）滎陽□（當是「鄭」字）氏□□□□懷無玉葉，乃相與單車而適野，祈告於石堂山□□□□致誠挹清流而潔敬，歆然有感，即事可追，徵蘭之□□□θ仾匝府君以爲明靈之不欺，宜其如在，乃命立碑」云云。蓋崔融夫婦因無子禱於石堂山有應而刻石爲記。又元和四年三月攝魏成令沈超有崔文公魏成縣靈泉記述，首云「崔司業融當久視元年，蒞斯邑」。是融嘗爲魏成令，而兩唐書失載。石皆在綿州。

二十一日　閲金石苑，所載大足縣北山宋紹興四年惠因寺刻文殊師利問訊維摩詰碑，刻畫精工。碑凡三層，中層左右兩寶牀，右維摩詰，旁有散花天女及兩侍者，左文殊，旁有十大弟子及一聖者。上層雲氣中有佛四五座，下層右爲菩薩四，有侍者三人，各持寶幢，左爲僧及侍者九人，前一人奉果盤，各作相見狀。右有小字云：「李大卯摹，羅後明男刻。」王象之輿地碑目云「昌州郡之惠因寺藏殿壁陰有水墨畫文殊詣維摩詰問疾一堵，意全相妙，合經所説，恐浸漫滅，故石刻於此」者，是也。

漢仕女圖　清　任熊

二十五日　夜題任渭長布衣所畫漢代仕女三幅，一河内老女，一王昭君女須卜居次，一曹大家。各系以贊一首。渭長畫法高古，而未嘗讀書，不諳制度，所畫本無所指，余以意題目之耳。

齊詩遺説考 清 陳喬樅

二十八日　閲陳樸齋齊詩遺説考，共四卷。三家，齊最無徵，樸齋本其父左海所輯之緒，增而益之，推衍其説，凡所增者，加一「補」字以爲别。其自敍謂轅生以治詩爲博士，諸齊以詩貴顯者，皆固之弟子，而夏侯始昌最明。始昌通五經，后蒼事始昌，亦通詩、禮爲博士。戴德、戴聖、慶普皆后氏弟子，詩、禮師傳既同，則儀禮及二戴禮記中凡所稱詩皆當爲齊詩。鄭君本治小戴禮，注禮在箋詩之前，未得毛傳，知禮注所述多本齊詩之義。齊詩有翼、匡、師、伏之學，班固之從祖伯少受詩於師丹、叔皮父子，世傳家學，漢書地理志引「子之營兮」及「自杜沮漆」，並據齊詩之文。又云陳俗巫鬼，晉俗儉陋，其語亦與匡衡説合，是漢書皆用齊詩也。荀悦叔父爽師事陳寔，寔子紀傳齊詩，見經典釋文。後漢書言荀爽嘗著詩傳，爽之詩學，太丘所授，其爲齊學明矣。轅固生作詩内外傳，荀悦特著於漢紀，尤足證荀氏家學皆治齊詩，是漢紀、申鑒所引皆齊詩也。公羊氏本齊學，治公羊春秋者，其於詩皆稱齊，猶之穀梁氏爲魯學，其治穀梁春秋者於詩亦稱魯也。董仲舒通五經，治公羊春秋，與齊人胡母生同業，則習齊可知，是春秋繁露所引皆齊詩也。易有孟京卦氣之候，詩有翼奉五際之要，尚書有夏侯洪範之説，春秋有公羊災異之條，皆明於象數，以著天人之應，淵源所自，同一師承。孟喜從田王孫受易，喜即東海孟卿子，焦延壽所從問易，是亦齊學也，故焦氏易林皆主齊詩説，非僅甲戌己庚達性任情之語，與翼氏齊詩言五性六情合；亥午相錯，敗亂緒業之辭，與詩汎曆樞言「午亥之際爲革命」合。桓寬鹽鐵論以周南之罝兔爲刺義，與魯、韓、毛迥異，以邶風之「鳴雁」爲「鴈」文，與魯、韓、毛並殊，是所引亦皆齊詩也。其搜采可謂備矣。

覈而論之，惟詩緯如推度災、泛曆樞、含神霧等，蓋多齊詩説。公羊本齊人，春秋繁露中或有齊詩説，餘皆推測流派，近於景響之談。至鄭君本傳明云習韓詩，亦間用魯詩，坊記注以燕燕爲衛定姜之詩，與劉子政列女傳同，中壘世習魯詩，則注所用魯詩説也。至班孟堅本傳惟云「九歲誦詩書，及長，所學無常師，不爲章句」。則其於詩無所謂家法。漢書地理志引齊詩曰「子之營兮」，顏注「毛詩作『還』」，齊詩作『營』」。又右扶風杜陽下引詩曰「自杜」，顏注「自土沮漆，齊詩作『自杜』」，王伯厚輯三家詩，據以載之齊詩。左海文集答許子錦論經義書，謂師古時齊詩久亡，不知何從得其説，其注此志誤以「周道郁夷」爲韓詩，而不知韓詩實作「威夷」，則其踳駁未可盡信。班固之習齊詩，它無左驗，其説甚覈，樸齋强以漢書證齊詩，亦顯背其父説矣。

十月

郤克之跛

初三日 是日演戲崇臺一齣，晉郤克聘齊及鞌之戰也，本之列國志演義，全用穀梁傳以郤克爲眇、孫良夫爲跛，與左傳、國語不合。夜與僧喜輩講三傳，因爲坐客言，即此一事觀之，可知公、穀皆不免道聽途説，遠不如左傳，而穀梁又因公羊而傅會之，愈失其真。是時衛齊方相仇，並無四國同聘齊之事，左氏傳惟云「郤子登，婦人笑於房」，雖不明言跛，而跛可見。國語亦衹云「郤子聘齊，婦人觀而笑之」，公羊云「郤克與臧孫許同時而聘於齊，或跛或眇」，增一「同聘」者，而以眇屬臧宣叔，穀梁更益其事，同於兒戲，唐陸質以街談巷議訾之，是也。蕭同叔子，公、穀皆作「蕭同姪子」，范氏集解不知蕭同叔爲蕭君之名，而曰「同姓也，『姪子』字也」，固謬。至云「其母更嫁齊惠公，生頃公，宣十二年，楚人滅蕭，故隨其母在齊」，此語必有所本，非武子所能造，左氏但云「帷婦人使視之」，不言何人，其後頃公朝晉，「郤克曰，此行也，君爲婦人之笑辱也」，先曰婦人曰使，其爲非母可知，郤克之對頃公斥言婦人，亦非其母可知。國語亦止謂「齊頃公使婦人觀」，是左氏並不以笑客爲齊侯母，後人因其下言「郤子欲以蕭同叔子爲質」，而國佐稱爲「寡君之母」，遂以笑客者爲即頃公之母，公羊從而實之，曰「蕭同姪子者齊君之母也，踴於棓而闚客」。國君之母，何至上躡懸絶之板以闚人？據何氏解詁。是直齊東野人之言。穀梁先云「蕭同姪子處臺上而笑之」，後云「以蕭同姪子之母爲質」，所叙較公羊爲近理，范注「齊侯與姪子同母異父昆弟，不欲斥言齊侯之母，故言蕭同姪子之母，兼忿姪子笑。」其語亦有斟酌，蓋郤克忿其女之笑，因欲質其母以脅齊侯，誠以笑客之婦人不足爲輕重也。國語載齊侯朝晉，郤子有「以憖御人」之言，韋注「御人，婦人也，願以此報君御人之笑己者」，是並不以婦人爲君母也。左氏以蕭同叔子指頃公之母，穀梁以蕭同姪子之母爲頃公之母，亦傳聞異辭。近人婦安董氏增齡國語補注謂左傳兩蕭同叔子下俱脱「之母」二字，亦近臆説。鍾氏文烝穀梁補注以穀梁兩「之母」字爲衍文，尤誤，蓋過信公羊也。史記大抵本左傳，而亦參用公羊，故改「帷婦人」曰「使婦人帷中」，改「婦人笑」曰「夫人笑」，失輕重之倫矣。鍾氏又謂穀梁傳「季孫行父禿」云云，故廣異聞，原不深信，此猶公羊以叔術妻嫂爲賢，孔巽軒通義謂自「顔夫人者嫗盈女也」句以下皆傳所不信，聊廣異聞，皆曲護本經之辭，然公羊彼傳下文載「公扈子曰，惡有言人之國賢若此者」云云，則猶可謂傳所不信，若穀梁此傳自「冬十月」下鄭重言之，尚得謂姑廣異聞乎？左傳止云「郤子怒」，公羊云：「二大夫出，相與踦閭而語，移日然後相去。」穀梁甚之，曰：「客不説而去，相與立胥閭而語，移日不解。」夫豈有謀伐人之國而即在其國終日言之者乎？昔人謂作穀梁傳者似已見公羊，其説是也。

唐六典　唐　張説　張九齡

初五日　閲唐六典。卷十二内官云「妃三人，正一品」，注云：「周官三夫人之位也。皇朝上法古制，立四妃，其位貴妃、淑妃、德妃、賢妃，今上以爲后妃四星，其一后也。既有后位，復立四妃，則失法象之意，改定三妃，其位惠妃、麗妃、華妃也。」案，明皇自廢王皇后後，專寵武惠妃，而不立后；其後以楊氏爲貴妃，是六典未嘗行用也。

左海文集　清　陳壽祺

十六日　閲陳左海文集。左海爾雅有法，而頗推其鄉人朱梅崖之文，則鄉曲之見矣。張亨甫爲其弟子，而亦盛稱其詩，尤近阿好。

十七日　閲左海文集。其與何郊海書，規其稱何氏學之非體，譏彈先輩之過當；及謂福建當稱東越、東治不當稱閩之偏駁，皆足爲高明者之鍼砭。

木蘭詩

二十二日　夜授僧喜木蘭詩，即考木蘭本末，當以宋氏過庭録之説爲是。詩中所云可汗者，突厥啟民可汗也；天子者，隋煬帝也。宋氏謂木蘭之父蓋啟民部落人，時啟民屢與其兄弟都藍可汗雍虞閭相仇殺，文帝遷之河南，在夏、勝二州之間。河南爲今陝西榆林府西北邊墻内外地，故有「朝宿黄河」、「暮宿黑山」之語。慈銘案，詩人之言雖多文飾，然玩詩中「當户理紅妝，對鏡帖花黄」等語，必非胡女。考隋書突厥傳，自文帝開皇十八年詔蜀王秀出靈州道擊都藍，明年遂遣漢王諒、高熲、楊素等分道出兵，是爲助啟民出師之始。直至大業三年，煬帝幸榆林，啟民及妻義成公主來朝行宫，是時都藍河汗早死，嗣之者步迦可汗，屢爲楊素等所敗，奔吐谷渾，兵争始息。蓋兵士久戍者皆得歸，故有「將軍百戰死，壯士十年歸」之語。時雖命親王上相督師，而史言上發兵助啟民守要路，蓋征戍者兼爲啟民所轄，其後功賞亦當由啟民請之，故有「可汗大點兵」及「可汗問所欲」等。若本啟民部落，安得云「願借明駝千里足，送兒還故鄉」耶？一宿黄河、再宿黑山，不過甚言其行之火速，一日千里，豈可實計路程？且其詩云「當户織」、云「機杼聲」，豈胡中所有之事？又云「不聞耶孃唤女聲，但聞燕山胡騎鳴啾啾」，正形其爲中國之女，未嘗聞胡語也。玩「將軍」二語及「朔氣傳金柝，寒光照鐵衣」，確是隋人語，已開唐音之漸。文苑英華卷三百三十三歌行征戍門載此詩，所注異同頗詳，其題韋元甫名，則誤合樂府詩集中所載後篇爲一人作也。

嘯堂集古録 宋 王俅

二十三日 閲王子弁俅嘯堂集古録，嘉興張氏醉經堂本也。王氏所釋多未覈，不特小篆文夏禹印及滕公石室銘之詭誕不足據也。

野客叢書 宋 王楙

二十四日 閲王勉夫楙野客叢書，三十卷，末附其父野老記聞一卷。吴□□刻本，索價至三十金。

僞齊録 宋 佚名

二十六日 閲僞齊録。所載羅誘上劉豫南征議，所駁不可擊之四議，所籌可擊之六便，其言亦甚可聽，南宋當日之不亡，僅哉。其所指當時宰執，謂吕頤浩横議狂直，失大臣風；朱勝非雖老臣，然守法具位，怯於圖大；秦檜智小而謀大；翟汝文才有餘而量不足；趙鼎雖大器，然孤立在外，進不容於朝；范宗尹口尚乳臭，驟然登庸，言不顧行，驕貴自用，尤不足道。亦皆不謬是非。其謂秦檜智小謀大者，時檜奸凶未著，猶以存立趙氏之議，公論予之也。

文苑英華　宋 李昉

二十九日　閲文苑英華書疏類。其徐孝穆、王無功諸書，首曰「徐君白」、「王君白」，皆其後人刻家集者諱其名而但曰名，遂誤爲君耳。孝穆爲陳武帝、文帝未爲帝時作與人書，尚皆曰陳諱白及陳諱頓首。豈有自稱「徐君」者？無功雖高誕，亦不至是，蓋文章無此體也。

十一月

春秋左氏傳補注　清 沈欽韓

初二日　閲沈文起左傳補注，其自序極詆公、穀及杜氏集解，言雖雋快，而以胡母生等爲漢之賤儒；以杜氏爲起紈綺之家，習篡殺之俗，以孔冲遠爲賣國之謟子，以啖助等爲儇惡，以宋人爲吮杜預之涕唾，以元明人爲目不識丁，以近人劉申受等爲聖世之賊民。至謂以左氏視公、穀，如二八妙姝與盲母狗，殊病偏激，不似儒者之言。其書意主發明左氏禮學，如論「繼室」，以聲子謂「大夫而下繼室有爲嫡者，故喪服之繼母如母，天子諸侯不再娶，故繼室而非嫡，雜記所謂『攝如君也』」。

論「先配而後祖」，謂聘禮大夫之出，既釋幣於禰，其反也，復告至於禰。忽受君父醮子之命於廟以逆其婦，反不告至，徑安配匹，始行廟見之禮，是爲墜成命而誣其祖。「大夫宗婦覿用幣」，謂禮有內宗、外宗，鄭云王同姓之女謂之內宗，王諸姑姊妹之女謂之外宗，又得兼母之黨。雜記外宗爲君夫人，猶內宗也。鄭云謂姑姊妹舅之女及從母皆是。又有同姓大夫之妻，喪大記所謂外命婦也。又有外親之婦，亦通謂之外宗。服問注云「外宗，君外親之婦也」，大夫宗婦覿，則外內宗之嫁大夫者及同姓大夫之妻覿夫人，非謂大夫與宗婦雙雙而至也。其言男女同贄者，謂婦人而用幣，是無别於男子。列女傳嬖孽載此事，謂婦贄用幣，是男女無别也，語尤明。論「北面重席」、「新尊絜之，召悼子」、「及旅，而召公鉏」，謂鄉射禮主人獻衆賓後大夫辭加席主人對不去，「加席」注云：「不去者，大夫再重席正也，賓一重席」。又燕禮「司宮筵賓於戶西，東上，無加席」，此以賓無加席，故燕禮卿辭重席，明非君在前則得重席。臧紇以重席待悼子，明其爲卿之適從卿禮也。新尊絜酒，如士冠禮再醮攝酒，有司徹司宮攝酒士冠禮注「攝，猶整也」。又三醮，攝酒如再醮。更新，示敬也。燕禮卿大夫皆脱屨就席，主人乃獻士於西階上，所謂大夫舉旅行酬而後獻士也。鄉飲酒禮云「既旅，士不入」，明士入，當旅酬節也。旅而召公鉏，以士禮待之，明其不得嗣爵。

論「使與之齒」，謂與旅者子姓兄弟爲齒也。特牲饋食禮設堂下尊之後兄弟之子舉觶，爲旅酬悼子，設席自在堂上，所旅酬之人堂上無位，公鉏安能與悼子爲齒？

論「韈而登席」，謂燕禮命安徹俎之後，乃説屨升就席，皆坐。詩傳「不脱屨升堂謂之飫」，是君之享臣有終日不脱屨者。燕雖脱屨,亦在禮終,故少儀云「堂上無跣,燕則有之」。今緒師聲子必是未命坐之先已跣而升堂,玩其「臣有疾異於人、若見之君將㱿之」之語,必是足創不堪著屨,若勉著之,恐潰浥,須擱拭,將使君見而嘔也。古者除遭喪於禮事,未聞徒跣。案,去屨謂之跣,去韤謂之徒跣。杜謂見君解韤,出於杜撰。

此類皆數典精確,足以推明禮制,餘亦多所折衷。其謂僖十五年傳文曰,「上天降災」至「唯君裁之」四十七字,證以列女傳並有此文,是孔、陸之本偶爾褫奪,與余舊説合。予説見受禮廬日記。

初三日 閱左傳補注。其隱公二年「夫人子氏薨」一條,獨從穀梁,以爲隱公之妻。僖公八年「用致夫人」一條,獨不信左氏「哀姜」之説,亦從穀梁,以爲成風。此兩條推尋經義,實以穀梁爲當。余舊亦主此説。

新唐書宰相世系表訂訛 清 沈炳震

初九日 閱沈氏新唐書宰相世系表訂訛,所注寥寥,未能鉤稽漢晉南北五代各史,補其世數、官閥、子姓。若更取全唐文及自漢至宋文集碑版廣證之,猶可十得四五也。

文苑英華 宋 李昉

十三日 檢閱文苑英華。其所收賦至一百五十卷,唐賦居十之七八,陳陳相因,最無足觀。中書制誥四十卷,翰林制誥五十三卷,表七十四卷,皆以當時所尚,而宋初尤重之,多足以考證史事。判五十卷，則唐代以此設科，其文雖寂寥，而不失雅馴。最可觀者，書二十七卷，論二十三卷，碑九十卷，志三十五卷，可謂考據之淵藪，册府之鴻寶也。其雜文中不收柳州乞巧文、昌黎送窮文，而收沈下賢爲邯鄲伎李客子所作乞巧文，殊不可解。

舊五代史　宋　薛居正

十四日　閲舊五代史。朱梁之惡極矣，而篡代以後，兇暴頗戢，愛禮文士，容納諫臣，亦有一二可紀。如任李琪兄弟及容崔沂之類。又其時蒙面喪心如張文蔚等皆終身富貴，唐之世族如李、盧、崔、鄭、蕭、劉、杜、薛之流，科第仕宦，往往如故。友貞尤好儒士。見李愚、竇夢徵等傳。當日士夫沿唐季浮薄之習，止知詩賦，不識倫常，社稷爲輕，科名爲重，但保門第，遑恤國家。故雖劇盜之朝，儼然奉爲正朔所在，中原禮樂，自詡承平。其視李晉王父子憑阻河東，崎嶇百戰，經營西北，參雜華夷，外倚契丹，内恃部族，雖名爲興復唐室，而時人不知忠義，反以蕃人外之。迨莊宗滅梁，諸人久據華要，相率歸順。莊宗既以爲中朝舊族，練習掌故，欲資其用，於是黨護氣類，陰右朱氏。既有張全義力阻發朱温之家；並其用事之臣，自敬翔、李振、趙巖、張漢傑等數人外，一切録用，而發唐陵之温韜，改昭宗謚之蘇楷，皆居位如故。至明宗時始議改哀帝之謚，欲尊爲景宗，而廷臣復謂少帝行事不合稱宗，遂止改謚昭宣，蓋皆陰主梁以外唐也。宋初修史者薛居正、李昉、李穆之徒，皆歷事二朝，受唐六臣之衣鉢，耳目相習，不辨邪正，公然以梁爲正統，於太祖紀務求詳贍，推崇備至。今本梁太祖紀，永樂大典已闕，據册府元龜所引薛史，並掇五代會要、太平御覽諸書爲之附注，仍得七卷。末帝紀論系以美辭，而於唐武皇紀論多致不滿，令人讀之張目。昔人謂唐修晉書出許敬宗等人奴之手，宜其蕪雜，薛文惠等亦奴才也。至於作五代會要者爲王溥，撰册府元龜者爲王欽若，皆不足道之人，宜其奉碭山如唐虞，視巢蔡如湯武矣。然當日人心之不僞梁者，實藉文士之力。吾嘗論北齊高氏之得並魏、周，其書亦列爲一代之史，由於文林館中李德林諸人，朱、梁亦然。

弇山堂别集　明　王世貞

十八日　夜閱弇山堂别集。其盛事述中紀南直隸之盛，至並明代帝王數之，殊爲非體。其載親王名下一字，皆左右參差書之，蓋明制不得直書親王名也。

萬曆野獲編　明　沈德符

二十三日　閱萬曆野獲編。此書不特考據故事極爲精覈，其議論持平，絶無偏黨，亦明人説部所僅見也。

居易録　清　王士禛

二十六日　閱阮亭居易録。阮亭藏書頗夥，一時往還皆博雅勝流，故見聞既廣，議論皆有本末，其於集部致力最深，四庫提要多取之，惟於經學太淺。又其時目録之學未盛，往往有失之眉睫可笑者。如云嘗於慈仁寺閱市見孔安國尚書大傳、朱子三禮經傳通解，吴任臣家有唐會典、開元因革禮之類是也。

王叔文、李訓謀誅宦官

二十九日　王叔文、李訓，一謀奪宦官兵柄不遂而竄死，一謀誅宦官，事垂成，而被禍尤酷，此皆唐之陳蕃、竇武也，而史臣痛斥之，比於亂臣賊子，此古人之奇冤。李訓事當日李衛公猶有平情之言，王叔文則昌黎亦力詆之矣。范文正獨爲「八司馬」平反，孔經父文仲謂李訓義不顧難，忠不避死，而惜其情鋭而氣陜，志大而謀淺，可謂卓識矣。牛李之黨，唐人亦無定論。葉石林始推文饒爲唐中世第一流人物，王漁洋又舉唐子西眉山集中寄郭潛夫詩云：「黔江清且碧，瀘江濁而紅。須臾盡變濁，混混顔色同。清固不勝濁，此理天下通。君視開成間，牛李争長雄。卒之贊皇老，不勝太牢公。物理自古然，徘徊歎無窮。」以爲篤論，然尚未知所謂牛李者，李指宗閔，非贊皇也。鄉先生沈清玉詠史樂府云：「珏耶嗣復耶，贊皇實救之；絢耶敏中耶，贊皇實引之。」此皆太牢黨，誰謂平泉中有城府私？「武宗二宗本水火，太叔得立太尉禍。崖州之貶公意中，那有夢中乞哀我？」商寶意評爲「史筆如山」，信哉。

有正味齋集　清　吴錫麒

三十日　是日始授僧喜試律。取吴穀人有正味齋集中「既雨晴亦佳」、「山冷微有雪」兩詩，爲之講解，且略改數語。詩律自有家法，紀曉嵐墨守唐人，穀人稍變化之。後來王澹香、陳秋舫皆嗣響唐音，尤推能事。劉芙初、楊雙庚、鄭念橋皆别調矣。若以教初學，則穀人最宜。其體格清新，佳句絡繹，非樫花、十杉等所能及也。以上九家，皆余幼時先君子所授讀者，今將五十年矣，始以傳予季之子。展念庭訓，曷禁泫然。

居易録　清　王士禛

夜閲居易録卷二十載「崔鷗德符論楊嗣復，備言小人常勝、君子常不勝，其大端有十二，而終之曰：君子小人之不敵亦明矣，此鄭覃、陳夷行所以罷黜，李德裕所以謫死窮荒，李逢吉、宗閔、楊嗣復輩所以卒於翔徉而得志，豈足怪哉。崑山王志堅弱生跋云：李贊皇之相業，唐季無兩。弇州以比裴晉公，而稍昂之，其論當矣。至其爲人，論者猶或不滿，以爲不能釋憾解仇，亦不然也。仇士良以武宗之立非宰相意，勸帝誅楊嗣復、李珏，而杜悰請贊皇救之。三人者皆牛黨也，使以私怨行之，立齏粉耳，乃與同列上奏，至於伏地不起，楊、李得全，僧孺、二李能之乎？二李之惡極矣，貶之未可謂私。白敏中、令狐綯皆二李黨，贊皇引用不疑，而卒受其禍。憾自不釋，仇自不解耳，非贊皇之過也。晁無咎詠贊皇云：『當年伏地全楊李，公亦何知愛惡間』，亦同此意」。

又卷二十四載海寧朱一是近修論李衛公云：「牛、李之黨，蘇轍謂牛以德度勝，李以才氣勝，並有瑕瑜焉。自吾觀之，其相去遠甚。僧孺者無識之庸流，德裕者經世之名佐也。僧孺之黨若李宗閔、李逢吉之徒，皆憸險嫉娼之小人，大禍人國；而德裕之黨若裴晉公，則國之勳臣，社稷視以安危者也。又云使天祚唐室，假武宗以年，而德裕前不小用於節使，後不摧折於貶竄，並一生之精神才智，盡效於政府之區畫，將藩鎮盡革，外攘内安，不難復貞觀、開元之盛。其論維州事尤確。」案，鄭亹、陳夷行與楊嗣復、李珏爭論事，通鑑詳載之，胡身之注亦謂史言小人之厄君子不遺餘力。王弱生之跋與沈清玉詩意正同。漁洋極重衛公，所著書中再四言之，極與余意合。至僧孺之罪，莫大於不納悉怛謀，而温公通鑑反取之，此當日姑息西夏之餘智也。其對文宗謂天下已太平，亦小人欺罔之尤。

十二月

攻媿集　宋　樓鑰

朔　閲樓大防鑰攻媿集。其文辭爾雅，亦能原本經學，不墮南宋人空疏鹵莽之習。觀其答楊敬仲論詩解書、答張正字論莊子講義書，皆確守儒先訓義。跋劄書、蕝書及答趙郎中書，論濂谿之「濂」字，於小學亦甚留心。答徐敬甫書言翼祖雖已經再祧，在臣子終不當以「敬」爲名字及齋室之名，因言張南軒之字敬夫爲非是，而引文潞公當翼祖祧時，或勸復舊姓，潞公答以「老夫弼亮四朝，未敢遽改」，此亦足見其學行之醇謹。王漁洋極稱其題跋之佳，而惜毛氏未刻入津逮祕書，誠知言也。

居易録 清 王士禛

初二日 今制漢人自中允以上，皆吏部進單請簡，其結銜曰左右春坊，而不繫詹事府，至庶子皆然。其贊善缺出，以編檢資深者二十人引見，則上諭書詹事府左右春坊。若滿洲則自贊善至庶子皆擬正陪二人引見，皆止稱詹事某官，不稱左右春坊。嘗疑其不畫一。偶閱居易録云：「今諸衙門滿漢設官略同，其同而異者，如詹事府滿洲掌詹以下，皆不兼翰林院銜，左右春坊司經局銜上皆冠以詹事府，十三道監察御史皆冠以都察院，而不分某某道，是也。」

案，明代詹事府詹事一官罕真除者，成、弘以後率以禮部尚書侍郎掌詹事府，嘉靖以後又有以禮尚協理者。其或不置掌詹，則以少詹掌之。故中葉以後，少詹在會推閣臣之列，而詹事必兼翰林學士銜，少詹必兼侍讀、侍講學士銜，至翰林院學士，官止正五品，侍讀、侍講學士從五品。而稱爲光學，爲清華之極選，故禮部尚書必翰林爲之，而以光學爲兼官。左右兩侍郎亦皆翰林，吏部兩侍郎中，亦必有一翰林，皆以講讀學士爲兼官。然掌詹事之禮尚不理部務，其禮尚、禮侍之兼光學、讀學者，亦不理院事。嘉靖以後不真除光學及讀學、講學，其掌翰林院事者或少詹，或太常卿、太常少卿，皆兼讀學、講學銜爲之，而以吏部、禮部侍郎各一人掌教習庶吉士。至萬曆中年後，則侍讀、侍講亦無除授者，此其大略也。明以侍讀、侍講及典籍、待詔、孔目等爲翰林屬官，修撰、編修、檢討爲史官，别設一廳，亦屬於翰林院。國初小變其制，以吏、禮兩部或尚書或侍郎兼翰林院掌院學士，仍理部務。而漢詹事兼翰林院侍讀學士，少詹事兼侍講學士，滿人則不兼。今官制遞變，而滿庶子中允、贊善不繫銜，左右春坊、洗馬不繫司經局，皆止冠以詹事府，則至今猶然也。

攻媿集　宋　樓鑰

初三日　閲攻媿集中題跋十卷，其議論考證多精當，亦多有宋代舊聞佚事，兹録其跋先莊簡書兩則，並録岳倦翁寶真齋法書贊中一則，它日刻先集時將編之附録也。

李莊簡三字帖行書九行，見寶真齋法書贊卷二十四。

光悚息，朝請郎吴師直作吏能盡「公」「廉」「勤」三字，通知財穀兵刑之要，蓋實才也。僕初昧平生，頃在宛陵知之，相隨累年，建康以參議、通判兩辟之命未下，而僕以罪去，今待遠闕，欲得一攝職以活幼累，望公稍以吏事試之，有不如所舉，僕爲妄人矣。光再拜。

右紹興參政李莊簡公光字泰發三字帖真蹟一卷。秦禍烈矣，元臣鉅公、耆德碩彦俱罹正論之酷，公家復再世以私史嬰重劾。原奸臣之釁，是不惟煽其虐於一時，而實欲毁其傳於萬世。雖然，無益也。節概如漢李膺，忠言如唐陸贄，直道全德如先正韓、吕、劉、范諸大老，豈以一節之貶及史事故少詘哉？珂家世同患難者也，嘉定己卯，與公孫知孝同寅江左漕臺，嘗刻公遺事於官寺，敬仰高風，每切歎息。後四載寶慶乙酉之六月，始得此帖於京口，贊之以見尊鄉之心焉。贊曰：秦禍滔天，鯨洶九淵。淪胥以顛，而我謂不然。如公之賢，泰山巋然。奔流百川，何傷乎一卷野史所編？人心之傳，匪石則遷，誰爲之燎原？兩家之先，義比仲連。覽此卷焉，不知其涕漣。

跋李莊簡公與其壻曹純老帖見攻媿集卷七十三。

韓文公潮州表、柳河東囚山、劉賓客謫九年，文愈奇而氣愈下，盛哉，本朝諸公如忠宣之德度、元城之勁節、東坡先生英特之氣，行乎患難，高掩前人。莊簡公流竄瀕死，重以愛子之戚，尤所難堪，家書中言議振發，略不少貶，其氣何如哉？三誦以還，慕仰不已。純老姓曹氏，諱粹中，吾鄉之善士，有詩傳行於世，真冰玉也。

案，曹純老名粹中，所著放齋詩傳，王厚齋困學紀聞極稱之，是集卷一百六有朝請大夫曹君困明衆墓志銘，即純老仲子也。其文首云紹興李莊簡公以直道大節，屹然爲中興元臣，聞四明曹公粹中之賢，妻以長女，翁壻間自爲知己，是也。

跋李莊簡公與傅樵風帖見攻媿集卷七十八。

建炎四年，金陵潰卒四散。三月，戚方既殘廣德，五月遂圍宣州，鋒不可當。參政莊簡李公時爲太守，無兵可恃，亟設方略，招潰卒於郊野，厚待之以爲用。戚與其副並馬近城，指畫攻具，公以一書傅矢射副馬前，大略言戚乃凶寇，天誅必加，汝爲將家，何至附賊？二人相顧曰：「此間我也。」攻稍緩，始得爲備。詔遣統制巨師古、劉晏率兵救之，晏戰死，第三帖所言巨、劉爲此也。嘗巡城，親以鐵扇障面，而賊箭正中之，危機屢矣。舊曾問於老校退卒，而得其詳。經略潘公其壻也，嘗言公當危時寘匕首枕匣中，與家人約曰：「城不可必保，若使人取匕首則我必死，汝輩亦俱自戕，無落賊手。」一日危甚，果遣人至，一家慟哭，既而報少寬矣。公誓以死守，勵志如此，故將士用命，賊遯而城全，郡人至今祠事之。觀所與給事傅公手帖，則所聞益信。二公里人忠義相勉，風節凜然，皆可畏而仰哉。案，張淏寶慶續志載公守宣州禦戚方，日有束薪，因貫油作火牛投城下，爇賊攻具。及城南水門有神龍尾兩歧見於公衣間，每戰攻急，龍輒至等事。自注云：據樞密樓炤宣城事實修入。炤婺人，官參知政事，宋史有傳。宋史莊簡傳已載射戚方副馬及取枕匣匕首事，蓋即采之此跋。而施宿嘉泰志及續志莊簡傳中皆未載，續志修入兩事，宋史亦未載也。考公集中卷十四有宣城與屬縣官兩書，皆言圍城中事。又卷十五答樓仲暉書有「承寄示宣城父老王霖等申狀，讀之感歎」等語，時公方謫海外，仲暉即炤字，時方守宣也。

慈銘謹案，右三書集中皆不載，蓋大典已佚之。三字帖幸録全文，當補入集中。

初五日 閱攻媿集。宋世官制及科名選舉之制皆屢變，史不能詳。今考集中跋元豐八年進士小録云：「是録大略與今日相似，而不同者九。終榜無一宗子，蓋天族未有試進士者。任子當有自鎖試進，亦不見一人。既無廷試，案，是年以哲宗在諒闇，故不廷試。止書第一、第二等期集，所供職纔二十五人。卷首祇以二版書雜事，試官書知舉，而不及參詳以下。猶有明經科，謝恩延和殿，賜優牒於崇政殿門外。〔又〕不曉優牒之義。四月二十九日奏號，五月二十日御史拆卷封，三日奏名，六日奉敕放榜，皆事之變。」又跋嘉祐二年進士小録云：「此録分試題爲三等，殆不可曉。同年生無分職，姓名下每事輒容一字。事之因革類如此，不能詳考矣。」又跋咸平元年王扶盛京二家金花帖子綾本小録有云：「知舉止列祖父，不及三代。詩限六十字以上，論限五百字以上，皆與今小異。今止書第一人，此直書狀元，外氏書其母之封。祖父俱存者，今曰『重慶』，此書『榮侍下』。父祖未仕者書『不仕』，三代名下，書『皇仕』，多有稱『皇不仕』者。又或止書見任某官，每一項各空一字，皆與今不同。」足見北宋科名制度，南渡後已不能盡知，無論後世矣。

又云「藝祖一朝進士凡十五舉，多者不過三十餘人。太宗朝取士寖廣，至二百餘人，獨孫何一榜放三百三十五人，諸科合千餘人。後世但駭其多，而不知前兩年詔權停貢舉，至是集闕下者萬人，太宗既多取之，而後連四年俱有權停之詔。次五年爲至道三年，三月以大喪不暇及，至咸平之初詔以久停貢舉，頗滯時才，令禮部據合格人內進士放五十人，諸科百五十人，來歲不得爲例。於是進士孫僅等及高麗所貢並賜及第，此小録所載五十一人是也。是科以真宗諒闇，不廷試，而敕下禮部放榜。登科記亦稱省試，時猶得以帖子報中選者，非以不臨軒策試而廢也。此榜止五十人，可以綾書。不知前此孫何一榜三百餘人，亦可以綾書耶？五十人貫開封者三十七人，不應如此之多。按端拱二年有旨，國子監生並須品官子弟開封府有户貫者充。豈以此故士子多用開封貫耶？」

慈銘案，此三跋爲考宋科名者所不可少。孫何榜爲太宗淳化三年，文獻通考謂「是歲諸道舉人凡萬七千餘人，蘇易簡知舉，既受詔，徑赴貢院，以避請求，後遂爲例。殿試始令糊名考校，内出『卮言日出』賦題，試者不能措辭，容齋隨筆言孫何不得知所出。相率叩殿檻上請，隨筆言上爲陳大義。得孫何等三百餘人，諸科八百餘人」。是則舉士不得謂非濫，而所取者又如此，則人才可知。史言是科「錢易日未中三題皆就，上以其輕俊出之」，宜其登選者皆庸庸矣。至咸平元年一榜，通考亦言「自淳化五年停舉凡五年，至是始行之。是榜五十人，高麗賓貢一人。密州發解官坐薦送非人，特詔停任」。洪容齋謂「自第一名至十四人惟第九名劉燁爲河南人，餘皆貫開封府，其下二十五人亦然，不應都人士中選如是其多，疑外方寄名託籍爲進取之便」。攻媿所引端拱二年之制，亦猶今之江浙人多寄順天籍登科也。攻媿謂是科知舉四人，楊礪、李若拙、梁灝、朱台符，台符即前一科孫何榜第二人，劉燁即劉温叟之子，中山劉子儀、參政李子淵皆在此榜，高輔國爲高從晦之孫，父名保寅，吕蒙休爲文穆公蒙正之弟，王克從爲彦超中令之孫，句希吉爲中正之子，盛京爲文肅公度之弟，欒黄庭爲欒史之子。李山房謂是榜知名之士幾三之一，然則取士者愈少者，得人愈多，不益可信哉。

黄穀原山水畫册

初六日　閱黄穀原均山水畫册十幅，其第一幅松谿野艇，第三幅「枯枝不礙路，水上自行舟」，第六幅「坐久談深天漸曉，紅霞冷露滿蒼苔」，皆極清深秀峭之觀。第十幅板橋曲折，邨落疏映，令人想田居之樂。餘亦有渾厚近二米者。

揮麈録、後録、三録、餘話 宋 王明清

初八日 校閲王氏揮麈録、後録、三録、餘話，汲古本誤字甚多。錢竹汀氏嘗謂此書及春明退朝録所載宋臣之謚，多足以裨史闕。此在後録第五卷，訛舛尤甚。如莊敏一謚所載有藺中，謹考宋代士夫並無藺姓，惟宋史卷三百八十六有王藺，字謙仲，廬江人，光宗時樞密使，寧宗時卒，史不言有謚。仲言餘話成於寧宗慶元六年，蓋在藺卒之後，而後録成於光宗紹熙之末，所載謚大率迄孝宗之世，何以獨載藺謚？且其謚分宰相、執政、文臣，藺謚當入執政，不應入文臣。然其文臣中如宇文虚中、范成大皆應入執政，知不免有舛誤。而藺以功名終，其卒史稱薨，不應無謚，蓋史失之。而仲言補入其謚於此録也。

宋史 元 脱脱

初九日 校閲宋史宰輔表及列傳高、孝、光、寧四朝，隨筆注補之。

光緒十五年

正月

建炎以來朝野雜記　宋 李心傳

初二日　閱建炎以來朝野雜記。其甲集卷十一宣撫使一條云：「宣撫使，祖、宗時不常置，有軍旅大事，則命執政大臣爲之。若前宰相爲宣撫者，則自渡江以後，亦止除李伯紀、吕元直、朱藏一三人。紹興元年，劉光世以使相宣撫淮南，武臣非執政而爲宣撫使自此始。」「二年，李泰發以端明殿學士爲壽春等州宣撫使，文臣非執政而爲宣撫使自此始。然自紹興至嘉泰，武臣止劉光世、韓世忠、張俊、吴玠、岳飛、吴璘六人，從官止李泰發、王伯召二人，蓋重之也。」又制置大使一條云：「制置大使古無有，紹興三年趙忠簡始爲江西制置大使，其後席大光帥潭益，李伯紀帥江西，吕元直帥河南，皆領之。八年，李泰發爲江西帥，以前執政，亦帶安撫制置大使。是歲大光在成都，以憂去，胡承公自給事代之，始去『大』字，至今不改。」慈銘案，此兩事俱可采入先莊簡遺事中。惟宋史高宗紀及寶慶志本傳言紹興八年五月，除江西安撫制置大使，十月，除吏部尚書；十二月，除參知政事；九年十二月，以忤檜罷政。宋史諸書皆止言「除知紹興府，固辭，遂予祠」。是公爲江西安撫制置大使時，尚未執政，此蓋誤。

金陵國朝詩徵　清　朱緒曾輯

初三日　閲朱述之所輯金陵國朝詩徵。采擇不苟，多有可觀。所載程嗣章，上元人，廷祚之弟，字元朴，號南耕。謂綿莊專心經學，南耕專心史學，所著有明史紀略、明儒講學考、史學例議、金陵識古録諸書。其詩有明宫詞絶句百首，選九十二首，雖取材多出正史，亦頗有佚聞，足資采擷。

初四日　閲金陵國朝詩徵，隨所見評點之。其寓賢卷中采錢唐吴慶百農祥金陵集詩有甲申南都紀事、甲申述事、乙酉南都雜感、乙酉秋感等七律二十八首，頗高壯可誦。

鶴山題跋　宋　魏了翁

初六日　閲魏鶴山集中題跋，津逮祕書所刻本也。其跋虞丞相帖、跋文忠烈公真蹟、跋祖擇之龍學帖、跋河東轉運使王毖陷虜後家書、跋向侍郎子諲拘張邦昌家屬檄稿、跋黄尚書由與任千載逢詩後、跋唐恭愍公遺墨、跋任諫議伯雨帖、跋虞雍公折虜使奏劄、跋晏元獻公帖、跋東坡獲鬼章告裕陵文真蹟、跋東坡辭免中書舍人稿真蹟、跋高宗付吴玠凡事密奏宸翰、跋孟蜀斷憑、跋韓持國帖、跋何丞相㮚家藏欽宗御書、跋鄭忠穆公家問遺事、跋高宗賜吴玠招納關陝流亡御札、跋山谷安樂山留題後、跋李文簡公手記李棁等十事、跋司馬文正帖、跋宋龍學帖、跋劉御史述帖、跋馬御史涓帖、跋王拱辰等七賢帖、跋趙忠定公與游忠公仲鴻帖、跋吕文靖公試卷真蹟、跋端明程公振謚剛愍議、跋張忠獻公所與張忠簡闡三帖、跋吴正憲公充帖、跋鄭資政剛中遺事、跋李清臣奏疏、跋晏元獻公帖、跋蘇文定公帖、跋陳正獻公所藏孝廟御書用人論、跋陳忠肅公岳山壽寧觀留詩、跋方宣諭宗卿庭實奏議、跋陳忠肅公帖、跋北山戇議、跋張忠獻吕忠穆與李忠肅書、跋羅文恭公點諫稿、跋羅文恭公薦士稿、跋羅文恭公後省繳駁稿、跋辛簡穆公與秦檜争和議奏稿、題蕲州儀曹范埴元帥府牒後、題吴武安所得高孝兩朝宸翰，皆足以考證宋事，深裨史學。其文亦多忼慨激昂，往往引詩以詠歎之，有周秦諸子之遺風，其議論亦甚平允。惟過貶荆公，動以王、吕、章、蔡並言。其跋王荆公真翰云：「介甫既爲相，而庳屋寒蔬，不改其素，所以見信於當時，而得以肆行其志也。」則並其清節而詆之，非惡而知其美者矣。其跋尤氏遂初堂藏書目録序後備舉宋世士夫家藏書之厄，謂其理不可曉，是真不可曉也。

真西山題跋　宋　真德秀

夜閲真西山題跋，亦津逮本。其文不及華父遠甚，惟跋二吴公正肅正憲帖爲佳。

李堯棟楷書姜白石詞册　宋　姜夔撰　清　李堯棟書

十一日　弢夫來，爲代購得家松雲先生楷書姜白石詞册，凡霓裳中序第一等十三闋。款題「辛巳立秋爲秋帆六兄書」，秋帆不知何人。辛巳爲道光元年，先生由湖南巡撫召入京，以三品京堂用，未幾即乞病歸矣。時方在閑退，故有「雨後灑然，几席生涼」之語。先生年二十四成乾隆壬辰科進士，以二甲第二人入翰林，至是年七十三矣，而字畫秀健，一筆不苟，平生嘗手寫十三經，故是册首有朱文印曰「寫十三經室」。告歸後，又手寫大戴禮，更曰「寫十四經室」。此册名印下又有一印曰「斐然森然」，回環刻之。

唐詩紀事　宋　計有功

十三日　於翰文購明版宋學士集、汲本唐詩紀事、明刻野客叢書三十卷足本，諧價二十一金而歸。月皎如晝，獨坐閱唐詩紀事，汲本雖似精整，而訛舛較明刻軟字本爲多。

四朝別史　清　席世臣輯　二酉堂叢書　清　張澍輯

十五日　是日於翰文購埽葉山房刻東都事略、南宋書、契丹國志、大金國志、元史類編，總稱四朝別史，爲一部。又張介侯澍所輯二酉堂叢書、司馬法至李益集共二十一種，都爲一帙，諧價十四金。

明狀元圖考　明　顧祖訓　國朝三元題詠　清　翁方綱等

十六日　是日於翰文齋購得明狀元圖考三册、國朝三元題詠一册，漢陽葉氏藏本，校刻精工，以付僧喜藏之。狀元考，太倉顧祖訓所輯，前列采用書五十餘種，有沈一貫、湯賓尹兩序，其圖多近鄙瑣，敘次亦頗失倫，而間有佚聞，可資考證。

三元題詠爲乾隆辛丑錢湘舲棨、嘉慶庚辰陳哲臣繼昌作。錢事首載高宗御製詩六韻及翁覃谿諸人詩。覃谿己亥副江南典試，得湘舲爲解元，是時爲司業。故事，狀元所賜花至文廟釋褐日歸國子師，至是覃谿得之，故又作三元花歌。湘舲會試房師爲吾鄉王方川編修增，有和覃谿七律四首。陳事首載仁宗御製次高宗詩韻及孔孟歐傳編諸人詩，孟歐癸酉主廣西試，得哲臣爲解元，是時爲御史，哲臣會試房師爲大興王楷堂郎中廷紹，向以詩名者，獨無所作。而吾鄉高鳳臺有和阮文達時爲兩廣總督。詩韻七律二首，和陳舍人元燾哲臣之父。詩韻七律四首，又作巍科瑞兆記一首、三元姓氏考補一首，補覃谿所作三元姓氏考也。錢、陳皆素無文學名，其後亦絶無表見，而錢爲康熙己未鴻博宮聲編修中諧之元孫，陳爲榕門相國之元孫，皆有先澤。錢本名起，字湘靈，入學時吾鄉梁文定公相國爲學使，爲改今名。陳本名守壑，謂志在一丘一壑，會試始改名。此亦事之偶同者。

南宋書　明　錢士升

十七日　閲錢士升南宋書，詮綜雜糅，求簡而無義例，所附傳諸人往往不成文法。

元史類編　清　邵遠平

十八日　夜閲邵遠平元史類編。此書於庚申歲閲之甚熟，今三十年矣。都已遺忘，錢相國南宋書閱於丙辰，幾如隔世，邵書較有端緒，遠過錢書。

二酉堂叢書 清 張澍

二十二日 閱張介侯所輯叢書。其世本五卷、三輔決録二卷、風俗通姓氏篇、十三州志俱有可觀，司馬法逸文、子夏易傳亦足備一家，三秦記、三輔舊事、涼州異物志，陰鏗、李益詩集，亦尚能成書；餘如皇甫規、張奂、段熲諸集，周生烈子、侯瑾漢皇德傳、涼州記、沙州記、西河舊事、西河記諸書，皆寥寥不足見梗概。闞駰十三州志見水經注、漢書注、續漢志注，引之頗多，張氏所輯得五十餘番，恐尚有遺落，當再搜采通典、元和郡縣志、御覽、玉海等書以補足之。其首列目録，誤稱劉昞十三州志，蓋涉下目劉昞敦煌實録而誤。惟其序亦牽引史通雜述篇劉昞該博之語，或緣魏書列傳闞駰、劉昞相連，故致雜糅。昞本傳及隋、唐諸志並無昞著十三州記之文。

宋學士全集 明 宋濂

二十三日 閱宋學士全集，明嘉靖中浦江知縣韓叔陽所刻三十二卷本，又附録一卷，亦多誤字，而較後來刻本爲近古。金華文氣從容而博大，故有明推爲一代之冠；然頗乏精采，故罕警策可傳誦者。其題跋三卷及雜著中演連珠五十首、諸子辨等，識議皆可觀。

大金國志　宋　宇文懋昭

二十五日　閲大金國志。此書前人多疑之，余謂實僞作也。宇文懋昭之名亦是景撰，蓋是宋元間人鈔撮諸紀載，間以野聞里説，故多荒謬無稽，複沓冗俗，而亦時有遺聞佚事，爲史所未及。其載世宗之荒淫，章宗之衰亂，世宗有元悼太子允升，因謀害晉王允猷事發叛亡，章宗誅鄭王允蹈，後其子愛王大辨以大通節度使據五國城以叛，屢敗國兵，及章宗母爲宋徽宗子鄆王楷之女，又有鄭宸妃爲宋華原郡王鄭居中之曾孫女，皆委巷傳聞，絶無其事。又載明昌二年三月拜經童爲相，經童者，僧童也。是不知胥持國由五經童子科出身，但聞當時有經童作相、監女爲妃之説，妄以經童爲僧童，兹作僞之顯證。

至謂元爲韃靼，其先與女真同類，皆靺鞨之後，别有朦骨國，亦曰蒙兀。在女真東北，人不火食，夜中能視，金末漸强，自稱祖元皇帝，其後韃靼乃自號大蒙古國。然二國居東西兩方，相望凡數千里，不知何以合爲一名？其語尤爲荒謬，蓋是南人全不知東北邊事者訛傳妄説，所云朦骨似即俄羅斯也。其言愛王構兵與北朝通，定約以國家初起之地及故遼封疆自溝内以北歸之於北，溝南則爲己有，累歲結謀用兵，愛王無分毫得也。章宗太和四年六月，愛王發疾卒，其子雄三大王立，北朝約以進兵，雄畏懼而從。疑當日西北有假鄭王子孫之名，嘯聚擾邊，蒙古陰與之通，覗釁而發，故一聞衛王之立，遂致興兵入犯。此書與張希顔南遷録所以異説滋紛耳。

野客叢書　宋　王楙

二十八日　閲王勉夫野客叢書三十卷本。其記聞頗淹洽，而識見多局，筆亦冗漫，時有酸餡陳腐之氣，在宋人説部不過位置甕牖閑評、學齋佔畢、寓簡、鼠璞之間，以較學林、能改齋漫録諸書尚不能及，四庫提要比之夢谿筆談、容齋隨筆，則相去遠矣。

二月

夏小正補傳　清　朱駿聲

朔　閲朱豐芑夏小正補傳。朱氏精於形聲、訓詁，故推闡古人文字，頗有創解。其解「匽之興五日翕望乃伏」，傳曰「五日也者，十五日也」，謂望讀爲塱。古以五月十五日爲五日節，故淮南高誘注「五月望作梟羹」。文子上德篇「詹諸辟兵壽盡五月之望」。匽讀爲蝘，蝘蜓，守宫也，在壁曰蝘蜓，在草曰蜥易。世稱它蠍之類，五日節必伏，興者生也。此説爲前人所未發。

金史　元　脱脱

初六日　夜閲金史宗室表、交聘表。金之皇族自熙宗、海陵兩次誅戮後，存者無幾，章宗於世宗子孫復行酷法，衛、鄭、鎬三王房，宣宗又禁錮之；至青城之變，蒙古恣行屠殺，且云完顔一族不赦，蓋孑遺者僅矣。史家復不能詳考，故所載寥寥，令人三歎。

金史詳校　清　施國祁

初七日　閲施北研金史詳校。其用力甚至，於交聘表增注事實，尤爲詳備，然所采大率以李氏建炎以來繫年要録、徐氏三朝北盟會編爲主，而所載書名如李大諒征蒙記、晁公志敗盟録、趙甡之遺史、張棣圖經，以及靖康紀聞、靖康要盟録、汪伯彦時政紀、趙良嗣燕雲奉使録、馬擴茅齋自敍、王繪紹興甲寅通和録之類，皆其書久亡，本之繫年要録所引，今不明出之，而直云某書，則似親見其書矣，此體例之可議者也。

建炎以來朝野雜記　宋　李心傳

初十日　閲建炎以來朝野雜記。李氏意以要録備本紀、列傳之取材，以雜記備志、傳之取材，故博取兼收，事加綜覈，務詳所據，以求是非之公。惜乎要録孝、光兩朝已無傳本，雜記雖載至寧宗朝，而丙、丁、戊三集亦皆不傳。此欲重修南宋書者所深致慨也。

閲微草堂五種　清　紀昀

十九日　閲紀文達閲微草堂五種，藉以遣日。其中名理湛深，多足以化導愚頑、鍼砭智巧，不賢内省，時覺毛骨竦然。

夜閲紀文達灤陽續録，文達極惡講學家，故於宋儒多微文刺譏，見之四庫提要，其言有未盡者悉發之於此五書。是録成於嘉慶三年，年已七十有五矣。

汪梅村先生文集　清　汪士鐸

二十八日　閲汪梅村士鐸文集，共十二卷，又外集一卷。士鐸字振庵〔一〕，江寧人，道光庚子舉人，今年八十餘矣。其地理考據之學多稱於時，文亦修潔。集中如後釋車以戴東原釋車專釋經，今爲釋史，故曰「後」也。釋帛以任芝田釋繒徵引繁博，而匙端緒，爲董而理之，況以今制也。穀釋名以程易疇九穀考太繁富，其言亦未必皆可信，曾爲删定之，復作此正之也。此等頗皆便於省覽，而釋穀亦時不免參以臆説。它若釋緣中衣、釋帶、三楚考、三吴考、九河既道解、月之從星則以風雨解、答曾孫爲庶曾祖母後問、答妾爲其父母服問、記聲詞、方言補注序等作皆足資采摭。其釋嶓冢、禹貢揚州疆域考、三江説、伯男説多意必之談，無後爲大解、女子祔於王母説、外孫主祭説亦多駁雜語，魏相論等尤失是非之平。它文多立意不純，時涉偏譎，蓋矜氣過甚也。志傳拙於敍事，尤不足觀。其人尚存，而自題汪梅村先生集，雖託於門弟子編輯，然從無此體。

注釋

〔一〕「振庵」二字原闕，據清續文獻通考「汪士鐸字振庵，别字梅村」補。

三月

圭齋集　元　歐陽玄

朔　閱歐陽文公圭齋集，道光十四年其族裔廬陵歐陽杰等所刻也，即四庫所收成化六年刻十六卷本，國朝乾隆中瀏陽後人據成化本重刻之，是本又合成化、乾隆兩本校以梓行者，上冠以四庫提要、像贊及舊刻諸序跋，而本傳惟取元史類編，不取元史，即其書可想。圭齋負元季文章重望，一時詔册、碑傳大著作多出其手，而集久散佚，此所存僅十之一，爲賦一卷，附頌一首，詩三卷，記二卷，序二卷，碑銘二卷，阡表哀詞傳一卷，各止一首。經疑書義策問一卷，詔表册文銘説等一卷，題跋一卷，贊疏簡啟祝文祭文一卷，附録一卷。詩賦雖清雅，而淺弱易盡，文亦多落庸近，惟碑銘尚有氣勢，而自張齊郡公、趙國忠靖公馬合馬沙、許文正公、趙文敏公、虞雍公、貫酸齋、揭文安公數篇外，亦鮮有關文獻。然一代盛名，其文終可傳也。

中有喜門生中狀元詩序云：「泰定丁卯八月十二日，崇天門傳臚賜進士右榜第一人阿察赤，左榜第一人李黼，皆肄業國學日新齋，余西廳授業生也。是日京尹備鼓樂、旗幟、麾蓋甚都，導二狀元入學謝師，拜予明倫堂。榜眼劉思誠、探花郎徐容嘗因同年黄晉卿、彭幼元從予遊，亦拜其側。其餘進士以門生禮來拜謝，圜橋門而觀者萬計，都人以爲盛事，昔未有也。同寅舉酒相屬，偶成四絶，以紀其事云：『昔被仁皇雨露恩，三朝五度策臨軒。小臣報國無它技，館下新添兩狀元。』『禁院層層桃李開，天街繡轂轉晴雷。銀袍飛蓋人争看，兩兩龍頭入學來。』『淡墨題名十二年，一官獨自擁寒氈。居然國子先生館，三五魁躔拜座前。』『都人舉手賀昇平，不羨黄金遺子籯。進士從今成典故，唱名纔罷拜先生。』」案，圭齋時爲國子博士，據此則元時尚無新進士釋褐國學、謁拜祭酒之制，而榜眼、探花已爲第二、三人一定之稱。明史選舉志謂一甲三人曰狀元、榜眼、探花之名，制所定也。蓋其稱始於南宋時，而第三人亦可稱榜眼，第二、三人亦通稱狀元，猶無一定。至元代遂爲定名，明代竟成定制矣。新進士文廟釋褐始於宋，其拜祭酒則定於明初，見明史職官志「國子監祭酒」下，國朝因之。然無論曾入國學與否，鼎甲三人拜於堂上，餘皆拜於堂下，其曾肄業成均者，復升堂三拜。而止拜祭酒司業，不聞拜六堂助教以下，祭酒司業又坐受狀元等之拜。竊以爲非曾在國學者不應拜祭酒司業，祭酒司業亦不應坐受其拜，其嘗肄業者自祭酒以至學正皆應拜，今沿習流失，皆非禮也。近世詣國學釋褐者，惟一甲三人，餘皆不往矣。圭齋所言，猶有師弟古意。其狀元由京兆給旗幟、麾蓋，蓋即起於此時，此足補史志所未及。圭齋爲仁宗延祐首科乙卯榜進士，故有「淡墨題名十二年」之句。

集中又有天曆庚午會試院中馬伯庸尚書楊廷鎮司業及玄皆乙卯榜進士偶成絶句云：「省垣東畔至公堂，十五年前戰藝場。飽食大官無補報，兩科來此校文章。」「御史承差鎖院門，侍臣傳詔出天閽。試官被命聯鑣至，同榜三人出謝恩。」是圭齋於泰定丁卯亦與主文，皆本傳所未詳。集中又有試院倡和詩云：「至正群興郡國賢，威儀重見甲寅前。杏園花發當三月，桂苑香銷又七年。」案，順帝以至元元年乙亥十一月詔罷科舉，六年庚辰十二月詔復之，次年辛巳改元至正，故有「香銷七年」之句。元代開科始於延祐乙卯，故云「重見甲寅前」，以甲寅爲仁宗改元延祐之年，先一年十一月下詔行科舉，與此正同也。是圭齋於至正二年壬午復爲主文，蓋三爲主文可考矣。而至公堂之名，亦始於元代，此皆考科名掌故者所必資焉。

金石存 清 吴玉搢

初三日 閲吴山夫金石存。山陽李芝齡尚書刻本，共十五卷，分篆存五、隸存十。吴氏好博而未精，其所收藏亦尟善本，李氏訂正之功爲多。

蘭亭禊帖

初七日 得宗湘文書，以所藏禊帖見眎。前有金壽門題籤曰：「定武蘭亭未損本，雍正九年人日杭郡司農記。」末有楊大瓢、王箬林、鄭板橋諸家印。帖中「亦可」二字塗處有「某叡」二字陰文印。二十七、二十八行間有「賈似道印」四字朱文印，蓋不可信。十四、十五行間有「騫异僧」三字，在「自足不」三字之旁，此它本所罕見。據桑世昌蘭亭考，謂騫者梁句章令滿騫，异者朱异，僧者梁中書舍人徐僧權。黄伯思東觀餘論謂梁御府中法書接紙處皆於旁著名，謂之押縫。姜白石所見吴傅朋家古石本，「僧」字上又有「察」字，謂即姚察。王箬林竹雲題跋謂海寧陳氏藏本中間合縫處，「僧」字上有「騫异」兩字，定爲隋開皇本。自唐以後，摹本傳刻者或止有「僧」字，不察者遂謂右軍於「不知老之將至」句上旁注一「曾」字，而偶誤作「僧」，可笑甚矣。此本紙堅墨黝，精采焕發，第一行末會字亦全，自爲難得。湘文自系跋十五則，定爲唐摹宋拓本，謂非定武本，而實在定武之上，其詞甚辯。

玉津閣文略　清　胡薇元

十二日　有大興人胡進士薇元來見，先以書及所著古文兩册爲贄，言本山陰之張漊人，從其父官蜀中，後入京兆籍。丙子、丁丑聯捷進士，爲廣西知縣，丁母憂還蜀，今入都謁選。其文已刻，曰玉津閣文略，分類編之，共四十首，自謂以惜抱、大雲爲法，雖根氐太淺，辭氣未老，亦有志之士矣。

感舊集　清　王士禛

十三日　夜閱感舊集。此實漁洋隨時命人鈔撮未成之本，故編次雜糅，所選亦不一律。德州盧氏編刻時，頗以己意更定，每人下多附補遺，亦純疵不一。然人爲補傳，頗費搜羅，采輯之功，良不可没。順治、康熙兩朝詩人，亦大略具矣。

本經疏證　清　鄒澍

十九日　閱鄒潤安本經疏證十二卷、本經續疏六卷、本經序疏要八卷。潤安名澍，武進人。前有歙人洪上庠叙、武進周儀顥所撰傳及自序。其書因潛江劉氏本草述而作，以本草經爲主，别録爲輔，而取傷寒論、金匱要略、千金方、外臺祕要諸書，以及經史、五雅、説文、圖經參稽互證，爲之疏證，所采博，而辨析精細，於醫學深爲有功。惟筆舌糾繚，多病詞費，其自序譏劉氏之冗蔓萎茶，而所作冗茶亦不能免，此徐洄谿、吴鞠通所以獨出流輩也。本經序疏要以陶貞白爲主，而取徐之才藥對以下依類附之，尤便於檢尋。其書成於道光中，據周傳言，所著尚有醫經書目八卷、醫書叙録一卷，惜未之見耳。

平步青著述

二十日　甯齋言比年爲景蓀編録所著書，其四部考皆考證古義，訂補經籍，凡百餘種，高至數尺許。而目録尚未肯出。近刻葑園叢書十餘種及樵隱昔寱，皆經籍書後之文，凡二百餘首。又國朝文藪題辭六百餘首，皆論國朝人文集，目録至三十家。

吴淵穎先生集　元　吴萊

閲吴淵穎先生集，凡賦一卷，詩三卷，文八卷，共十二卷，又附録一卷。宋潛谿所編目録後有淵穎子金華縣儒學教諭謂識語，後有一行云：「金華後學宋璲謄寫。」潛谿自稱門人，璲爲潛谿次子，而衹稱後學，此可爲法者也。

鄭師山文集　明　鄭玉

二十一日　書賈以澹生堂鈔本鄭師山文集四册來售，索價至二十金。師山名玉，字子美，歙人，至正十四年除翰林待制，不起。十七年，明兵入徽州，執至郡，不屈死，事蹟詳元史忠義傳。此本詩文集八卷，遺文五卷，附録當時酬贈詩文及後人題詠等一卷，前有至正丁亥程文序，及至正庚寅玉自撰餘力稿序。每卷首有「澹生堂圖籍記」朱文印、「曠翁手識」白文印、「子孫世珍」朱文印、「山陰祁氏藏書之章」白文印。又有「禦兒吕氏講習堂經籍圖書」朱文印。蓋祁氏因亂移書藏雲門山寺，後被賣出，半歸石門吕留良，此其一也。師山力守朱子之學，大節凛然，其隱居山中，潛心春秋之學，著春秋經傳闕疑三十卷，至今學者傳之。嘗往來富春，偶憩一巖石，臨江可釣，唐兀忠宣公余闕爲篆書「鄭公釣臺」四字，二忠相契，尤爲佳話。

其文亦簡老，無槎枒冗沓之病，惟議論多近迂闊，不深切於事理。如唐太宗論謂「隋煬之暴，太宗弔民伐罪，才足濟事，而高祖庸人，不足有爲。太宗當徑起兵，不必以告高祖，則天下可自取，名正言順，前不致有劫父之嫌，後不致有殺兄之事，亦不必仍立代王，蹈前代篡禪故跡。」不知高祖爲太原留守，世爵唐公，太宗不過一貴冑少年，手無一兵，豈能憑空起事？高祖久於軍旅，遵養時晦，沈幾觀變，其初拒太宗起兵之請，且欲執送長安，皆老成持重，欲以覘人心之向背，非真碌碌者。古帝王起事，必有所資，漢高之因義帝、項梁，明祖之因韓林兒、郭子興，皆非以匹夫崛興也。

張華論謂「當賈后殺楊駿、幽太后時，華爲重臣，朝野屬望，即當廢黜賈氏，申大義於天下。乃附會時局，苟幸未至大亂，卒致太后被弑，愍懷受禍，身亦族滅，爲不知經權之義」。然楊駿之誅，方以反名，賈后兇焰正熾，華雖三公，不過一文臣，無兵權之寄，豈能遽行廢后之事？此皆不免過當。

狄仁傑論極稱其爲社稷臣，而惜其不早圖反正，謂尚惑於當時習俗，以武后爲真主，不知其爲唐之罪人，所謂明其爲賊，敵乃可服，亦好爲高論，宋儒責人無已之故智也。

松雪齋全集　元　趙孟頫

二十四日　閲趙文敏松雪齋全集，凡賦一，詩四，文五，共爲十卷。後附樂府。外集一卷，續集一卷。前有戴表元序及元史本傳、至順三年謚議及詔旨，楊載所作行狀。國朝康熙癸巳上海曹培廉刻本，其集十卷，是文敏子仲穆所編，外集至元間花谿沈氏所編，續集則曹氏所輯墨蹟石刻諸詩及題跋也。

中外交涉類要表　光緒通商綜覈表　清　錢恂

二十五日　歸安錢學嘉恂來，以所撰中外交涉類要表光緒通商綜覈表見贈。前有譚仲修序。其書旁行斜上，爲交涉類要表四、通商綜覈表十六，權出入盈虚之數，一覽瞭然，經國者宜時置坐間，可以觸目驚心也。每表有一序文，亦簡嚴有法。

金淵集　宋　仇遠

二十六日　閲仇仁父遠金淵集，武英殿聚珍本。山村書畫名家，詩實非其所長，而氣格頗蒼老，不墮江湖惡派，故雖槎牙率易，終近雅音。是集輯自永樂大典，得蒙高宗御題之什，比之蘇、陸，可謂厚幸矣。

陔餘叢考 清 趙翼

二十八日 閱陔餘叢考，此書少時最所喜，今日對之如夢境矣。其中多有失之眉睫者，蓋全出最録之功，往往務得貪多，致不相照覆耳。

四月

建炎以來朝野雜記 宋 李心傳

初六日 夜閱建炎以來朝野雜記乙集，其紀高宗立儲始末，於張魏公甚有微辭，可謂不私鄉邑者矣。

蔡啟盛行卷 清 蔡啟盛

初七日 閱蔡優貢行卷。其人以文學見賞於俞曲園、瞿學使，爲郡士後来之雋，而鄉人頗多不滿者。今日閱其履歷，首曰「始祖宗鼎，宋嘉定間刑科給事」，即其史學可知。其「舜使益掌火」制藝，謂掌火是特設之官，駁趙注「火正」之説，猶可言也。乃曰用火之奇實自虞廷始，是何言歟？去年俞曲園有各省擬墨八首，其順天首題文全入朱子語氣，中二比，一云「吾嘗注參同契之文，而知彼道家者未嘗聞大學之教也」，此可言也。一云「吾嘗學白骨觀之法，而知彼釋氏者未嘗聞大學之教也」。朱子之論佛經見於語録、文集者詳矣，顧未嘗言及白骨觀，此亦好奇之過也。

江邨春曉圖 宋 趙伯駒

十二日 得宗湘文書，索還趙千里江邨春曉圖卷，並屬書籤及題詞，因坐庭柳下細讀一過。山石俱大，青緑鉤勒，水波細紋，交互如髮。樓榭精工，人物生動，花樹藤蘿，錯綺交鮮，真妙筆也。時已薄暮，暝色映之，尤覺山水静深。其卷中空闊處煙波無際，岸旁有城闕戍堠，帆檣鱗比。款題惟「千里趙伯駒」八分五小字，有薩天錫印。湘文謂是洞庭春曉圖，然右幅山居閒整，邨落相接，不似君山風景，姑如其意，悤悤爲題籤還之。並作復書。

難經疏證 日 丹波元胤

十三日 閱難經疏證，日本人丹波元胤著，凡上下二卷。前有難經解題一卷，云本其父所撰而增補之。其末題年曰「文政己卯」，自稱曰「東都丹波元胤紹翁學」。東都即日本之東京，紹翁則其字也。其籤題曰「多紀柳沜先生著」。後附醫學館御藏板目録五葉，中列多紀柳沜先生所著，有此書及醫籍考百卷、疾雅三十卷、名醫公案五十卷。多紀蓋所居地名，柳沜則其别號也。其人蓋彼國博洽之士，尤究心於醫學者，所采取甚博，於滑氏本義間有駁正，其訓釋字義多本之説文、字林、爾雅、廣韻諸書。考文政己卯爲彼國仁孝天王之三年，當我朝嘉慶二十四年。書中墨筆附注甚多，或曰「約之案」，或曰「立之案」，亦皆引用群籍。而於彼國書爲多。間有用朱筆者。書尾有朱筆題識，云「嘉永壬子二月上旬校讎訂正了灥約之辛堤」，又墨筆題識云「文久癸亥十月十九日標記，茝庭君及堀川濟説竟灥約之森養真」。考嘉永壬子爲我朝咸豐二年，文久癸亥爲我朝同治二年，皆日本今王年號，則約之當是見在人，立之不知何人矣。所云「茝庭君」者，目録所列有多紀茝庭先生所著名醫彙論八十卷、傷寒論述義一卷、傷寒廣要十二卷、證治通義二十卷。堀川濟不知何人，此書眉間所注堀川未濟之説頗多，想見彼國醫學之盛，有中朝所不及者矣。

五月

造寺頌拓本

十三日　得子培書，以高叡造寺頌大字拓本見眎。文曰：「天保八年，歲次丁丑四月己巳朔八日丙子，趙郡王高叡與僧欗同捨異珍，建兹靈宇。」下有定國寺主慧照云云。考小字碑文至千餘字，亦天保八年所立，其文謂定州定國寺禪師僧欗愛朱山之勝，乃施淨財，云爲禪室，下述趙郡王蒞定州之德政，而云：「□聞道場攝心迴向，隨憘供設，爲福田□，因以其寺名粵□□。宣尼論至道之時，乃有斯稱；軒轅念天師之教，且符今旨。淨心所宅，豈與同年，兼於此伽藍，更興靈塔。」則僧欑本居定州定國寺，此所營朱山，乃別一寺，而叡爲名之，又建一塔，其末題：「天保八年，歲在丁丑□□戊辰十五日壬午刊記」。以通鑑目録校之，丁丑下所缺乃「六月」二字，是月戊辰朔也，戊辰下偶脱一「朔」字耳。大字碑與此相去僅兩月，而此文敍述詳贍，無一語及之。朱山今曰祁林山，在真定府靈壽縣。疑大字者後出，近時人依託爲之，故與小字碑文不相應也。

鐵崖樂府　明　楊維禎

二十三日　閱鐵崖樂府諸集。其擬古諸篇務求尖新，而多近傖調，時病粗梗，至改撰焦仲卿妻等詩，真點金成鐵矣。詠史諸作，亦多苦槎枒，識議亦往往庸下，不及其門人張玉笥時有警句也。注爲乾隆間諸暨樓西濱孝廉卜瀍所撰，頗弇陋不足觀，所注樂府十卷、詠史詩八卷、逸編八卷。

六月

經問　清　毛奇齡

十二日　閱毛西河氏經問。其議論通闢處，往往推經義以斷史事，極爲明快，而臆説無徵，亦時有之。如辨陰厭陽厭，謂成人之陽厭在室之西北隅，所謂屋漏殤之，陽厭在室之東北隅，所謂窔，即當室之白。不知室之東北隅名宧，爲人之飲食處，窔在室之東南隅，即安户處，此明見爾雅釋宫者。説文亦同，惟窔作窅，曰户樞聲也。因户在東南少右，其左之隙地曰窅，正直户安樞處，常聞户樞之聲。窅，窅然，因名之曰窅。釋名曰窔，幽也，亦取幽冥也。儀禮既夕記云「埽室聚諸窔」，鄭注「室東南隅謂之窔」，其字作「窔」。説文「窔」：「窅窔，深也」；「窅，冥也」，二字蓋可相通。是窔亦幽暗之處，故埽室者聚塵垢於此，猶今之埽室者，必先聚之户下以便畚而出之。窔自當在户東，與牖隔遠，故幽暗。牖更在户西。户東無牖，古室中惟西南有一牖。其内曰奥，爲尊者所坐處。段氏説文注謂窔在户東牖西者，非是。然則窔之爲地甚迫，豈有容祭之處？毛氏蓋誤記宧爲窔，至以爲當室之白，尤謬。古人牀在北牖，居室之西北，其上有囱以取明，故曰屋漏，言日光所穿漏，故曰當室之白；以日夕寢處其下，故曰仰不愧於屋漏，即獨寢不愧衾之意。此事别有辨。若宧與窔，安有此乎？

唐摭言　五代　王定保

十三日　閲王定保摭言。其卷十四載咸通四年蕭仿貶蘄州刺史，謝上表云：「臣官爲牧守，不同藩鎮。謝上之後，他表無因。達天聽而知在何時，備繁辭而並陳今日。」可知唐代刺史平時不得上章疏。今制，文職自道員至布政使、武職提鎮皆惟到任有謝疏事，原於此。惟唐代刺史進賀表，今制文則布按兩使、武職提鎮許上賀表，餘不得上。宋代貶官者雖至海外，員外司馬到日皆有謝上表，唐時未聞。宋制貶官至司户參軍始削階勳封邑，著緑衫，不得有謝上表矣。

周易

二十四日　易理幽深，往往百思不得。如歸妹六五：「其君之袂，不如其娣之袂良。」虞氏雖委曲取象，而「袂」字終不可通。竊謂君者，女君也。六五以陰而居尊位，爲女君之象。袂即夬字，夬者，決也。娣謂二也，二居中而得五之應，其上祇一陰，可決而去之。五則本陰，又比於上之陰，欲決去之甚難。惟與娣同心相應，得二之助，則可有成，故曰「月幾望吉」。望者，日與月相對，五二同心以感君，則可冀君之相敬愛。聖人繫此爻者，爲后夫人警，不可恃帝妹之尊，而不禮娣姪，或生嫉妒也。唐高宗王皇后害蕭淑妃之寵，援武昭儀以敵之，遂罹奇禍，此厄於上六之陰也。故孔子象傳曰「帝乙歸妹，不如其娣之袂良也」。不下解義，惟省「其君之袂」四字，知所謂君者，即帝之妹，而義已明也。六五終在尊位，能與二相應，則不失其貴而可行，故曰其位在中，以貴行也。

說文解字　漢　許慎

二十五日　偶與子弟論說文𡴦〔古文〕兩古文之義，記之於此，足爲言小學者之一助。手部握，搤持也，從手屋聲，𡴦古文握，此大徐本也，小徐本作𡴦。案，此即奉字也。奉從丰、從𠬞、從手，既從𠬞，又從手，繁複無義，此蓋後出字。𡴦上丯即丰之小變，非艸蔡之丯字。〔古文〕即𠬞字而連之，故小徐仍從[glyph]從至者，物至而搤持之，亦從屋省聲。奉輕讀扶隴切，重讀步奉切，俗之捧字，即奉之重讀。奉屋一聲之轉，古以握奉爲一字，而奉從至不從手也。

民，衆萌毛本作氓。也，從古文之象[glyph]古文民。案，[glyph]從[glyph]、從[glyph]，[glyph]者女之古文，許於女部云：妻，古文作[glyph]，其下女字正如此作。汗簡女作[glyph]，母作[glyph]，毋作[glyph]，又引説文妻古文作[glyph]，是[glyph]爲古女字無疑。[glyph]者艸木生也，民從女中，猶姓從女生。古惟天子因生以爲姓，其下惟帝子及大臣有功德者得賜姓，故姓從女生，言惟神聖之母所生者始有姓也；民者衆庶萌生，故從女中，猶艸木之繁蕪以生也。大徐本[glyph]作[glyph]，蓋從母之古文，小徐作[glyph]，筆畫小變，而從母之形更顯。從母者，所謂衆人之母，與從女之義一也。或疑下從匕，古化字，從到人，謂母之所化生，其説亦通。小篆作[glyph]，仍從古[glyph]字，而下省作[glyph]，蓋即[glyph]形而小變之，其實一也。故曰從古文之象。至民、氓，實一字，後人重讀之，因加亡爲聲而作氓。經典用民、氓字無異義，「氓之蚩蚩」，即所謂「民可使由之，不可使知之」也。

世本　清　茆泮林輯

二十六日　閱高郵茆雩水泮林所輯世本六卷，較洪氏飴孫本爲謹嚴。前有自敍，考證甚密，頗言錢氏大昭、孫氏馮翼所輯之疏，又謂孫淵如所藏澹生堂鈔輯世本一卷及洪氏所編世本四卷，外間俱未之見。江都秦嘉謨因洪書作世本輯補刊行，而所補者類皆司馬遷、韋昭、杜預之説，注欠分曉，與世本原文相汩，轉覺蕩然無復疆界，泮林輯此與秦同時云云。是序後題道光元年十月。案，秦嘉謨補輯本自序稱原輯僅得六卷，復得澹生堂鈔輯世本三卷，又於孫淵如觀察處購得洪大令飴孫所編底稿十卷，較原輯增十之三四，爰延顧君千里詳加校閱，其體例悉遵洪式云云。其後題嘉慶丙子九月。是洪書本十卷，今秦書亦十卷，近時吴中人皆言即洪氏書，秦實無所增加，而盜爲己有者。據茆序則當時耳目所接，與秦同輯此書，而秦先刊行也。然秦書竟據史記及韋氏國語解、杜氏左傳集解所言，以意增補，取盈卷帙，大非輯古佚書之體，茆氏譏其汩亂，蕩無疆界，是也。

七月

金石萃編　清　王昶

初十日　偶閲金石萃編千福寺多寶佛塔感應碑文，有云：「許王瓘及居士趙宗信女普意善來稽首，咸捨珍財。」許王瓘者，高宗蕭淑妃子許王素節之子，兩唐書皆附見素節傳，亦見新書宗室世系表。王氏跋乃云：「許王瓘諱字玉旁，當是玄宗諸子，而兩史諸王子傳無之，方外文字多誇張之詞，不能盡覈，大率類是。」可謂不檢甚矣。萃編諸跋多錢同人等爲之，往往疏率，故金石家多致不滿也。六朝及唐經幢造像、寺刹碑陰，凡婦女施財者多曰「清信女」，其止稱信女，始見於此。

開元占經　唐　瞿曇悉達

十二日　閲開元占經。湖南新刻巾箱本，訛錯至不可讀，去年曾見有官書鈔本不購，可惜也。此書引緯書甚多，然大率坿會謬悠之言，蓋緯與讖有别，後人多亂之。凡自漢哀、平以後所盛行者圖讖也，而附之於緯，故光武紀、桓譚、尹興等傳及魏、晉所言受命之符皆在讖中。鄭君三禮注所引則皆在緯而不及讖。若何邵公公羊解詁乃浸淫及讖矣。故鄭君云公羊善於讖也。隋文焚圖讖，並及緯書，佚文偶存，不能復别。占經所引占候災祥，妖妄居多，實皆本於讖耳。如所引孝經雌雄圖之類，謬妄尤甚，其名曰圖，是本圖讖而非緯甚明。輯緯書者當分别觀之也。

十國春秋　清　吴任臣

十三日　十國春秋載南唐烈祖先世，頗得史家闕疑之義，然必從歐史，以爲家世微賤，此亦過也。當云家世經亂莫詳所自出，則得矣。江南野史、江南録等書以爲憲宗子建王恪生超，早卒；超生志，仕爲徐州判司，卒官，因家焉。建生榮，榮生烈祖，陸氏南唐書等皆同，蓋當日南唐推尊四世，其名與爵位依此爲定，而實未足信。唐自開元以後王子皆不出閤、不分房，故十六宅諸王之居，迄於唐亡未之有改。建王恪族屬甚近，其子必有嗣王，即超，是衆子，而既能生子，亦當有官。超之子志何得出官徐州？即遭季世亂離，亦無授官於外之理。判司卑秩，亦不至以皇曾孫爲之。蓋烈祖之父榮自是唐苗裔，而族屬疏遠，經亂譜牒散亡，不復可稽，榮又早卒，烈祖之伯父球擕之濠州，以後亦不知卒於何時。烈祖得國，必有封贈。又晉陵郡公景邁、上饒郡公景遜、平陽郡公景逸，皆烈祖從子。桂陽郡公景遯爲烈祖兄子，則烈祖尚有兄弟，而史皆不載其名，蓋國亡以後其籍盡去久矣。吴氏此書於昇元三年叙烈祖追崇祖考事，務依歐史，極言誣妄，不根之由，鑿鑿載之，一似當日親見者，而不知爲宋人及吴越錢氏詆毀之辭，疑事毋質，失之彌甚。至歐史之誤，余已於咸豐丙辰日記中詳言之。南唐祕書監陳致雍撰曲臺奏議十卷，中有祖宗配郊位議、四親及義祖神主合出太廟議、太祖之廟及不遷之主議，近人朱氏緒曾有其書，謂俱足考南唐之祀典，其文必備載烈祖以上四世名位，可以正歐史之妄，惜未見其書。欽定全唐文已采致雍書，余舊有之，未及詳閱，今插架亦無有矣。其議四親神主合出太廟，蓋祖東漢之制，以唐之太祖虎與高祖、太宗爲太祖兩世室皆不祧之廟，如光武之祖高帝及文、武、宣，又擬其考元帝而以僖、昭諸帝備三昭三穆之數，故去所追崇之四親，如光武之不以南頓君以上四世入昭穆，別立廟祀之也。後唐明宗亦以高祖、太宗爲不祧之廟，以懿、僖、昭三帝與獻祖國昌、太祖克用、莊宗存勖最爲三昭三穆也。

大唐郊祀録　唐　王涇

十六日　閲大唐郊祀録。此書金山錢氏已據汪謝城及張嘯山校本刻入指海第十八集，余未之見也。其卷九宗廟樂章有敬宗、文宗兩朝，注云「元詞本闕，大閩國太常博士張連添上二首」，足見五季時各國雖據土稱帝，猶不忘唐，故孟蜀石經仍避唐諱，不足疑也。

大唐六典 唐 張説 張九齡

十八日 閱大唐六典，間以新舊唐書志、唐律疏義、唐會要等書校正之。比日疲劣，不能用心，吾衰甚矣。六典東洋本頗多誤字，尚不及埽葉山房本也。「禮部郎中」條下云：「凡散官正二品、職事官從二品已上，爵郡王已上，於公文皆不稱姓。」今所傳唐世誥敕公牒往往官尊則不具姓，至侍中中書令以上則祇繫姓而不具名，至三公則並姓名皆不具矣。又云「凡六品已上官人奏事皆當自稱官號臣姓名，然後陳事。通事舍人、侍御史、殿中侍御史則不稱官號」。今直内廷者如軍機大臣、南書房、上書房行走者奏摺皆祇署臣某，不稱官號，亦是此意，惟未知唐時門下中書侍郎及翰林學士等奏事之式何如也。

宋史 元 脱脱

二十二日 宋史文苑傳朱昂傳云：「其先京兆人，唐天復末徙家南陽，梁祖篡唐，父葆光與唐舊臣顔蕘、李濤數輩挈家南渡，寓潭州，每正旦冬至必序立南嶽祠前，北望號慟，殆二十年，後濤北歸，葆光樂衡山之勝，遂往家焉。」是朱葆光在唐遺民中志節最著，即此一事，足以感動頑艷。全謝山鮚埼亭集欲補唐末節義之臣，載朱葆光等三人名，蓋本於此。顧亭林詩集楚僧元瑛談湖南事絶句有云：「心傷衡嶽祠前道，如見唐臣望哭時。」自注引此事，而「顔蕘」誤作「顔荛」。顔蕘，兩唐書及五代史皆無傳，而在唐時位已通顯。見舊唐紀及摭言。李濤爲唐宗室後，歷仕梁、唐、晉、漢、周、宋，不足當節義之目，據吴任臣十國春秋吴越十二所載，自全氏所舉孫郃外郃，奉化人，宋寶慶四明志、元延祐四明志所載人物皆作「部」，唐文粹載其卜世論、春秋無賢臣論，亦作「部」，十國春秋作「郃」，蓋誤。尚有吴仁璧，唐大順中登進士第，唐亡入浙，錢鏐辟之不就，又請爲其母撰墓銘，堅不肯，鏐大怒，並其女沈之江，是唐末節義之尤絶者。又有方昊、石延翰，皆唐亡不仕，全氏尚未采及之。

宋史李濤傳云：「唐敬宗子郇王瑋十世孫祖鎮，臨濮令，父元，將作監。」此誤也。敬宗子無郇王瑋，敬宗至唐末不能至十世，唐玄宗後諸王不出閣，已見上。子孫亦不得出爲縣令，考新書宗室世系表，太祖子郇王褘，褘生長平肅王叔良，叔良生郇國公孝協，孝協生婺州刺史郇國公思忠，思忠生太子僕超成，超成生許州司馬澄真，澄真生遂州刺史文通，文通生監察御史穆，穆生臨濮令鎮，鎮生太府少卿元，元生濤，正得十世。是「敬宗」爲「景帝」之訛，「瑋」當作「褘」。惟元官當從宋史作「將作監」，蓋太府少卿其先官耳，據表，濤尚有一弟名仲寶，而傳謂濤從父兄郇仕梁爲閤門使，則表中不見。

説文釋例補正　清　王棻

二十四日　得黄巖王子莊孝廉棻書，以所著説文釋例補正一卷見眎。其書中言二十餘年不相見，特以近著相質，其意甚誠。子莊老矣，聞里居授徒，專心著述，亦吾黨之僅見者。此書補正王菉友之説，於轉注主錢可廬及近人曾文正、鄒叔績諸家，謂即形聲之母字有省筆者，如老本从毛匕，而从老之部，考等九字皆省去匕字，曾氏因推之犛、㸚、畫、眉、萈、筋、稽、橐、㝱、重、履、㰤、鹽、弦、酉諸部，皆母字省筆者，謂之轉注，不知犛部之氂是會意字，斄是形聲字。㸚部之爾、爽皆會意字，畫部之晝本應入日部，與早、昏等爲類，萈部之再應入一部，爯應入爪部，眉部祇一古文𥃩，別無屬字，本應入目部。筋部祇筋、笏二字，是形聲，古今未有用此字者，疑本祇作腱肑玉篇有腱無筋，於肑下云亦作笏，廣韻亦無筋，而笏肑並收，蓋宋人所增入。竻、笏皆後出俗字，而筋自應入肉部。㝱部寣爲會意字，餘皆形聲字。重部祇量一字，而量爲从䀏省聲，最不可解，疑量上本从冃，冃者重覆也，量爲稱輕重之器名，故取覆冃之意，與同爲類，同者陰律也，故中从口以象其音之歙處，量入冃部，則重字應並入上𡈼部，𡈼从人从土，土者中和之性，人稟土性者多善，故𡈼訓善也。重从𡈼即从土，物莫重於土，而厚重者必善，故亦从𡈼也。鹽部之鹼明當屬鹵部，傳寫者誤入鹽部，段氏已言之。監是形聲字，稽橐履㰤四部所統皆形聲字，酉本古酒字，酉下説解可證。丣丣之卯自作卯字，酒乃小篆加水耳。曾氏所舉本屬偏駁，子莊更推之高亭烏焉等字，則支離益甚。亭从高省，从丁聲。焉與烏象形各別，安得劈屬之轉注乎？至謂假借之令，長當作亽，長亽从反丅，丅古文，及字丅者，及前人也，反丅則今人矣。長从倒亡，亡者不長也，倒亡則長矣，尤爲穿鑿無理。許君於六書下所舉上下日月江河等字，皆舉常語以相譬曉，令長亦人人所知，故以此二字明假借之用，今長是何語乎？總之，六書之恉，至今日已如日月經天，稍有知識者無不瞭然，不必復任私臆，求勝古人，徒出卮言，終歸覆瓿。即許書自段、嚴、二錢、桂、王六家後，搜索亦殆無遺義，後人補苴百一，未爲不可，若欲別求蹊徑，自闢町畦，亦多見其不知量矣。

隋大業二年邯鄲縣令蔡君妻張夫人墓志拓本

子培攜新出土之隋大業二年邯鄲縣令蔡君妻張夫人墓志拓本見眎。正書二十六行，行二十六字。夫人諱貴男，范陽方城人，梁侍中尚書左僕射綰之孫，陳給事黄門侍郎廷尉卿尤之女，其同堂姑爲梁明帝后，明帝即蕭巋也。考周書、隋書、北史及梁書、南史，備載昭明太子母爲丁貴嬪，謚曰穆，梁書、南史皆云簡文追尊爲穆太后。妃爲金華蔡妃，生豫章安王歡，侯景立歡子棟爲帝，追尊妃爲敬皇后，宣帝立於江陵，追尊爲昭德皇后。保林龔氏生宣帝詧，詧尊爲皇太后，巋立，尊爲太皇太后，謚曰元太后。詧后王氏，巋立，尊爲皇太后，謚曰宣靜皇后。貴嬪曹氏生巋，尊爲皇太妃，謚曰孝。獨不載巋后何姓。惟隋書煬帝蕭后傳言后爲梁明帝蕭巋女，嘗育於舅張軻家。據此則巋后張氏，而貴男爲綰之孫女，巋后爲貴男同堂姑，蓋是綰兄弟纘、緬、絢之女。纘爲武帝從舅弘策之子，出繼武帝舅弘籍，又尚武帝第四女富陽公主，因與詧兄譽交惡，實搆荆湘之亂，故爲詧所誅。綰爲纘弟，因臺城陷奔江陵，元帝以爲侍中尚書左僕射，梁書、南史皆云「魏克江陵，朝士皆俘入關，綰以疾免，卒於江陵」，而周書、北史詧傳皆云詧稱帝後，「張綰以舊齒處顯位」，是綰仍任用於詧世。又梁書、南史皆祇載綰次子交尚簡文第十一女安陽公主，南史作定陽。元帝時官祕書丞，據此則綰有子尤在陳爲顯官，皆可以補史闕。惟志不載其夫之名，未知是否詧司空蔡大寶一家？貴男之父既爲陳官，則似兩家皆在江南，志有云「蔡侯述職邯鄲，夫人從任全趙，大業元年九月終於官舍」，是爲縣令已在隋時，其述梁明帝后云「爰自諸宮，旋駕淮海，夫人拜見，即蒙賞異」。據史載巋薨後，子琮嗣位，二年爲隋文帝所廢，舉家入長安，巋后不當有歸淮海之事。又云「既而金湯失險，關河飄寓」，則似叙陳亡之事，豈當隋將廢梁，巋弟巖及巋子瓛率居民奔陳時奉巋后俱行耶？南史纘傳言纘自湘州攜二女單舸奔江陵，豈巋后即纘二女之一耶？皆不可考矣。纘雖與詧，詧爲仇，而本是世姻，纘子希亦尚簡文第九女海鹽公主，元帝時官侍中。故綰仍被顯用，巋娶於張，不足怪也。

唐詩紀事　宋　計有功

二十九日　傍晚坐庭下閱唐詩紀事。此書條例秩然，於唐人文獻甚有功，而所采中晚唐人詩頗鮮别擇，故多存俗劣之作。其載張爲主客圖，某人升堂，某人入室，所收詩句往往可笑，惟其中姓名多有不經見者，亦幸藉此以存也。

八月

傳家集　宋　司馬光

朔　閲司馬温公傳家集，乾隆初陳文恭宏謀刻之吴中，浦起龍所校，嘗以刻本進呈，然頗有誤字。

初二日 閲傳家集。温公之文醇實，不待言。其氣勢每層纍而下，筆力亦不可及。所論事理和平曲當，字字饜心，所謂「似倩麻姑癢處搔」也。惟論古人則往往失之迂滯，其史剡及評史諸條多老生之常談。

廖平會試卷 清 廖平

初三日 閲四川廖進士平今年會試五經文。其房師張子虞屬余爲之點定也。此君爲張香濤、王壬秋兩人所稱賞，遂自負甚，繼以兩人爲不足重，益務爲高遠迂誕之説。自命公羊大師，以王制爲孔子所作千古大法大經，公羊即本此爲説，所謂素王赤制，盡在於是。以周禮、左傳爲瀆亂不經之書，自信不疑，奮筆著述。張、王兩人不學好奇，流毒至此。然其學實遠出兩人之上。今日觀其經義，首題爻也者效此者也象也者像此者也，以音轉訓詁相生爲説，頗能推闡經例。次題舜曰咨女二十有二人，謂皆指外臣，言十人者四嶽也，每嶽二伯，八州八伯，又統以方伯二人，共十伯爲十人。經言四嶽，猶言諸侯也。十二人者，所謂肇十有二師也。八州各有外州，惟青、兖、徐、揚地已至海，無外州。十二州牧合十伯爲二十有二人。三題眉壽保魯居常與許，謂「居常」猶「居恒」，「與許」猶「舒遲」，乃形容之辭，平居之容安舒是眉壽之徵，皆穿鑿臆見，絶無根據。四題齊高偃納北燕伯于陽，獨駁公羊伯于陽爲公子陽生之説，謂弟子誤問而先師誤答。五題命野虞毋伐桑柘鳴鳩拂其羽戴勝降於桑具曲植籧筐，謂「鳴鳩」二語是後儒坿記，誤入經文。皆勇於自信之談。今以子虞言略爲改易數語，還之。

黄忠端公集　明　黄道周

初五日　閲黄忠端公集。忠端文，人謂其學樊宗師，然實從後漢書出，惟略染於明季纖巧之習耳。其上弘光疏、上潞王、唐王書勸進疏、請監國箋，皆字字血誠，其爲唐王撫諭魯王、惠王、益王諸書，及撫諭浙東諸臣詔，真摯正大，引諭精切。自爲上魯王一書，尤苦口危言，聲淚俱下，而當日未聞有感動者，此天之所壞，末可支也。其潞王監國記述朱大典與馬、阮、袁宏勛諸奸形迹比周，聲口如一，而金華之殉，忠烈勃發，至今凛凛有生氣。烏呼，人之所以貴晚蓋與？潞王之在臨安，危於燕幕，而忠端再疏請召劉忠介，以畏馬士英終不見聽。及忠端面陳，又云馬輔言劉家來恐分門户，是馬奸之肉固不足食，潞佛子之愚亦可憐矣。當時徒以士英擁黔兵數千，屯營淨慈寺，無人敢忤，吾鄉王季重先生一檄使魑魅卻步，不敢渡江，江東固有人哉。

古文尚書經説考　清　陳喬樅

初六日　閲陳氏喬樅古文尚書經説考，凡叙録一卷，歐陽夏侯遺説考一卷、堯典至秦誓經説考三十一卷，序説考二卷，而堯典又分上下卷，禹貢、洪範皆分上中下卷，序亦分上下卷，采輯繁富，兩漢經師之説梗略具備，可謂鉅觀矣。

今文尚書經説考

清 陳喬樅

初七日 閲今文尚書經説考。其論堯典「至于北嶽如西禮」下，謂當依何休公羊傳隱公八年解詁所引，增「還至嵩如初禮」六字，據釋文「如西禮」引馬融本作「如初禮」，則今本明有脱文，邵公所引是真尚書今文家本。案此説非也。唐虞設四嶽之官則止有四嶽，無嵩嶽甚明。堯典文極謹嚴，上於西嶽已云如初，此下必不復云如初禮。五嶽之制，自始於殷，王制所謂「五嶽視三公」殷制也，至以嵩高爲嶽，則始於漢史記封禪書，述舜巡四嶽之制，於「皆如岱宗之禮」下云「中嶽嵩高也」，不言至於中嶽，是史公所見今文尚書及從孔安國問故皆無「還至嵩」等六字，其綴「中嶽嵩高也」一句，明是順文，記漢五嶽之名與爾雅釋山後所記之五嶽同，意亦以申明舜所巡者無中嶽、唐虞時祇四嶽也。段氏玉裁尚書撰異謂史記、漢書皆以備五嶽之訓，其説甚塙。

書序「周公在豐將殁，欲葬成周。周公薨，成王葬於畢，告周公作亳姑。」僞孔傳謂周公徙奄君於亳姑，因告柩以葬畢之義，斥及奄君已定亳姑，言所遷之功成，固是望文爲説，强引將薄姑之序以解此序。段氏玉裁謂上序本作蒲姑，或作「薄」，不作「亳」者，是也。然此序「亳姑」二字，終不可解。案，王厚齋漢書藝文志考證及困學紀聞卷二引尚書大傳序有「歸禾揜誥」，「揜誥」二字亦不可解。疑當作「弇誥」，此序「亳姑」即「弇誥」之訛。弇者掩土，即葬之義。誥、告字通，謂將葬周公而告之。或「弇」是「呈」字之誤，呈即畢程之程，畢程即畢郢也。孟子「文王卒於畢郢」，「郢」乃「程」之借字。逸周書有

「程寤」「程典」，程、呈本音同相通，將葬周公於畢，故作程誥，「呈」誤作「亳」，又誤作「弇」，遂加手作「揜」，後又誤「誥」作「姞」，此可以意推者也。

初八日　閱今文尚書經説考。近儒分別舜典，自「慎徽五典」以下稱王氏傳，「曰若稽古帝舜」至「乃命以位」稱姚氏傳，以梅氏上古文尚書時孔傳闕舜典一篇，取王肅注補之，而自「曰若稽古帝舜」至「乃命以位」，則梅書所未有，齊時姚方興稱得之大航頭者也。又據釋文云姚方興所上祇「曰若稽古帝舜曰重華協于帝」十二字，遂謂「濬哲文明」以下十六字乃劉光伯所增，更別其注曰劉氏傳。案，正義謂東晉初「梅賾上孔氏傳，闕舜典，世多用王、范之注補之，而皆以『慎徽五典』以下爲舜典之初，至齊蕭鸞建武四年，吳興姚方興於大航頭得孔氏傳古文舜典，亦類太康中書，乃表上之，事未施行，方興以罪致戮。至隋開皇初購求遺典，始得之。」隋經籍志亦謂「梅賾奏安國之傳，闕舜典一篇，齊建武中姚方興於大桁市得其書奏上，比馬、鄭所注多二十八字，於是始列國學」。雖所述較略，且謂齊時此篇已列國學，亦近疏舛，然謂二十八字一時所出則同，即釋文謂「曰若至于帝此十二字，是姚方興所上」，「方興本或此下更有『濬哲』等四句凡二十八字異，聊出之，於王注無施也。」亦以四語同出方興，云「凡二十八字者」連「曰若」二語數之，云「於王注無施」者，以釋文序録明言舜典一篇仍用王肅本，故言此二十八字，無所施於王注也，是謂「濬哲」等十六字爲劉光伯僞撰，託名姚方興者不可信。陳氏喬樅又謂是孔沖遠所增入，尤爲臆説矣。惟據正義所言，是正義即用開皇初所得姚方興本，釋文序録則云「姚方興采馬王之注，造孔傳舜典一篇」，今仍用王肅本，兩本雖同出一塗，必亦有參差互異之處，何以正義所載傳文與釋文悉合？使方興當日所造孔傳字字與王注同，則其僞立破，何以梁武所駁並不及之？又釋文序録謂晉元帝時「購舜典一篇，不能得，乃取王肅注堯典，從『慎徽五典』以下分爲舜典篇以續之，後范寧變爲今文集注，俗間或取舜典篇以續孔氏」。是謂民間有取范氏舜典今文集注以續梅氏所上孔氏古文者，非朝廷行用，故曰俗間。蓋自東晉以後國學博士所立，舜典用王肅注，仍是古文，民間舜典則有用范氏注者，故正義謂「世多用王、范之注補之」也。至堯典止於「帝曰往欽哉」、自「慎徽五典」以下别爲舜典，則梅賾所上固如是，其所亡者孔傳耳。蓋作僞者故闕此傳以示其遺落不全，非由妄造，不然，當日朝論何所據而强割王肅注堯典「慎徽」以下爲舜典耶？正惟所上僞古文本有舜典，故取王注以補孔傳，蓋梅書惟經用古文、傳本今文，范寧復變經文爲今文耳。

硯景

清　王繼香　輯

初九日　閱子獻所拓硯景兩册，自宋迄近人，頗有佳者。其上册冠以康熙、乾隆兩朝御銘之硯，餘俱自漢至隋、唐之甎及錢范造像。所琢漢甎有焦弱侯題識及國朝阮儀徵、朱大興、錢竹汀、洪北江諸公銘款。其大業六年庚午五月餘暨令趙沾造天尊像龕及摹刻大康五年楊紹買地莂一甎，尤精致可愛。下册肥水包氏硯，方正學題「孝肅清風」四字及「洪武四年陽月赤城後學方孝孺謹藏」一行，皆八分。肥水包氏篆文一行在硯側，「氏」字以下文皆泐。司馬温公與兄子九承議手札下半段斷碑硯。葉東卿所琢。又温公硯兩側有程明道銘云：「瑩瑩古端谿，石色秀而雅。有眼皆鸜鴿，潤逾銅雀瓦。置公此字空一格。著史席，濡瀋供揮灑。天産不世珍，必有深契者。」下題「君實閣學」。文潞公銘云：「玉德金聲，而寓於斯。中和所裹，不水而滋。正直所秉，不寒而澌。君此字空一格。實之研，彦博銘之。」下題「治平三年八月記」。東坡洞庭春色斷硯，文湛持篆書題識。米南宫大有洞天硯，背有南宫小像高尺許，右題「中岳外史」四篆文，下有「長沙李東陽藏」六字。放翁老學庵著書第二研，篆文一行在側下，有「陸」一字印。又放翁陶澄君硯三字八分横列。旁題云「老學蓊曾收用」。左方危太樸銘云：「汾水墐泥，澄之陶之。渣滓既盡，金玉其姿。山海漁獵，經史酌炊。用訂同心之言，而因以贈貽。」下題「太樸山人題贈南村居士，癸丑」。吴仲圭梅道人硯甚大，有草書六行，言游霅上日子九先生所詒。謝疊山橋亭卜卦硯，有程文海草書銘。以上皆不能辨真僞。

其餘明代名人若沈民則度、沈石田、陳魯南沂、祝枝山、文休承、文衡山、徐天池、董華亭、葉福清、李君實、陳白陽、徐華亭、黄貞父、文文起、倪鴻寶、黄石齋諸公，國朝先哲若朱竹垞、萬九沙、毛西河、韓慕廬、施愚山、查初白、何義門、計甫草、杭大宗、黄莘田、袁隨園、田山薑、金壽門、紀河間、劉文正公舊研。程易疇、林吉人、劉石庵、桂未谷、錢籜石、王惕夫、黄秋盦、梁山舟、翁覃谿、方南堂貞觀、伊墨卿、郭頻伽、阮儀徵、童二樹、張叔未諸公，皆真迹可翫。停雲、衣雲、金風、冬心、莘田、儀徵皆有數硯。其可寶者，吾鄉朱金庭相國所藏宣和二年四篆文。硯，有文懿銘，前有序云：「賡於入閣之明年，奉旨督建御苑，掘地爲池，得宣和古硯二，其一攜歸祕府，一賜老臣賡，賡拜而受之。」銘辭四言三十六句，其左方已損，末具年月已泐缺，其下具銜曰：「柱國少保兼太子太保文華殿大學士臣賡謹銘。」銘文述上命有曰：「磐石之宗，宰輔之首。爲燮理才，爲調羹手。」陽明先生硯背刻所謂大臣者以道事君制義一首，小楷十四行，行二十五字，不寫題目，末別一行云：「弘治甲子餘姚王守仁主試山東作」，側有沈石田行書、朱竹垞八分題字各三行。文待詔一圓硯，八分書，回環刻之，文曰：「黑水鹵河惟端州，厥田上上，厥賦中下，厥貢詞賦翰墨，璆琳琅玕。導明水，至於積墨。導墨水，至於管城。文教訖於四海，用錫玄璧，告厥成功，徵明箸，但禹貢作銘。」雅宜山人王寵硯有嘉靖庚寅自製銘，末有吾鄉余忠節公題字一行，云「崇禎丁丑甤賓，會稽余煌珍藏」。李長蘅梅花硯，兩面兩側周遭畫梅一樹，花幹紛披，下鑿一圓月形爲受墨處，背左下方有八分書銘四語。黄忠端公一硯背畫古松一株，下作疊石磊磊形，倪文貞公草書銘云：「石耶，貞松耶？節誓此心合而一。訂石交，永貞吉。」下題「元璐奉贈石齋年翁」。倪文貞公一硯，行書銘云：「骨茂以强，體凝而正。使人如此，天下其定。」周子佩餅硯，文文肅行書銘云：「買三十，賣三十。餅師中有趙豳卿，君自相逢不相識。」下題「震孟爲周子茂蘭銘研」。念臺先生螘磨硯銘，用古篆文回環刻之，文云：「渾體合規，曜靈丽象。黄在卵中，螘行磨上。思哉乾乾，眎此旋盪。」款小楷書「天啟辛酉蕺山銘」。梨洲先生井字硯銘云：「先公黨禍，顧義而喟。安得父子，農夫没世？每念斯言，求死無地。委身硯北，盖非初志。硯上有井，井上有牸。井改牸喪，此恨何既？」竹垞小硯背刻戴笠小像，上自銘云：「潒谿之石，星谿之田。是穮是蓘，必有豐年。己未秋日竹垞。」又竹垞箸書硯五字篆文。亦刻小像，上刻八分書「丁亥三月十二日銘」。文見曝書亭集。旁有宋牧仲行書跋。金冬心小方硯背有小像，露頂長髯正坐，右方字三行，云：「百二硯田富翁自寫六十二歲小像于硯背，請吾友丁鈍丁爲之刻，乾隆戊辰夏五農記。」左方有翁覃谿八分題識。徐藝芸樹穀大圓硯，背縮臨周散氏敦銘。黄小松一硯背刻小象，梁山舟題銘，旁有竹汀先生篆書「蟲蝕」二字，又一硯背刻錢竹初所畫探碑圖。王惕夫硯，背刻四十七歲小像。郭頻伽大圓硯，背刻靈芬館主三十七歲小像。阮太傅長方硯，背刻頤性老人八十小象，癸卯二月手自署。眉〔一〕張叔未一硯，背刻厲曉樓縮摹四徵君小像，叔未爲之記，蕉竹數株間，執靈壽杖踏月者爲杭大宗，髮種種抱膝不語者爲丁敬身，手持帶束共談者爲厲太鴻，方面豐髯坐湖石上者爲金壽門。

凡此皆足以裨史事、資佚聞，次亦足以陶寫性情，發皇文采，傳騷壇之韻事，見前輩之風流。子獻搜耆之功，洵爲不易矣。又有大硯一面，刻蘭亭池館，中坐逸少，據案作書，旁侍兩人，右刻逸少修禊詩，背縮刻禊帖，硯側四周刻竹林亭榭及王氏與會諸子弟並所作禊詩，琱琢精工。天池山人嘗有手治禊硯，子獻言見之甬上，與此相似，不知何人物也。

注釋

〔一〕張廷濟字叔未，號眉壽老人，「眉」下疑有脱字。

黄漳浦集　明　黄道周

初十日　閲黄漳浦集。漳甫少工駢儷之文，今集中所刻表頌騷賦，沈博絶麗，裔奇瓌偉，明代無第二子也。其雜著中興元紀略一卷，述弘光南渡事，以僧大悲、王之明、童氏皆爲妖妄，所叙童氏始末獨詳。謂弘光在藩邸時本有私寵童貴人死於寇難，此婦爲汝州巨娼，從賊中權將軍狄姓者來，狄率二萬衆降於總兵黄鼎，以此婦示黄，談上起居與黄先后歲月日時誕産事甚備，黄以告廣昌伯劉良佐，良佐誤信之，高倬爲司寇，不敢鞫治，請慈禧宫問之，慈禧宫言舊内無此人，妖婦出輒云慈禧宫非是。然則國初吴越遺老有謂弘光及太后皆僞者，蓋起於此矣。千古疑案，何時白哉！石齋謂弘光寬仁有大度，則平情之言也。

小腆紀年　清　徐鼒

十一日　夜閲徐氏小腆紀年。其述大悲、王之明、童氏三案，僅據南略及鄒漪明季遺聞等書，以童氏爲真，以僞太子爲疑信參半，而大恉亦以爲真。然東林復社諸人深惡馬、阮，遂及弘光，多有惡而甚之之辭。大悲事，石齋所目擊，謂其語皆夢囈，且已有鬚，永、定二王年皆祇十四五，其僞固不待辨，且並非與牧齋等往來之浙僧大悲，乃其行童竊其師往來書札風狂假託。然馬、阮欲陷牧齋，先以將郊祀派牧齋及石齋省牲，因此遂停郊祀，則妄甚矣。至王之明、童氏之獄，其事起於乙酉三月一日，石齋已於二月二十二日祭告禹陵出都，其後事亦多得之傳聞，如謂左良玉移檄時已死，其子夢庚與許定國合而興晉陽之甲，時黄澍已自拔，不在軍中，似皆未足信。故石齋亦自言以僕所聞樵漁之言，實陋且疏，不足以稽也。

孟子正義　清　焦循

十四日　閱孟子正義。焦氏此書采輯甚勤，其精博自勝僞孫氏正義萬倍，然邠卿之注實未宏通，在漢儒中止可與高氏之吕覽、淮南兩注匹敵。蓋孟氏本儕諸子，注家僅言大略，不比注經。邠卿注此時又在黨禍困阨中，無暇詳求典籍。而義理之學，漢儒自董、鄭數大儒外，亦本未精。即如養氣章之「不得於言勿求於心，不得於心勿求於氣」，自當就一己説，朱子注亦近支離。蓋「不得於言勿求於心」者，即讀書不求甚解之意，「不得於心勿求於氣」者，即徐而俟其自悟之意。故孟子以「不得於心勿求於氣」爲可，若「不得於言勿求於心」則必鹵莽滅裂，將漸入於佛老之虚無清淨，而六經注我、不立文字之弊皆從此出矣。趙注概指觀人言，謂「告子爲人勇而無慮，人有不善之言加於己，不復取其心」，尤爲膚淺。

中庸分章説　清　俞樾

十六日　俞蔭甫中庸分章説「哀公問政」章，孔子之言至「夫政也者蒲盧也」句止，自「故爲政在人」以下皆作中庸者申釋之詞，至「好學近乎知」三句，則更引孔子語，故又加「子曰」二字，自「知斯三者」以下又是記者語，此説甚塙。至謂「仲尼曰君子中庸」章，漢儒於中庸「其至矣乎」句上、「道之不行也」句上、「道其不行矣乎」句上，誤加三「子曰」字。「子曰舜其大知也與」章，漢儒於「人皆曰予知」句上，「回之爲人也」句上，「天下國家可均也」句上，亦誤加三「子曰」，致語气隔閡。此則非也。中庸本非孔子所作，記者皆引其微言而申釋之，無全章皆孔子之語。「君子中庸，小人反中庸」二句是孔子語，「君子之中庸也」以下是記者申説。後又更端引孔子中庸「其至矣乎」云云、「道之不行也」云云，至「道之不明也」，至「鮮能知味也」，又是記者引申，蓋因子言道之不行由於過不及，知道之不明亦由於過不及，道即中庸之道也，其下又引子言「道其不行矣夫」以結之。「舜其大知也與」凡四節，似皆無記者語，則以四節語非出一時，記者集而綴之，以見中庸之難能，語有更端，故各加「子曰」以别之，此記者之慎。凡禮記中坊記、表記、緇衣等篇引「子曰」、「子言之」皆如此例。即以坊記一二節明之。如首節「子言之君子之道辟則坊與」，是孔子之言也，自「坊民之所不足者也」以下是記者語。「子云小人貧斯約，富斯驕，約斯盜，驕斯亂」，是孔子之言也，自「禮者因人之情」以下是記者語。「子曰貧而好樂，富而好禮」，是孔子之言也，二句即引論語學而篇。自「衆而以寧者」以下是記者語。「子云夫禮者所以章疑别微」至「則民有所讓」，是孔子一時語，「子云天無二日，土無二王，家無二主，尊無二上」，又是孔子一時語，更端引之，故上加「子云」二字。自「示民有君臣之别也」至「尚猶患之」，是記者語，故引「春秋不稱楚越之王喪」，明非孔子自引所作春秋也。「君不與同姓同車與異姓同車不同服」二句，又是孔子一時語，故又更端加「子云」以别之。自「示民不嫌也」以下又是記者語。其餘可以類推。觀此記第十二章「子云君子弛其親之過而敬其美，論語曰三年無改於父之道可謂孝矣」，明是「論語曰」以下是記者所稱，以申成上義，不然，豈夫子自引論語乎？推此法以讀古人書，自無窒礙。坊記之篇是七十子之徒本夫子「君子之道辟則坊與」二語，因類取别嫌明微之恉，作爲此記，故首稱子言之不作子云，以見所記皆本此兩言也。正義發明子言之未得其解。

禮記 漢 戴聖

十七日 讀曾子問。小戴此篇尤見制禮之精意、聖門授受之微言，學者熟讀此篇及大戴禮所載曾子十篇，宗聖之學備矣。

後漢紀 晉 袁宏

十八日 夜閲袁氏後漢紀，其中訛奪百出，靈帝建寧五年僅紀謁原陵一事，全載蔡中郎議論，與續漢書禮儀志注所引同，而不及彼之詳盡。

聊齋志異 清 蒲松齡　紅樓夢 清 曹雪芹

二十三日 婁儷笙來，爲買石印書兩種來。圖繢頗工，聊齋志異有注，紅樓夢有音釋，又坿以惡詩及評語，極可猒。

九月

俄遊彙編　清　繆祐孫

十九日　繆右臣户部自俄羅斯遊歷歸，來訪不值，以所著俄遊彙編四册見贈。凡十二卷，首爲俄羅斯源流考，卷二至卷四爲疆域表附圖，卷五鐵路表附圖，卷六通俄道里表，卷七山形志、水道記，卷八舟師實、陸軍制、户口略，卷九至卷十二日記，叙述雅馴，有用之書也。右臣與使俄大臣洪閣學鈞不協，折辱備至，幾欲殺之，後知其座主爲孫濟寧，始稍加禮貌。小人反覆，可畏哉。

權文公集　唐　權德輿

二十一日　以銀二兩購得權文公集五十卷，本嘉慶十一年大興朱文正公鳩資所刻。前有楊嗣復序，凡詩十卷、文四十卷，其詩第十卷皆寄内之作，古人所未有也。

石經閣詩集　清　馮登府

又購得嘉興馮雲伯登府石經閣詩集，共五卷，自嘉慶庚申至庚辰所作，卷首有朱文方印，云「庚申秀才戊寅舉人庚辰翰林」，蓋此本猶當日刻成詒人者。

靈芬館全集　清　郭麐

二十四日　閱郭頻伽靈芬館全集，共十二册。初集詩四卷，二集詩十卷，三集詩四卷，四集詩十二卷、詞六卷，雜著古文二卷、續編四卷，金石例補二卷，江行日記一卷，樗園消夏録三卷，詩話十二卷、續六卷。前有靈芬館主三十七歲小像，其弟丹仲鳳所繪，而自爲贊。至四集之詩終於嘉慶己卯，自云年五十三。馬小眉洵爲作序，題道光癸未，則時年五十七矣。頻伽名麐，字祥伯，號郭白眉，吴江諸生。平生刻意詩詞，亦爲古文。詩學晚唐，多風懷綺麗之作，而根柢淺薄。詞學秦、張，間有秀語，頗勝於詩，亦乏高致。古文師法桐城，極推惜抱，力求雅潔。而經術既疏，才力又絀，文章義法，亦多未諳。詩話、消夏録等多采取近人及閨秀之詩，喜標舉雋豔，而多近纖俗，絶少考證。蓋江湖小才，馳騖聲氣，而盛自標置，言多夸誕。其爲張茗柯文後序，言爲之釐正去取，譏其太似昌黎，有鈎鉅此即俗劈字，頻伽不識，誤書作「鈲」。擿抉之迹。至敢詆及漢學，可謂妄矣。

靈芬館詩話　清　郭麐

二十六日　閱靈芬館詩話。其中考據甚少，所取詩句亦多纖仄，惟有數條可取。如引補續高僧傳：「道濟號湖隱，又號方員叟。臨海李都尉文和遠孫，案，東都事略李遵勗尚太宗女萬壽公主，卒謚和文，疑此即遵勗也。惟遵勗潞州上黨人，非臨海。受度於佛海禪師，居靈隱，後居淨慈。狀貌風狂，人稱濟顛。」「洞霄詩集載其遊洞霄宫一詩，沈鬱蒼秀，非學語禪和子可及。如：『入門氣象雄，金碧欺兩眸。彈棋古松下，啼鳥聲相酬。坡翁昔賦此，刻石紀舊遊。谿山增偉觀，萬古傳不休。』又偶題云：『幾度西湖獨上船，篙師識我不論錢。一聲啼鳥破幽寂，正是山横落照邊。』是善知識語，亦是詩人語。今所傳濟顛事，俗語不實，流爲丹青矣。又引梅磵詩話：案，韋居安，吴興人。宋季進士，官衢州司法參軍，著此書。「永嘉徐照題子陵釣臺云：『梅福神仙者，新知是婦翁。』子陵爲梅公壻，傳記不載，詩必有所本。然則首用此事者爲道暉，梅磵亦不詳其出。」又引紀曉嵐灤陽續録記其座師介野園恩榮宴詩云：「鸚武新班宴御園，摧頹老鶴也乘軒。龍津橋上黄金榜，四見門生作狀元。」自注云：「鸚武新班，不知出典。」按元遺山有探花詞五首。其一云：「禁裏蒼龍啓九關，殿前鸚武唤新班。沈沈緑樹鞭聲遠，嫋嫋薰風扇影閒。」是此公所本。然去一「唤」字，於理未協。此三條差强人意。

其所采詩之佳者，如王惕甫題楊少師韭花帖云：「宰相門高世系留，六臣傳裏見風流。年年燒韭供肥羜，直過梁唐晉漢周。」楊龍友自題山水小幀云：「嘗在西湖煙水邊，愛呼小艇破湖天。今朝畫出西湖路，乞與長年當酒錢。」沈瘦客大成南湖絶句云：「水楊柳近碧闌干，微雨人家作午寒。牆裏小桃花一樹，只分一半與人看。」看燈詞云：「華鐙萬户影交枝，月上黄昏也不知。郎愛看鐙儂愛月，到無燈處立多時。」鄭潤堂東里春夢云：「聲聲鵾鳩雨闌珊，一半春從病裏殘。賸有荼䕷花滿架，怕風人立隔簾看。」李笠翁絶句云：「膽缾春色映繻紗，一座清香數琖茶。散腳道人無坐性，閉門十日爲梅花。」蘭廷瑞枕上口占云：「枕上詩成喜不勝，起尋筆硯旋呼鐙。膽缾滴取梅花水，已被霜風凍作冰。」見楊升庵集中滇人。陳老蓮西湖絶句云：「外六橋頭楊柳盡，裏六橋頭樹亦稀。真實湖山今始見，老遲行過更依依。」又題扇頭一絶云：「一春只有三十日，冶遊不滿十日餘。陂塘插柳須一去，今夜子時三月初。」梅孝嗣黄梅即事云：「濃陰如墨雨如酥，逐婦鳩聲不住呼。檢點牀頭書一架，新黏法帖脱漿無。」廣陵女士蕭仲璎雨中游蔣家園云：「春光草草送將歸，細雨如絲緑漸肥。卻喜静無蜂蝶鬧，不妨微濕薄羅衣。」查梅史揆即事云：「玉匣冰匳鉛水流，垂楊影裏見梳頭。夕陽似與紅窗約，不近黄昏不上樓。」屠琴隖倬題雩門花影樓云：「碧紗虚掩一重重，照不分明蠟炬紅。卻把湘簾都捲了，讓他明月坐當中。」此見是程堂集。殳積堂三慶感舊云：「微微涼月滿階墀，一種閒情若个知。爲底玉釵剛卸卻，又從窗外立多時。」「春風一翦柳絲絲，花發紅梨第幾枝。剛好箇人扶病起，畫屏相隔立多時。」「踏青相約到湖湄，新樣妝成出户遲。卻又回身進房去，菱花重對立多時。」彭甘亭花燭詞云：「金扃牢與護文窗，翠隙紅深輭語雙。八尺龍鬚好儀態，衹難瞞過小銀釭。」此見小謨觴館集，已太纖褻，近於詞。吴兼山嗛老屋典人感懷寄内云：「仰屋頻添異地愁，一官貧到不能休。家無長物勞相問，幾樹梅花入劵不？」錢松壺杜仿吴仲圭武夷山居圖云：「江風颯颯打琴弦，傍午鳩啼欲雨天。一院蜻蜓人不見，蕉花紅到碧簾前。」丹陽舟中題畫云：「庚申十月初三日，柁尾南風晚飯遲。落日萬鴉盤樹起，吕蒙城下哨帆時。」孫補山相國士毅軍讌云：「當筵肯惜酒如澠，放眼還登最上層。士馬無聲霜氣肅，四圍玉帳萬紅鐙。」「飛觴親爲勸金罍，小户難禁百罰杯。帳下材官三百騎，當筵齊看玉山頹。」塞外柳枝詞云：

「東風料峭析春酲，上將初開細柳營。教唱夜烏啼一曲，邏娑城外又清明。」七夕悼亡云：「歷歷黄榆送晚寒，充庭兒女小團圞。一彎初月如殘月，隔著明河不忍看。」馮東園人鳳，平湖人。絶句云：「蘭閨曉起拓窗紗，手汲新泉煮嫩芽。涼露未收天欲曙，小紅初放蔦蘿花。」殷耐甫增，江陰人。魏塘即事云：「柳洲亭外緑含煙，桂圃瓶山几案邊。一夜桃花春水漲，漁舟直到縣門前。」其配沈綺家居即事云：「前傍青山後水涯，尚湖煙景屬儂家。一簾疏雨斜陽外，人在空庭數落花。」寄女兄云：「聞道君家茆屋好，開門日夜對平湖。能將一幅谿藤紙，澹寫湖光寄我無。」送外云：「湖上秋風吹柳枝，黄花開向送君時。送君判醉黄花酒，明日花開更對誰。」邊壽民維祺自題所畫蘆雁云：「鴨嘴灘頭幾曲沙，棲鴻安穩似歸家。愁他風雪無遮護，多寫洲前蘆荻花。」張兼庵應錫，國初山陽人。詠四皓云：「逃入商山遠避秦，蒼松野鹿自天真。何爲卻墮留侯術，一出商山便漢人。」案，兼庵登明季武科，入國朝不仕。有六友堂詩集，此詩别有寄託。原本「自」作「樂」，「留侯」作「張良」，爲改潤之。盧蓉湖湧，山陽人。詠五代史云：「百職紛紛勸進牋，中朝宰相最居前。當時祇有朱全昱，記得唐家三百年。」皆絶句之選也。

又一條云：「洞庭産茶名碧蘿春，香味不減龍井，而鮮嫩過之。山中所産之地止一方，充貢外，雖地方大吏亦不能多得。相傳不用火焙，采後以薄紙裹著女郎胸前，俟乾取出。故雖纖芽細粒，而無焦卷之患。梁山舟學士有謝人惠碧蘿春詩云：『此茶自昔知者稀，精氣不關火焙足。蛾眉十五采摘時，一抹酥胸蒸緑玉。纖褂不惜春雨乾，滿𥫗真成乳花馥。』蓋指此也。」亦足以資故實。

其樗園消夏録三卷所采亦有佳者。如祝雲橋椿詩云：「陌上游春女，行行路漸遥。去年曾到此，記得有紅橋。」「陌上游春女，前邨想是家。入門呼小妹，袖出碧桃花。」謂讀之如見春郊女伴蹋青。景物詩有人人眼前之景，人人意中之語，思不必深而不能道者，此類是也。又吴江龐鶴霄兆緱催妝詩云：「妝閣將辭未肯辭，鐙前掩映故遲遲。明知堂上笙歌促，偏要新郎立少時。」「少」本作「幾」，今改。又某閨秀詩云：「梁間雙燕正將雛，階下蔆花遇雨濡。阿母書來羞竟讀，隔年頻問有身無。」二詩風調相似，亦已稍失雅音。而道人意中所欲言，頗覺可喜，所謂忍俊不禁矣。又錢唐陳叔毅曾毅悼朱姬詩云：「水晶簾下玉蘢葱，十樣新蛾畫未工。留得青銅僅三尺，更無人影在當中。」「半枝樺燭故熒熒，記得歸遲掩曲屏。比玉能温花較活，最難忘處是臨醒。」二字用玉谿「衣薄臨醒玉豔寒」句。無名氏題揚州風漪閣詩云：「女伴閒攜畫榼遊，春風小閣坐扶頭。外人不識神仙到，只道杏花紅上樓。」黄退庵凱鈞即事云：「六扇窗櫺鎮日開，雨雲未晚故相催。三字本作「暗庭隈」，今改。山妻知買新書得，一點疏鐙早上來。」朱布衣坤，吴江人。村居云：「篳門圭竇老農家，縛箇茅亭傍水斜。爲本作「誠」，今改。恐世人圖樣去，偏栽修竹四圍遮。」皆風致獨絶。其詩話卷二、卷三，最録宋元人七絶各數十首，頗有佳作。然别擇未精，亦多遺漏。余嘗於阮亭唐人萬首絶句選眉間最録宋人絶句數十首，頗較漁洋及甌北所取爲精。

光緒己丑浙江鄉試題名録

二十八日　作書致仲弢，取浙江官板題名録閱之，今年加恩額至一百三十七名，紹郡得三十二人，府學三人，山陰六人，會稽十人，蕭山七人，上虞二人，諸暨、餘姚、新昌、嵊縣各一人。最高者新昌廩生童學琦，年僅二十一，中第三。次則第八名沈寶琛，紹府附生。次則十一名馮景星，山陰廩生，年四十六歲。次則十六名韓拜旒，蕭山優貢。十八名胡道南，山陰廩生。廿三名蔡元培，山陰坿生。廿九名俞蔭森，會稽增生。最低者一百三十二名陳常夏，會稽廩貢，皆不知其人也。錢唐得十四人，爲最多。台州中三人，王舟瑶中第一百名。

五策題皆簡絜。第一道問經學，多舉大義，最精雅合古法。同考官青田縣知縣禤鑑光，廣東三水乙卯舉人。即用知縣朵如正，雲南昆明丙子進士。宧懋和刻本作此字，後問介唐，言甲戌同年皆稱以宧老爺，作豢音。及若農師入都，詢之，言闈中嘗問其是「宧」是「宦」，答作豢音。貴州遵義甲戌進士。皆可入希姓録。禤姓爲嶺南大族，多有登鄉榜入仕者，聞其音似欙，字典音宣，不知何義也。策題以簡要質實爲貴，問目宜少，可使對者曲暢旁通，覘其學識所至，不在餖飣、刺舉隱僻、掇拾零星，務爲多端，使人迷悶，同於藏謎射覆也。近之尚博奥者問目動至五六百字，以多爲貴，皆不必疑。而問對者皆以鈔襲爲事，鄉會搜檢既成具文，士皆巨橐牛腰、傾筐捆載，至石印書出，自注疏經解以及説部、類書，凡可資經策者無一不備。今年江南監臨至入之章奏，而江浙諸省第三場又皆不依坐號，十五爲朋，亂踞數屋，一人捉筆，衆手檢書，主司欲得真才，反收没字，此不特以死鼠爲璞玉、蘆菔爲人參矣。

十月

睢陽五老圖

朔　午答詣繆右臣，晤王廉生及同年張編修百熙。談次知宋人所繪杜祁公等睢陽五老圖册子，近日盛伯希以三百金得之。宋有王性之銍、范石湖、楊誠齋、洪槃洲容齋、王梅谿、錢端禮。西夏人斡玉倫圖，元有趙松雪、虞道園，明有僧道衍、吴匏庵、朱之蕃、董思白、錢牧齋等，國朝朱竹垞首題「睢陽五老」四字分書，又題兩絶句。其中宋人題跋甚多。

跋北齊標異鄉義慈惠石柱頌

十八日　右北齊標義石柱頌，以文中多述斛律使君事，故世稱斛律石柱。自來不見著録，近年始出於定興。土人謂有妨形勢，禁人椎打，故拓本絶少。其柱絶高大，四面皆有字，由南而西、而北、而東，每面十五行，皆八分書。其首云「標異鄉義慈惠石柱頌」，凡三行，行三字，字徑三寸許。下又四行，行三字，云「元造義王興國義主路和仁」，字徑二寸。下又十四行，字更小，首行云：「元鄉葬十人等如左」，次列田市貴等十人名。第十二行云「元貢義四人如左」，次列田鸞峰、鄭貴和、陳靈奴、賈魏珍名作兩列，其左旁頂格書較標異標字高一字。云：「標義門使范陽郡功曹盧宣儒、典西曹掾解賓憐、范陽縣使丞李承叔，典西曹掾龍仲裕。」右旁書與「元造義」造字並。云：「大齊大寧二年四月十七日」，省符下標。此不知在何面上方。又一面大字兩行，云：「明使君大行臺尚書令斛律荆山王。」王字空一格書。此亦不知在何面。其南面上方一層列施主李叔賢等十二人名，爲十二行。次一層十行，行十八字，文云：「明使君斛律空一格令空一格公長息安東將軍使持節岐州諸軍事岐州刺史儀同三司内備身正都督臨邑縣開國子世達奉空一格勅覲省，假滿還都，過義致敬空一格。王空一格。像，納供忻喜，因見標柱刊載大空一格。父名德，遂降意手書官爵，遣銘行由冀紹徽緒。空一格。公第九息儀同三司駙馬都尉世遷貴乘空一格。天資孝心淳至嬀娶公主，過義禮拜，因見徘徊。」並有大空一格。祖咸陽空一格。王空一格像、令公尒朱郡君、二菩薩立侍像側，致敬無量空一格。公與銘名爲徘徊主方許財力營構義福，其西、北、東三面上方皆列老上坐、上坐，寺主、施主、居士等姓名，亦間有文句叙僧俗等捨地立基之事。

其銘文自南下之第六行起，凡四十九行，頌十行。自東面第五行起，轉至南面之第四行訖，文皆駢儷，頗華贍，凡二千八百餘字，頌凡五百七十字，無書撰人姓名。文首叙魏末之亂，王興國等七人斂拾骸骨，合作一墳，稱爲鄉葬，設供集僧，又與田士貴等於墓左設義食，以拯餓者。武定二年，涿人盧文翼爲都督，與居士馮叔平、路和仁等邀致沙門三藏法師曇遵爲之立館供養，助義功德。武定四年，勅改道西移，又有嚴僧安等依隨官路，改卜義舍。齊天保三年，景烈皇帝駕指湯谷，過此義所，深蒙優囋，於是修造門堂，改創墻院，其文有曰：「寶塔連雲共，落照以爭暉。甍宇接漢將，危峯以鬱迥。」雖曰義坊，無異茄藍。病者給藥，死者塼埋。天保十年，獨孤使君以王興國等七十九人具狀奏聞，優旨依式標異。河清二年，范陽太守郭府君智遺功曹盧宣儒權立木柱，至斛律令公具狀申臺。天統三年十月八日，教下鄉縣代以石柱，長一丈九尺。車騎大將軍范陽太守劉府君，名仙，定州中山人；建忠將軍范陽縣令劉明府，名□，字康買，恒州高柳人，共成此舉云云。

其叙斛律令公云：「公名羡，字豐落，朔州部落人也。」考羡爲斛律金之第二子，史稱其字豐樂，此作「落」。北史它傳中亦有作「洛」字者，史書官爵皆與此同。大寧二年歲在壬午，爲武成即位之明年四月，即改河清。至天統三年歲在丁亥，爲後主即位之三年。是年六月，金薨。次年，羡始由行臺僕射遷行臺尚書令。武平元年秋，羡始進爵荆山郡王，時歲在庚寅。至三年壬辰七月，羡與其兄左丞相光闔門被誅矣。此柱文已稱尚書令荆山王，則作於武平元年秋以後也。咸陽王者，金也。義所有王像，當亦羡官幽州後所立。尒朱郡君，蓋羡之夫人。羡有九男，其第九子世遷尚公主，皆史所未詳。盧文翼，魏書附見其曾祖玄，有傳，言永安中爲都督，守范，史略。魏書獨孤使君不載其名。考北齊書及北史有獨孤永業曾受後主詔，發定州兵取斛律豐洛，即羡也，北史此傳亦作「洛」。即代其任。此文在天保十年，歲月不合，當别一人。景烈即文宣，天統元年，武成所改。其紀羡事有云「編脱立戍，架谷爲城」。考羡傳言天統元年，羡在幽州，以突厥屢犯邊塞，自庫堆戍東距於海二千餘里，其間凡有險要，或斬山築城，斷谷起障，並置立戍邏五十餘所。此其事也。脱者，甌脱也。文起四語云：「夫至宗幽微，非輕重可以挹其源；大道冲賾，何⿱釆日見所能究其始。」⿱釆日即聞古文，上本從采，古審字，下本從耳，筆畫小變，釋者或誤爲香臭，可笑甚矣。文中涿皆作潒，當時俗變，此類甚多。

石柱者，其時令式標異之制，如後世之綽楔，此因義冢復立義堂，延僧住持，施食養病，遂名其地爲義。集古録有北齊天保九年常山義七級碑，亦此類也。惟此文既刻於武平元年以後，文中未嘗述及金事，而前段云世達因見標柱刊載大父名德，疑柱之上方别有紀金功德之語，搨本模糊，不能盡辨也。

高齊契俞腥穢，刈人甚於草菅，文宣、武成尤梟鏡之桀，而沸羹喋血中尚有義徒孶孶爲善，朝廷亦知標異，所謂禽獸之心亦有幾希之存也。斛律世有大功，羨尤修謹，而舉家冤酷，幸存此柱，見其遺愛在人。政如高氏諸王中，趙郡王叡最賢，亦以冤死，而祁林山碑述其德政，至今屹立，蓋大書深刻，貴有德以稱之，則神物亦爲之護持，而金石之有功於世，固不淺哉！

春星草堂集　清　沈丙瑩

十九日　爲沈子敦尊人菁士太守評閲所著詩兩册、雜文一册。文頗有馴雅之作，略爲删改，即作序一通還子敦。欠此四五年矣，今日算還一債也。

寶刻叢編　宋　陳思輯

二十九日　閲陳道人寶刻叢編。其卷十三紀吾越金石，於晉黄庭經下引集古録目云凡三本，無書人名氏，前二本大約相類，題云永和十二年山陰縣寫，石在越州，按今所行居士集及集古録卷十皆云「右黄庭經二篇」，皆不著書人姓名，得之殿中丞裴造。造博古君子也，自言家藏此本數世矣，並未言石在越州也。録目乃公子叔弼所爲，當别有據。又載石氏所刻歷代名帖，周穆王吉日癸巳、蔡邕石經遺字、鍾繇力命表、鍾繇墓田丙舍帖、王右軍蘭亭記、黄庭經遺字、海字樂毅論、東方先生畫像贊、獻之十三行洛神賦、晉賢書曹蛾碑、集王書筆陣圖、歐陽詢書心經、玉枕（一作王忱）尊勝呪、褚遂良小字陰符經、褚遂良陰符經、褚遂良度人經、虞世南破邪論序、顔魯公寒食帖、顔魯公論座位帖、顔魯公祭伯父文、顔魯公祭姪文、顔魯公馬伏波帖、顔魯公鹿脯帖、柳公權清淨經、柳公權消災經、柳公權泥甚帖、白樂天詩簡。凡二十七帖，不言石氏何人，亦不注所本何書，何時所刻，今在何處。自此書外，它書亦罕載者，不知是否新昌石氏也。又載祕閣續帖十卷、蘭亭續帖六卷，云在州學，亦不知何人所刻也。

十一月

東觀餘論　宋　黄伯思

初九日　閱東觀餘論。津逮祕書本，合法帖、刊誤兩卷共爲上下卷，今四庫本别出之，誠是。然此本長睿子䚮所合，以中大半是碑帖古書之跋，間説古器，要是一類，當日編輯自爲不苟，無妨並合也。長睿考據極精，北宋之末蓋無其偶。樓攻媿跋是書，舉正其誤仞碧落碑「𣤎」乃「唐」字，而以爲「揚」；案，黄氏蓋仞爲「𢾾」字。選詩「璇題納行月」，璇題乃以玉飾椽首，孟子所謂榱題，而以爲殿門題榜之題；甘蔗「蔗」字本从草，而以爲蔗似竹，故从竹。此類誠誤。然考覈古今，深窮奥窔，攻媿亦甚推服之也。其書皆因題跋考釋薈粹而成，惟齊景公招虞人以旌説、論玉輅建太常用黄色二首，似乎别出。然招旌説因顧凱之畫蘇武所執旌乃鹵簿中節而作，太常用黄説亦因鹵簿玉路用青色而作，則仍一類也。

長睿爲閩之邵武人，李忠定志其墓甚詳，諸跋尾亦多自稱武陽黄某，惟跋輞川圖、跋元和姓纂、跋師春書、跋宗室崔竹畫軸、跋織錦回文圖，皆自稱會稽黄某。案，長睿祖履，封會稽縣開國公，此書跋漢舊儀等書中亦稱先大門會稽公跋章草彌陀經稱先大門大資政特進，稱大父爲大門，它所未見也。是長睿蓋因其祖封而稱之，亦以閩地在漢固屬會稽郡也。

其論書八篇中有云：「篆法之壞肇李監，草法之弊肇張長史，八分之俗肇韓擇木，諸人書非不工也，而闕古人之淵原，教俗士之升木，於書家爲患最深。夫篆之方穩、草之顛放、八分之纖麗，學便可至，而天勢失矣。」此千古之名言，學書者不可不知。

纂喜廬叢書 清 傅懋元輯

十二日 傅懋元自日本回，以所著遊歷日本圖經三十卷、遊歷古巴圖經二卷、所刻纂喜廬叢書四種見詒。懋元自丁亥奉派遊歷日本、美利加、祕魯、巴西等國及英、日屬地加納大、古巴二島，於日本圖經考核極詳。古巴者，日斯巴尼亞屬地也。叢書爲論語經文十卷、唐顯慶新修本草殘本十一卷，米部上品卷三、玉部中品卷四，下品卷五、木部上品卷十二、中品卷十三、下品卷十四、獸禽部卷十五、果部卷十七、菜部卷十八、米部卷十九、有名無用卷第二十。皆影寫日本舊藏唐卷子本。又影寫日本延喜刊本文選第五殘卷一葉。延喜十三年，朱温之乾化六年也。唐天祐二年九月，餘杭龍興寺沙門光遠所刊陶淵明歸去來辭一篇，以此證刻版不始後唐長興，皆精工可喜。

碧血録　明　黄煜輯

十六日　閲碧血録。叙述酸楚，神悽鬼泣，覺天地睢刺，畢在目前，雖無病者亦爲之呻吟矣。更閲韻石齋筆談、劉公�識小録諸書，冀以小解鬱煩耳。

武林舊事　宋　周密

十七日　閲周草窗武林舊事，其卷五葛嶺路下云：「永福寺隆國黄夫人功德，咸淳九年建，在靈隱西石筍山下。」又云石筍普圓院有超然臺，金沙、白沙二泉，後隆國黄夫人以超然臺爲葬地，遂移此院於山之西。案，隆國黄夫人，度宗母也，福王與芮之妃，宋史度宗紀既誤作齊國夫人，又不載其薨年，續通鑑諸書皆言同金后入北。劉一清錢唐遺事載丙子北狩，據當日嚴光大日記，三月十四日，太后嗣君福王隆國夫人及王昭儀抵燕京，四月廿日抵上都，五月初二日朝見，據此則夫人薨於咸淳九年，其墓在今金沙港。德祐之降，免於北去，較謝道清爲幸多矣。然光大從行目睹，不應有誤，豈有地待葬，遂遭國變耶？此事深足以裨史闕。

又云褒忠演福院元係智果觀音院，後充岳鄂王香火，岳雲所用鐵槍猶存，據此則今流俗傳言浙江按察使庫有岳雲所用鐵椎各重八十斤者，妄也。古人臨敵兵器惟用戈矛刀戟，後世以槍代矛，若矟若槊，皆矛之别也。俗語不實，流爲丹青，於是秦叔寶之鐧、尉遲敬德之鞭，王圻續通考至形之圖畫矣。

錢唐先賢傳贊　宋　袁韶

十八日　閲皇宋書録、錢唐先賢傳贊諸書。錢唐先賢傳贊者，宋理宗寶慶中知臨安府袁韶於南山之北新隄建祠，祀許由以下三十九人，爲之傳贊，其末坿録韶奏建先賢祠疏，云「伏覩乾道中忠定史越王以故相鎮越，於鏡湖立先賢祠，凡會稽先儒高士揭名分享，遂爲一郡盛典。邇者復賜緡錢葺而新之。」是南宋時吾越鏡湖有先賢祠也，而嘉泰志以來皆失載，其所祀幾人不可考矣。

輿地紀勝　宋　王象之

二十一日　閲王象之輿地紀勝，凡二百卷，闕三十一卷，道光二十九年甘泉岑氏取阮文達所鈔錢唐何夢華影宋鈔本付刊，前有寶慶丁亥眉山李埴序，嘉定辛巳象之自序，直寶章閣江西運判曾鳴鳳劄子及文達序。岑紹周建功自撰補闕十卷，前有自序，言其體例仿周夢棠元和志逸文，惟刺取它書所引原文，不同嚴觀元和志補、陳蘭森寰宇記補之濫載它説，又校勘記五十二卷。儀徵劉孟瞻文淇及子伯山毓崧撰，前有孟瞻序。

初學集　清　錢謙益撰　清　錢曾注

二十二日　閲初學集錢遵王注本。於詩之本事甚詳，其載日本平秀吉封貢之事、四川奢崇明父子之變及崇禎戊辰枚卜之案，多有明史所未盡者。此本不知何人所刻，訛舛甚多。如嫁女詞小序、送劉編修鴻訓使朝鮮詩，於指斥之語，不知刊削，其妄甚矣。

二十三日　閲初學集。蒙叟詩用事警切，善於言情。使其死於甲申以前，後人當與東坡一例視之。此真所謂「名德不昌，乃有期頤之壽」者。至不得與王黄華、危太樸並論，可惜也！

輿地紀勝　宋　王象之

二十六　閲輿地紀勝。此書記載極詳，其於沿革無所折衷，而綴輯過繁，同於抄手，蓋意在鈔最，以備詞賦之用，故惟求富贍，大體取法太平寰宇記，其後祝氏方輿勝覽又取法於此，然宋人地志有此三書，所益匪尠，所載詩句四六别擇未精，而昔人文集已佚者藉此轉存梗略，故可貴也。

雲卧山房集　清　周嘉猷

周式如來，以其曾祖慕蕿員外嘉猷雲卧山房詩集兩卷爲贈，並以乾隆庚戌所進高宗純皇帝八旬萬壽頌詩册乞題，員外爲乾隆己亥恩科舉人，以四庫館謄録議叙得兵部主事，旋以其本生父高州府知府人傑守甘肅慶陽時賑案事發革職，留舉人，不准應試，後入福建巡撫徐嗣曾幕，從平臺灣功，准應會試。萬壽詩册進御，挑取十本，刻入萬壽盛典，名列第七，賞七品京銜。後入福文襄王幕，以勞開復原官。嘉慶丙辰，卒於湖南天星苗寨營中，年四十六，賞員外郎銜，給銀百兩。其萬壽頌集洪範字二十四章，頗簡雅，爲其集中之最。

北行日譜 明 朱祖文

二十八日 夜閱嘉興朱完夫祖文北行日譜。完夫字叔經，以諸生從吴江周忠介，被逮入京，周旋獄事，始終一節，叙述甚爲詳盡。當日北有燕客黄煜，南有完夫，皆從事焦原，風義激發，有東漢人遺韻。而完夫因感忠介爲其母請旌一事，決然棄妻子，誓死相從，且極力營謀，纖悉備至，是孝子而兼任俠，廉士而兼經濟，尤足尚也。其叙次務求詳悉，不免繁瑣，然於極困苦憂危中無一豪自足之意，而於僮指幹力，雖效片善於忠介者必表襮之，不没其實，尤爲盛德長者，非氣矜激烈之流所可同日語矣。閱之此心怦然，不覺反復。

滇黔土司昏禮記 清 陳鼎

至夜分乃更閱江陰陳鼎滇黔土司昏禮記，叙其在滇時娶於土司宣慰龍氏事，華艷滿目，稍足解釋懷抱，遂至五更始寢。

十二月

赤雅 明 鄺露

朔 閲知不足齋叢書中費補之梁谿漫志、曾達臣獨醒雜志，聊以遣日而已。夜閲鄺湛若赤雅。久不觀此等書，閲之不啻隔世。其叙次古雅，尤能刻狀山水，取法道元，在明人中不可多得。惟如「無量壽物」、「青蛇使者」諸條，好談怪異，兼載詩句，不稱名雅之義耳。其「粤西入安南三路」一條，云一繇憑祥州出鎮南關，一日至文淵州；一由思明州入邱温，過摩天嶺，一日至思陵州；一由龍州入，一日至平西隘。

寓簡 宋 沈作喆

初二日 閲寓簡。其説理多名雋，論事亦平允。余最愛其一條云：「養生家言，凡人晨興索衣，而侍者誤反衣以進，慎勿出聲，便接取服之，必有大喜。」讀此者往往信之而不知其旨也。清晨榮衛流行，法當省節語言，葆惜和氣。人多急性，方著衣欲起而顛倒反覆，必將躁怒斥駡，則所傷多矣。此人生所不可不知，能即此推之，受用不小。凡飯後睡後尤當以怒駡爲戒，然余性卞急，又不能齊家，往往犯之。一生多病，晚年尤多氣疾，皆此類也。

公是先生弟子記　宋　劉敞

初三日　閱公是弟子記，頗簡絜有名理。其間及禮學，則多意必之談。

洛陽搢紳舊聞記　宋　張齊賢

初七日　閱張齊賢洛陽搢紳舊聞記，知不足齋本有曼患處，爲補寫之。文定本雜術數，生長五季，見聞多陋，其述朱温見杜荀鶴諸事，全是盜賊亡賴所爲，酷暴無理，而以爲剛猛英斷，故成興王之業。張全義反覆詭譎，無恥小人，其安集洛京，亦爲賊温羽翼，雖有小小善政，何足稱道？王元之五代史闕文貶之甚正，而文定津津述之，備極褒詞。至張從恩之妻轉嫁四人，狼藉已甚，而以爲始否終泰，艷其富貴，識趣尤鄙。其餘所載亦多猥瑣小事，且敘致迂冗，不足觀也。

金樓子　梁　蕭繹

十四日　閱金樓子輯本。梁元帝世之梟鏡也，其立言篇第一則乃備引天子月祭日祀之制，遂其及父武帝之造至敬殿，日祭祖考甘旨百品，母宣修容之造二親像，朝夕禮敬四十餘年，因言今「宗廟在都，匈奴未滅，拊心長叫，萬恨不追」，故立尊像於内道場，鐙燭花幡，僧尼頂禮。又引潘岳閑居賦以自傷，無復此樂，是當在侯景肆毒、簡文在位之時也。言之孝思肫然，若不能已，不旋踵而克復建業，六門之內，自極兵威，何由出諸口哉？梁武捨身踐髮事佛已至矣，區區僧尼鐙燭，欲以救荷荷索蜜之苦，自釋其擁兵坐視之罪，能欺天乎？王僧辯上破建業露布，至云「長安酒價於此頓高」，嗚呼！此際臺城尸林血雨，尚有何人飲酒哉？蓋逆探七官安忍之心以狀其閑暇富樂，若無事也。是君是臣，皆不令終，身爲俘戮，諸子駢首，宜矣。

吹劍録外集　宋　俞文豹　庶齋老學叢談　元　盛如梓

夜閲張世南游宦紀聞、俞文豹吹劍録外集、盛如梓庶齋老學叢談諸書，皆小有考證而不精。其記宋元間遺聞佚事，時有可采。吹劍録載放翁子子遹宰溧陽日，以縣之福賢鄉圍田六千餘畝獻〔一〕於時相史衛王，至用兵誅殺鄉民，酷濫無人理，而宋史不著其事。讀放翁家訓有云：「吾家本農也，復能爲農，策之上也。杜門窮經，不應舉，不求仕，策之中也。安於小官，不慕榮達，策之下也。捨此三者，則無策矣。」又云：「既不能隱而仕，小則譴斥，大則死，自是其分，若苟逃譴斥而奉承上官，則奉承之禍不止失官。」夫豈知其子之不肖乃至是哉？老學叢談所紀多可觀，惟末卷載賈似道城揚州、寶祐城及海州、通州、寶應諸城，極訟其功，是自累其書耳。其載金之末年，河南朱漆瞼等發宋太祖陵，至秤其背起，以取玉帶，此它書所不載也。

注釋

〔一〕獻字原無，據知不足齋叢書本吹劍録補。

驂鸞録　攬轡録　桂海虞衡志　宋　范成大　北行日録　宋　樓鑰

十五日　閱范石湖驂鸞録、攬轡録、桂海虞衡志、樓攻媿北行日録諸書。攻媿爲其仲舅侍郎辟充使金書狀官，時爲宋孝宗乾道六年，試吏部尚書汪大猷爲賀金國正旦使，金世宗之大定十年也。石湖以是年閏五月被命爲大金國信史，乞免。金使至廷，宋帝起立接受國書等事，以申議爲名，金人改爲祈請使而不允所請。是時世宗厲精爲治，正金國極盛之際，樓、范兩書亦載其宫殿之麗、文物之富、朝班之肅，而攻媿紀賀正日上國主酒，皆宣徽使等互進，終席不見宦者，爲禮文不倫，豈進元正酒必用奄人乎？是乃蔡絛輩鐵圍山叢談等書所誇太清樓侍宴狎媟非禮，有此故事，未知於古何徵也。又云「樂人大率學本朝，惟杖鼓色皆幞頭、紅錦帕首、鵝黄衣、紫裳，裝束甚異，樂聲焦急，歌曲幾如哀輓，應和者尤可怪笑。」石湖云「制度强效華風，往往不遺餘力，而終不近似」。皆有意抑之也。

新安志　宋　羅願

十七日　蔡松甫贈羅鄂州新安志一部，前年黟人李宗㵙新刻本，共十卷，前有鄂州自序及趙不悔序。

光緒十六年

正月

初六日 閱輿地紀勝。廣南東道，於瓊州昌化軍下采先莊簡詩數十聯，可以校補公集。

輿地紀勝　宋　王象之

十一日 閱王逢梧谿集。逢字原吉，江陰人，自稱席帽山人。其詩簡練沈至，不染元人纖靡之習，尤留意宋元之際忠孝節義之事。詩之前後往往附紀本末，古今可稱詩史者，少陵以後，金之遺山、元之梧谿、明之梅邨爲最，而梧谿終身隱處，其節概非元、吴所及。所紀至正十一年大小死節之臣：山東副都元帥禿堅里贈遼陽左丞，謚襄愍；徐州兵馬指揮使禿魯贈河南參政，謚忠勇；廣德翼萬户闞住贈浙東宣慰使，謚遂愍；汴梁路同知黄頭贈兵部尚書，謚忠介；尚乘卿那海贈河南右丞，謚壯勇；安東萬户朶哥贈淮東宣慰使，謚壯愍；千户高安童贈淮東宣慰司同知，謚介愍；汝寧知府完哲贈淮東宣慰使，謚忠果；府判福禄護圖贈兵部尚書，謚忠遂；西城司副使塔海贈遼陽參政，謚忠勇；

梧谿集　元　王逢

宣徽院使帖木兒贈河南平章，謚桓愍；河南萬户察罕贈山東宣慰使，謚恪愍；廣州推官王宗顯贈廣州總管，謚良愍；西臺御史張桓贈禮部尚書，謚忠潔；蘄州總管李孝先贈河南參政，謚義愍。皆元史所未詳，元史類編采之亦未備也。

王右丞集箋注 唐 王維撰 清 趙殿成箋注

十五日 閲王右丞集趙松谷箋注本，用意甚勤，較明人顧起經注自爲詳備，然其中多取諸類書，不能詳其所始，四庫提要已言之。而所紀時事及並時人士，亦未能證以兩唐書及唐人説部、文集、碑刻，有所發明；其人人習知者又多連篇纍牘，備載本傳，詳所不必詳。即於釋典，自言多資於同時錢唐王琢崖琦，然如「西方變」等，不能知「變」字之義，惟備注「西方」二字至千餘言，亦爲贅設。

徐文長集 明 徐渭

十九日 夜閲鄉先生徐文長集。憶自歲二十時讀之，甚喜其奇雋。二十三以後壹意於古，文非馬、班、韓，詩非陶、謝、杜弗尚也。及二十五以後，更喜治經爲漢學，於是視此等家數皆等之稗官小説、村書彈詞矣。今相距四十餘年，閲之已如隔世。此本前有虞長孺淳熙、黄貞父汝亨兩序，尚是明時舊刻。其中評點皆出袁中郎筆也。先生以陽狂自晦，蓋古之畸士不得志於時，而不克以禮法自處，往往有如此者，不必深論。其文亦學子長，苦無學詣，而僅貌其支詭詰峭，遂反落小説伎倆。明代江湖一派大略相同，然先生猶時有逸氣，終勝餘人。詩則不愧雋才，學六朝昌谷語，時有至到之詣，可玩味也。嘉靖宰輔餘姚呂文安之姓，明史紀傳皆作李，府志及萬曆野獲編諸書，謂其以大學士丁憂回籍，後久之，始復呂姓。是集卷二十四呂氏始祖祠記，言呂氏自新昌遷餘姚，明高帝時有貴義者世籍户口書誤以呂爲李，及覺而籍已上，時用法嚴，不敢請更。貴義臨卒謂其子德玉曰：「吾死，其令呂氏子孫世世著姓，生則從李，而没仍呂。」又數傳而至今師相，即文安也，始爲祠堂以祀呂氏之先。其叙述甚詳，有裨鄉邦文獻。

秦邊紀略 清 李培輯

二十二日 閲秦邊紀略。鈔本，凡三卷，蠡吾李培益谿所輯，本灰畫集之卷十九、二十、二十一也。培爲顔習齋門人，即恕谷塨之弟。前有雍正戊辰立秋日自序，言與恕谷皆少耽輿地之學，恕谷所著有聚米集，取馬文淵聚米爲山之義，益谿鈔輯萬季野經濟説、王崑繩輿圖指掌論，校本朝爵秩全函諸書，並閲陝西、山東、江西、遼東諸志，先爲邊腹總論三卷，以明天下之大勢。次以京省利弊、九邊要説，共爲十五卷。又益以所繪各省及江防九邊地理圖，總七册，得十八卷。後得江右黄君所集秦邊紀略三卷，並鈔之成八册，共二十一卷，題曰「灰畫集」，取宋余玠至播州與冉璡、冉璞兄弟以堊畫地爲山川城池之形，遂徙合州城於釣魚山事也。此本每卷首題曰「江右黄君親睹閲歷」，著言黄君，忘其名字，久居秦督佛公幕府，親歷諸邊，彙成是紀。首曰全秦邊衛序，以後自河州起，凡諸衛、諸堡、諸邊、近疆、外疆皆分篇述其沿革、建置、形勝、利弊，極爲詳盡。而終之以近疆西彝傳、河套部落，附蒙古四十八部落考略、嘎爾旦列傳，此書四庫存目著録四卷，末有西域土地人物略，而無嘎爾旦傳，且云「不著撰人名氏」。近同治中吴坤修刻本六卷，云得之吴稷堂少司馬，亦不知撰人，末有西域土地人物略，然祇記土地，並無人物，亦無嘎爾旦傳。

嘎爾旦即噶爾丹，其敍世系云：嘎爾旦稱卜失可兔汗於西域者也。原注：卜失可兔亦作搏碩克圖，即大可汗之稱。其王大父曰脱穎台司，大父曰哈剌忽剌，父曰把都兒，世襲黄台吉。原注：華言王也。彝咸推爲故元苗裔，世立部落，土著金山。彝名阿爾泰，譯者曰金嶺也。原注：金山在沙坨，馬東行六十日至肅州。把都兒生六子，曰積欠，原注：亦作七慶。曰卓魯火燒氣，曰把都兒司，曰宛冲，曰僧格，其幼則嘎爾旦。嘎爾旦生而神異，原注：歲在己丑。父母深愛之，欲立爲黄台吉，嘎爾旦曰「阿哥在」，乃自髡其髮，獨身往烏斯藏，師事達賴剌麻，西域甚重之。初，哈賴忽喇即哈剌忽剌。娶後妻，生子曰七清，原注：亦作乞慶。有寵，欲立爲黄台吉，然把都兒長久握兵，乃分所部屬七清，使居沙坨西偏。哈賴忽喇死，把都兒襲。把都兒死，長子集欠即積欠。襲，未幾死，無子，以次傳僧格，皆居金山，稱黄台吉。七清部落日盛，自稱爲黄台吉，遂殺僧格，並其衆，收其妻妾，自稱汗。僧格妾阿奴慧而美，使人懷袒服間至烏斯藏告嘎爾旦，嘎爾旦遂辭剌麻，集合餘燼，至金山破滅七清汗。乃招徠歸附，西據俄羅斯，徙國居之，因以俄羅斯名其國。原注：俄羅斯周城皆水，城有門四十，人皆回回，東南行十日至金山。按唐書多羅斯南至西州千五百里，泰西職方外紀有峨羅斯，峨即俄，多亦俄也。案，所述噶爾丹世次甚詳，而與聖武紀諸書皆不同。至噶爾丹即準葛爾部，所據即厄魯特地，今新疆之伊犁、科布多、塔爾巴哈臺皆是也，與俄羅斯邈不相涉，而云西據俄羅斯國，所云「周城皆水，有門四十，人皆回回」，又似控噶爾國，控噶爾亦作洪豁爾，又作烘克爾，其地與俄羅斯接，音又相近，蓋噶爾丹當並有其地，曾以爲都，傳聞以爲即俄羅斯，然其誤甚矣。

劍南詩稿 宋 陸游

二十三日 讀放翁晚年詩，覺小乘聲聞，時有得處。如得子虡書言明春可歸云：「白首相依飽蕨薇，吾家父子古來稀。春秧出水柔桑綠，正是農時望汝歸。」晨起云：「殘夢悠颺不復成，鎗然已有百禽鳴。山童來報溪流長，幽事從今日日生。」雪晴欲出而路濘未通戲作云：「欲覓溪頭路，春泥不可行。歸來小窗下，袖手看新晴。」皆年老人隨時受用不能盡也。

家世舊聞 齋居紀事 宋 陸游

二十五日 閲放翁家世舊聞齋居紀事，雖廖廖數葉，而筆意簡絜，可以爲法。舊聞紀林靈素詐僞事，可補宋史之遺。

秦邊紀略 清 李培輯

二十七日 閲秦邊紀略，其所述多明代之棄套地，致蒙古諸番之禍日烈，在今日已時地不同，然蒙古漸衰而番日熾，籌邊者不可不知也。

錢籜石畫梅詩卷 清 錢載

二十九日 爲可莊題錢籜石畫梅詩卷。此卷首題云：載蒙恩予原品休致歸田野，四年來僻居窮巷，詩詞畫理，以養餘年。去年冬，永安湖守先墓於山中，除夕得句下繫以「騰」字韻七律一首。又云山中元日得句下繫以「廬」字韻七律一首。又云新年出遊尋野梅下繫以「梅」字韻七律一首。又云見野梅下繫以「春」字韻七律一首。其後畫老梅一枝，狂花大榦，極夭矯之勢，上題云：「書畢寫此一枝。」其後又云：寫梅之次仙掌峰得句詠吴家梅七律「叢」字韻一首。又詹家梅七律「隅」字韻一首，下云：「詠畢復寫一枝。」又畫老梅自上倒垂，古勁彌秀，後題云：「丙午除夕至丁未人日在山中，得詩六首於仙掌峰先御史公書堂，並寫梅二枝，遂成一卷。」後有空白，得句補之，下繫以「舒」字韻七律一首。末題「百福巷八十老人錢載草」。今日爲和騰廬梅春詩四章，亦它日翰墨緣也。

二月

莊簡集 宋 李光

初六日 夜校莊簡公集。詩龕本悉依四庫行款，其譌舛甚多，末兩卷幾不可讀。去年借浙中丁、陸兩家藏本未到，今就其形義因行草致誤者推測之，十改得六七，其文義顯然而聲形無可據者，不敢輒改也。

巢氏諸病源候總論　隋　巢元方等

初七日　閱巢氏諸病源候總論，隋太醫博士巢元方等撰，共五十卷，嘉慶末吴中刻本。前有宋綬序，於「皇上」「明詔」等字皆空格，蓋尚仿宋刻本也。然甚有誤字，四庫提要稱「其時去古未遠，漢以來經方脈論存者尚多，又裒集衆長，共相討論，故其言深密精邃，非後人之所能及」。今按其所載諸證往往古今不同，而七情六感之原總不外此。其叙次簡質，要而不煩，自宋以來推爲醫學津梁，良有以也。

初八日　閱巢氏諸病源候總論。其論婦女臨産，或難下，或横生，或倒生，或子趨後孔，皆以産時未到，視産者悤遽迫促及抱持坐卧不如法，或違犯禁忌所致。其子下而胞衣不下者，由産婦虚弱，用力不足，胞爲冷氣所激，遂不能下；或致胞上掩心而斃其子死腹中者，由産時未到而先用力致惡露下盡，子胎乾燥而然。其子未下而母死者亦由未至産時母先用力，又捉抱人失法，血上衝心所致。凡臨産之月，睡卧須順四時方位，産時尤不可急遽。皆名言也。

秦邊紀略　清　李培輯

十三日　夜校秦邊紀略數葉。今日屬寧齋補鈔西域土地略，並寫四庫提要於首，遂成完書，更裝釘之，識以印章。

宋史　元　脱脱

宋史自寧宗朝以後列傳繁釀益甚，叙次無法，幾不成句，理、度兩朝人物詳略尤失當。所載章疏論議，率陳腐支離，不堪注目。大抵宋史太祖至英宗五朝最佳，蓋本之當時國史、實録，韓琦、曾公亮、吕公著等所修，其時衆正盈朝，人文極盛，楊、劉、二宋、三劉、三曾、歐、王、二蘇諸君子皆嘗秉筆，故最可觀。徽、欽、高、孝、光五朝次之，以大率本之李燾、李心傳也，神宗朝以朱墨兩本三次改修，哲宗朝出主入奴，國是不定，故往往失於檢照，自相矛盾。然時尚有能文之士，叙述尚不失史法。理宗以後，道學日盛，人務囂争，以空疏爲至言，以冗長爲特筆，鄙俚蕪蔓，史法蕩然，等之自鄶無譏矣。元之修史，若歐陽原功等，皆一孔之儒，學究之文，才庸識庳，何能裁擇乎？

陽明先生畫像

十四日　黄再同來，以陽明先生畫像及所橅本並屬題跋。再同以黔中學派開自陽明，貴州龍岡書院陽明祠，隆慶中餘姚趙端肅公錦撫黔時所創建，今光緒己卯冬，黔中重修扶風山陽明祠，再同將以橅本並龍谿贊端肅及朱文懿賡、朱子肅南雍、高望梅鶴、葛雲岳曉諸先生跋語勒之祠壁，且借余所藏三不朽圖中龍谿、金庭、即朱文懿。麟陽、越崢、即朱子肅。陽和諸公像，悉摹勒卷尾，其於陽明之學可謂盡心焉矣。

澤雅堂文集 清 施補華

十八日 爲均甫評閲所作古文六册。均甫用力於昌黎、半山甚深，近年所爲筆更斬截，無枝辭游語，議論亦平實。其湖州被寇禍諸人小傳及奚布衣疑諸傳，俱歷落可喜。與人諸書，筆意奥折，有神似古人處，並時爲此事者鮮能及也。惟經史之學頗疏，故根柢未深，醖釀不足，用筆亦往往好盡，喜發人之過。今日爲下數十籤，於辭義乖違多所規正，余之好盡亦正如均甫也。

東坡集 宋 蘇軾

二十二日 閲東坡集中羅漢、觀音諸佛菩薩贊，皆口頭常語，無甚妙諦。

朱子文集 宋 朱熹

二十三日 閲朱子文集。其卷九十二有榮國管夫人墓志銘，即先莊簡公之繼室也。志末言「先人吏部爲公所知」，是韋齋曾出莊簡公門，此當表出之。惟此志及石子重志、傅志皆稱莊簡爲安簡。考朱子自高祖以下無諱「莊」者，不知何故改也。

一統志案説 清 顧炎武

二十八日 書賈攜來一統志案説十六卷，鈔本。首北直，次遼東、山東、山西、河南、陝西、四川、湖廣、江南、浙江、江西、福建、廣東、廣西、雲南、貴州。首題「崑山顧亭林先生原本，崑山徐乾學健庵纂，吴江吴兆宜顯令鈔」，前有道光丁亥順德張青選序，稱爲亭林原本，姚春木所持贈。然按之郡國利病書、肇域志及大清一統志，皆不相合。其中誤字極多，所叙次詳略失宜，引用不類，亦絶非亭林手筆。即如第一卷京都開首云「召公都燕，享祚八百餘年，遼會同元年建爲南京，金貞元二年始有中都之稱」，則其書概可知矣。

朱苿堂蔬果卷 清 朱爲弼

夜閲朱苿堂所繪蔬果卷，自荔支、頻果、林檎以至瓜茄白菜凡數十種，設色生動，迥殊凡艶。每種各有題識，或稱名，或寓意，或記典，實隨所畫隙處寫之。櫻桃云「鶯銜之，故曰櫻桃」。柿云「南柿長，北柿扁，此南物也」。藕兼一花一葉，云「一花一葉一世界」。菱角云「棱角峭厲，大可不必」。梨云「知足齋前物，食之可已熱病」。香櫞云「此物又香又圓，可以入世矣」。皆不愧雅人吐屬。末題「嘉慶乙亥新秋十二日坐雨，與光甫、章之論畫，因寫此卷」。又云「年老矣，以後亦不能多作畫，此作稍得意」。是苿堂晚年老筆，故簡雋不群。而近有某學士者家世能畫，見而深詆之，以爲廠肆中劣手僞作。甚矣，識者之難，而雅俗之殊，嗜好固不同也。可莊兄弟以八金購之，余昨從借觀，可莊因屬題數字以爲重云。

清波雜志、别志 宋 周煇

三十日 閲宋人周昭禮煇清波雜志十二卷、别志三卷。昭禮文筆頗拙，而紀載南、北宋間逸事多有可觀。惟於秦會之有推崇之詞，蓋以曾與其父相識也。

閏二月

朔 閲清波雜志。云嘗於「建康鄰人狄似處見其五世祖武襄公收儂智高時所帶銅面具及所佩牌，上刻真武像，世言武襄乃真武神也」。案，銅面具載宋史本傳，人皆知之，真武牌則僅見此書。今優人演劇，武襄帶銅面具，即有真武神杖劍而出，是里劇亦有所本也。

本草述鉤玄 清 楊時泰

初二日 閲本草述鉤玄，共三十二卷。明季潛江劉若金約弘景别録至李東璧綱目之書，删繁補簡，爲本草述，國朝道光中武進楊時泰更删訂爲此書。自卷一水部至三十二卷人部，備列藥名、藥性、修治采取之法，間附藥案，眉目極清，議論亦多所折衷，醫家不可少之書也。惟既以綱目載人血、人骨、人膽、人勢等，謂以仁人者害人，概删取之。然詳載紅鉛之術，並取顧可學采取歌訣，不免自穢其書。又喜言太極陰陽，牽及易理，亦近無謂。若金字密雲，天啟乙丑進士，官至南京刑部尚書，告歸，至康熙四年卒，年八十。時泰字貞頤，號穆如，嘉慶己卯舉人，官山東知縣。

明史稿　清　王鴻緒

初五日　閱明史稿。徽王見沛傳云載埨嗣位，以奉道自媚於帝。南陽人梁高輔自言少師尹蓬頭，能導引服食。載埨用其術，取梅子配以含真餅、梅子煉女癸爲之。含真餅者，嬰兒未啼時口中血也。命高輔因陶仲文以藥進帝，帝封高輔通妙散人，封載埨清微翊教輔化忠孝真人。又佞幸顧可學傳云：「可學瞷世宗好長生，而同年生嚴嵩方柄國，乃厚賄嵩，自言能煉男女溲爲秋石，服之延年。嵩爲言於帝，遂命爲右通政，寓嵩家，專煉秋石。」獨世宗之服紅鉛不見於史。沈德符野獲編載之，奸臣趙文華傳所云文華欲自結於帝，進百花仙酒，亦是此類，非真百花也。又佞幸陶仲文傳云，仲文同縣人胡大順言呂祖授三元大丹，用黑鉛取白，名先天水銀，鍛之則成青霞玉粉丹，卻疾不老。黑鉛亦見野獲編，與紅鉛同用。凡此皆穢物，而託爲元精真愛，以金石佐之。李可灼之紅丸，蓋亦此類。大抵强壯喜導引者服之亦間有功，然須清心寡欲，謹於游房，方能奏效。其縱欲者試之亦暫驗，而後禍甚烈。故唐之諸帝多以金石藥致禍，而嗣之者即位之初無不嚴懲方士，未幾復尤而效之，仍蹈其害而終不悟者，蓋皆以資其房中燕私，用反其性也。方書本草，金玉、石藥皆爲上品，以資山林清静，則可長生；以餌富貴晏安，則爲酖毒。壽夭自致，疑信皆非。

文定集　宋　汪應辰

初七日　是日買得武英殿聚珍本李攸宋朝事實、汪應辰文定集、王質雪山集、程俱麟臺故事、張淏雲谷雜記、韓淲澗泉日記，價銀二十金，可謂貴極矣。三十年前購之吾越，不過番銀二三餅耳。然初印紙寬大，近日極不易得也。又以三金買閩中翻刻殿本王珪華陽集。

初九日　閲汪聖錫玉山集。是集本五十卷，四庫從永樂大典中輯出，僅得二十四卷，已不能睹其全。然議論侃侃，嚴正而不激盡，尚有北宋盛時典刑。其中題跋志銘多足考正南渡初年事，如書朱丞相勝非渡江遭變録，力爲張魏公辨，蓋朱、吕二相皆與張不咸，故所紀多曲筆也。

宋朝事實　宋　李攸

初十日　閲宋朝事實。是書本六十卷，今從永樂大典搜輯得二十卷，奇零斷爛，頗乏端緒，然如太祖十兄弟，史無明文，是書勳臣一門載太祖義社兄弟九人，爲保静軍節度使楊光義、天平軍節度使同平章事石守信、昭義軍節度使兼侍中李繼勳、忠武軍節度使同平章事中書令秦王王審琦、忠遠軍節度使觀察留後劉慶義、左驍衛上將軍劉守忠、右驍衛上將軍劉廷讓、彰義軍節度使韓重斌、解州刺史王政忠。光義、慶義、守忠、政忠四人，東都事略、宋史皆無傳，義社兄弟，史無其名，此可以補史闕也。

文定集　宋　汪應辰

十一日　閱汪文定集。其與呂逢吉第四書言「温公紀聞之書，嘗屬其子孫勿以傳，後西京一守陵閹官傳之，其所由來可疑」。如論呂許公事：「世之稍識利害者亦不肯爲，況許公乎？」記富鄭公惑一尼之言，至願爲蛆蟲食其不潔。温公平日最推重富公，其他如文、韓，皆不能無議，不應如此。又記趙中令雖報復私怨而不害其爲功業，豈不啓奸臣恃功而無忌憚之心？其第一書論子由所作東坡墓志，有云：「因經筵言時事，大臣不悦，風言者攻公。」當時大臣蓋呂微仲、劉莘老也，而以爲與臺諫交通，豈非誣罔？惇、卞輩正以此罪微仲諸公，天下後不之信，而子由乃當時執政，遂助實其事，何以使小人無詞？觀其作潁濱遺老傳邪正分明，略無回隱，蓋傳將付之子孫而志銘刻之石，意者恃曲筆以避群小之鋒，然孰若不作之爲愈？歐陽公作濮議謂范堯夫、傅欽之、呂獻可、趙大觀皆誣謗英宗，以取直名，其後章惇以此書納之禁中，使歐陽公有知，當悔怍於地下，以此知文字不可不慎。其第二書謂君子小人之勢，決無兩立。范忠宣公專欲消合黨類，兼收並用，而不知勢未易爲。元祐晚年，呂微仲逐去劉莘老門下士，而引李清臣、鄧温伯、蒲宗孟於從班，忠宣之説略施行矣。然出而首倡紹述之説者李、鄧也。曾子開謂使范公之言行於元祐之時，必無紹聖大臣報復之禍；然使蔡確不殛死，他日復出爲惡，當不下惇、卞，但不當以詩罪之耳。惇、卞在元祐間或偃息大郡，或優游奉祠，所以貸之者厚矣，略無懷惠悔過之意，則知專以優柔待小人者，恐非其理也。惟謂忠宣有他意則決不可。又謂林旦事，當時攻之者太過，元祐諸公忠直有餘而識見不足。

其跋李先之文，謂李公當朝廷議復元祐皇后位號時謂諫官陳瑩中曰：「此雖美事，然復之既易，異時變更不難。宜使百官集議考正當時所以廢黜之因，庶幾可久。」瑩中明日將論之而麻已降矣，遂不果。後果有他議，君子服公之先識。其讀龍川別志，謂無垢居士嘗言讀書考古人行事，既已信其大節，若小疵當闕而勿論，蓋其間往往有曲折，人不能盡知者。如歐陽文忠公志王文正公墓，言寇準從公求使相事，寇公正直聞天下，豈問人求官者？此類慎言之。世嘗罪宋子京爲晏臨淄門下士，而草晏公罷相制有「廣營産以殖貨，多役兵而規利」等語爲太甚，讀龍川志所書，悚然自失，輕議前輩而不知其曲折類此者宜不少矣。

諸條所言不特深有裨於史事，其意識深遠，尤足以爲著書立説者之準。余嘗謂北宋諸公自熙寧後持論日刻，待人日苛，意見偶歧，雖名德深交輒盡辭醜詆，惟恐不至，蓋醇樸之氣至此一變，二蔡二惇因之而起，可嘆息也。

雪山集 宋 王質

十二日 閲王景文雪山集。是集本四十卷，四庫從永樂大典輯得十六卷。其奏議如論和戰守疏、上皇帝書，皆孝宗初年所上，危言悚切，絶無回隱。其題九歌圖謂九歌世未有能暢其旨者，蓋訴神之辭。蔡京當國，致一異己者於理，其人顧所謂天王，號曰：「有冤不雪，尚爲天王乎？」神爲之目張，京聞而舍之。此亦異聞也。所謂天王者，蓋北方毗沙門天王，自唐以來威靈最著。李義山詩所云「陰風慘澹天王旗」也，至明以後，真武之祀日盛，而毗沙門之靈漸替矣。景文所著承玄居士、平舒侯、麴生、玉女四傳謂藤席、竹簟、酒、益母膏也，皆滑稽爾雅，有昌黎遺意。和歸去來辭文亦修潔。其詩詞雖不免宋調，亦頗生新。

景定建康志　宋　周應合

十五日　書賈譚姓以景定建康志來售，嘉慶辛酉江寧刻本初印，卷首有「孫氏耑如四字朱文及「繡衣執法大夫章」七字白文兩印，此書頗難得，而索價三十金，益覺摩挲不置也。

朱子語類　宋　朱熹

夜從朱子語類本朝中興至今日人物卷中録出先莊簡公事兩條。

李泰發參政在上前與秦相争論甚力，每語侵，秦相皆不應。及李公奏事畢，秦徐曰：「李光無人臣之禮。」上始怒。朱子語類卷百三十一德明記。

李性剛，秦所判文，李取塗改之，後爲秦所中，過海。同上，楊記，又可學記云：秦既死，高宗下詔云和戎出於朕意，故相秦檜只是贊成，今檜既死，聞中外頗多異論，不可不戒約。此詔甚沮人心，當初有一二件事皆不是，如檜家既保全而專治其黨，士大夫遭檜貶竄者叙復甚緩。

恥堂存稿　宋　高斯得

十七日　閲高斯得恥堂存稿。斯得字不妄，邛州人，宋末官至簽書樞密院事兼參知政事。其集久佚，四庫采之永樂大典，得文五卷、詩三卷。文辭勁直，如其爲人，其述賈似道之奸，情狀刻露，多宋史所未及。

景定建康志　宋　周應合

十八日　閲景定建康志。武寧周應合官江南東路安撫司幹辦公事時所撰，共五十卷。前有觀文殿學士知建康府江南東路安撫使馬光祖序及進書表、獻皇太子牋并答旨。卷一至卷四爲留都録，卷五爲建康圖并丹陽、揚州、金陵、建鄴、越臺、馬鞍山等辨六首，卷六至卷十四爲表，起周元王四年戊子至漢獻帝建安己亥曰世表；起吴大帝元年辛丑至陳後主禎明己酉曰年表；起隋開皇己酉至周顯德己未曰世表；宋建隆至建炎曰年表。卷十五至卷四十六爲疆域、山川、城闕、官守、儒學、文籍、武衛、田賦、風土、祠祀十志。卷四十七至卷四十九爲古今人表及傳。卷五十爲拾遺。條理精詳，考證叙次簡潔有要，與咸淳臨安志可云雙美，考宋事者所必需也。

十九日　閲景定建康志。其年表稱吴大帝爲太祖，三國志吴三嗣主傳孫亮太平元年春下注引吴曆曰：「是年爲權立廟，號太祖廟。」會稽王爲廢帝。世表稱唐昭宣帝爲景宗，後唐明宗時有此議，而未及行。皆它書所未見，即此足見其不苟。其紀南唐事多有馬、陸兩書及十國春秋所未載者。

二百蘭亭齋收藏金石記　清　吴雲

二十日　閲吴平齋雲二百蘭亭齋收藏金石記。共四册。起於商册册父乙鼎，終於唐廣明元年道德經幢殘本。鉤勒精工，足與近時劉燕庭金石苑可稱雙絶。平齋以浙人久官江左，收儲甚富，自言所藏皆在揚州寓舍，咸豐癸丑之亂，蕩爲灰燼，此記皆亂後掇拾所得。其彝器多是阮文達故物，得之揚州荒市者，前有咸豐丙辰葉志詵序，許槤題籤。然平齋本貲吏，其學識更出燕庭下，先得齊侯罍亦積古齋物，因自號「抱罍子」。此記備載釋文及文達諸詩跋，並橅刻何子貞所致書獨爲一帙。其後又得一罍，遂扁所居爲「兩罍軒」，此記尚未及載也。又言平生所收蘭亭最富，至二百餘本，有隋開皇十三年、十八年兩刻本最爲禊帖祖石。此記第四册中皆雙鉤摹刻之，然十三年本識年月下有「高潁監刻」四字，可笑已甚。竹垞集中跋爛谿潘氏所藏開皇十三年蘭亭本，雖引桑氏蘭亭博議載有智永臨本以附會之，然自存疑辭。董玄宰乃謂唐文皇見刻本始求真蹟，大似夢語。平齋謂華亭此語是禊帖元鐙，豈非夢中説夢乎？是書彝器皆歙人汪嵐坡所繢。

楊鳳藻行卷

楊生鳳藻來謁，其行卷履歷載其祖紹文官兵馬司副指揮，考張皋文受經堂彙稿爲道光三年楊子掞紹文所刻，而以己所著雲在文稿一卷殿之，前有子掞序及鮑覺生侍郎序，鮑序言雲在時尹鹺於津門，年五十矣。今日楊生言其祖歿後反葬常州，其父留居津門，貧悴早卒，今惟生一人存耳。

三月

華陽集 宋 王珪

初八日 閱王禹玉華陽集。其詩文皆雍容有度，與唐之權文公相似，蓋一生富貴，從容臺閣，爲承平侍從之才，所作又多奉敕應制之文，揄揚盛事，金華殿中人語，固非山林枯槁者比也。然權載之爲正人，又嘗經奉天之亂，感觸變故，與禹玉所值不同，故尚有清切之詞。其所爲功臣碑志叙述艱屯，亦有槩忼奮發之觀。禹玉仕宦不出京師，本滿朝歡和鼓之流，委蛇徇人，導揚三旨，故所作按之均無真意。其爲宋元憲庠、高烈武瓊、高穆武繼勳、夏文莊竦、賈文元昌朝、邵安簡亢、梁莊肅適、趙康靖槩諸碑志，雖人品不齊，亦無卓犖功行可以動人之事，狄武襄、唐質肅介兩志所叙亦平實，不能稱其爲人。然内外制諸篇皆訓辭深厚，它文亦秩然條理，具有雅音，固可傳也。

癸巳存稿　清　俞正燮

初十日　書賈攜書十餘種來售，内有鈔本俞理初癸巳存稿中陳王廟徵文一册，道光二十年兩廣總督祁𡎴奏廣西□州陳王廟神顯應請加封號，理初以爲即隋末之陳果仁，亦作杲仁，亦作仁果，亦作仁杲，諸書雜出。案，此與同時之薛仁杲或作仁果，均無一定。南唐嘗封武烈帝者也。今刻癸巳存稿祇有「武烈帝」一條考證甚詳，不及兩廣請封事。卷首有朱字數行，云兩廣所請封者乃陳伯紹，俞理初以爲陳果仁，非也。太平寰宇志卷一百六十九太平軍下載有陳王祠。案，陳果仁之祠盛於常州，漸及江、淮、浙西間，浙東已無聞，自不能至廣西。惟寰宇志所載陳王祠以爲妖神，其神黑面白眼，形貌醜陋，人多惡之。陳霸先事之甚謹，呼爲叔父，所至與俱，每卜事神前，言王玫不吉輒不行。及受粱禪册爲帝，其事甚怪，未嘗云名伯紹。此數行不知何人所記，亦不知伯紹之名出何書也。

政和聖濟總録　宋　趙佶

十三日　書賈送來鈔本大德重校政和聖濟總録十六函，共二百卷。前有大德四年二月集賢學士嘉議大夫典瑞少監焦養直奉敕所撰序，言其書始成於政和，重刊於大定，今上乃詔江浙行省刊布，其或繆戾，隨加釐正。又有小序一首，後列醫愈郎諸路醫學副提舉臣申甫至榮禄大夫平章政事大都護提點太醫院事臣脱因納等十二人銜名。次爲宋徽宗序。次爲總目，自運氣至神仙服餌門共七十類。次爲細目，其首運氣一門自甲子至癸亥，按年一圖一論，凡六十圖六十論，共爲二卷，各分上中下。卷三爲叙例，分補遺至符禁十八例，補遺一類中又列煎厥至陰疝六十二類。卷四爲治法，分治神、治宜、平治等二十一類。據徽宗序稱：「萬機之餘，著書四十二章發明内經之妙，曰聖濟經。又詔天下以方術來上，并御府所藏頒之，爲補遺一卷、治法一卷，卷凡二百，方幾二萬，以病分門，門各有論，而叙統附焉。首之以風疾之變動，終之以神仙之服餌，名之曰政和聖濟總録。」然則運氣二卷蓋即聖濟經，雖卷數章數俱不合，然所論皆陰陽大義、時氣節宣，正合所謂發明内經之恉也。卷五以後爲諸風等六十六門，而補遺所載煎厥、薄厥等六十二證爲六十六門中所未及，則此類實當綴之於後而反在前者，蓋爲御府所頒。至諸風門以後則諸名醫所集焉。此書實集醫學之大成，蓋病之證、治之方無不備具，而南宋以後人間罕有見者，故晁、陳兩家書目皆不載，四庫亦祇有聖濟總録纂要二十六卷，爲國朝休寧程林所删輯，其小兒方五卷因不得原書，倩其友項睿補之。今此本仍闕五卷，鈔手精工，紙墨俱佳。首葉有「怡府世寶」、「怡王覽書畫記」、「明善堂珍藏書畫印記」、「安樂堂藏書記」朱文四印，索價二百六十金。四庫提要誤書焦養直爲焦惠，又據晁氏郡齋讀書志、陳氏直齋書録解題俱載徽宗聖濟經，以聖濟經與此爲兩書，不知徽宗序引漢張仲景作傷寒論而雜之以方，唐孫思邈作千金方而繼之以翼，是明言合刻。又宋人劉温舒著運氣論奥三卷，以素問運氣最爲治病之要，因爲三十論二十七圖上於朝，徽宗此經正同此旨，故列於總録之前。

江寧金石記　清　嚴觀

夜閱江寧嚴子進觀所輯江寧金石記。共八卷，自秦嶧山刻石起，至元後至元元年辟邪鐘題字，爲七卷。又附宋人詩詞石刻爲一卷，以所刻多不題年月故也。然嶧山刻石爲元至元中橅刻，明萬曆中又重刻之，實不足據。子進跋尾亦謂此碑疑舊刻亡佚，以意爲之，是不如以漢校官碑冠首，爲溧水所出，足爲輿地重耳。諸刻皆載全文，後綴跋尾亦皆謹嚴。書成於乾隆四十二年，錢竹汀氏序之，吾鄉章實齋爲後序，刻於嘉慶九年甲子，陽城張古餘敦仁時署江寧知府，鳩資成之。前橅刻甲子五月竹汀致古餘手書一通，竹汀即於是年十月二十日捐館，不及見矣。古餘有跋。

潄玉堂傳奇　清　孫郁

十四日　書賈送來鈔本潄玉堂傳奇三種。康熙初大名孫雪崖郁所撰，爲繡帷燈二十齣、雙魚佩二十四齣、天寶曲史二十八齣，皆頗有才藻。天寶曲史譜明皇、楊妃事，而以梅妃始，又雜以王渙之、王昌齡、高適旗亭畫壁等事，尤覺繁盛富麗，足以娱目。其時蓋在洪昉思長生殿未出之前，故各不相謀。稗畦自序稱康熙己未，雪崖自作凡例及諸人序皆稱康熙辛亥，是先洪八年。前有東明袁杜少佑、海寧沈昭子珩兩序，沈序係康熙癸丑，是在未舉鴻博之前，而自稱年弟，蓋昭子甲辰進士同年也。雪崖所作雖不及稗畦之工，其節奏老成，情事曲折，亦多未逮。然人物之衆、如梅妃、宋王、申王、岐王、薛王、太子、廣平王、李白、李泌、崔圓、封常清等，洪曲皆不見。排場之盛，可稱樂府大觀，詞亦足以相稱也。雙魚佩亦有袁杜少序，文皆不工，所譜乃兒女科名之事，文亦雅潔。繡帷燈形容妒婦及治妒之法，頗極遊戲詼諧之致。

錢唐遺事 元 劉一清

二十日 閱錢唐遺事十卷，元初臨安人劉一清撰，嘉慶間南沙席氏掃葉山房刻本也，頗多誤字。其中記賈似道亂政敗國之事，多它書所未及。記宋末諸相丁大全、吴潛、皮龍榮、王爚等進退傾軋，亦多得是非之平。其言理宗晚年寵嬖竊權，賜用無節，以及身幸免亡國爲幸。又言四川制置使余玠、余晦及安丙、王惟忠等之功罪，吕文德、文焕、夏貴、劉整等之敗降，李芾、李庭芝、姜才等之死戰，皆足裨助史文。卷九全録德祐丙子嚴光大所著祈請使行程記，光大紹興人，時以閤門宣贊舍人充日記官，所記自二月初九日出北關門至五月初二日在元上都隨全太后、嗣君朝拜草地行宫止，皆史所未具。卷十記南宋科目條格六事，亦多志所未詳，四庫收入史部雜史類，謂其雜采群書而成，故頗有不去葛龔之病，則誠然也。

姜西溟全集 清 姜宸英

二十五日 閱姜西溟全集。去年己丑慈谿馮氏新刻本，合湛園未定稿十卷、西溟文鈔四卷、真意堂佚稿一卷、湛園藏稿四卷、湛園札記四卷、湛園題跋一卷、葦間詩集五卷、湛園詩稿三卷、又詩詞拾遺一卷，共三十三卷，冠以提要、像贊、本傳、序目爲首卷，稱慈谿姜先生全集。馮保燮偕其邑人王定祥所編。其搜輯之功可謂勤矣。

金淵集　金　仇遠

四月初六日　閱仇仁父金淵集，其過岳公霆震故居詩有云：「可憐偷桃兒，竟以寒餓死。」不知何指也。

六朝事跡編類　宋　張敦頤

二十四日　閱宋人張養正敦頤六朝事跡編類。近日上元李氏新刻仿宋紹興三十年建康府學刻十四卷本也。中載能仁寺爲南唐保大中司徒鍾山公李建勳嘗捨莊田入寺，至宋咸平初建勳女潤州本起寺住持臨壇精律大德尼進暉乞以故父李相公舊所施莊田入興慈寺，至今猶供常住。李建勳有女爲尼，馬、陸兩書所不載。又載南唐李順公墓，云：「公名金全，字德鏐，有神道碑在城西金陵鄉七里鋪。」案，李金全，薛、歐五代史、馬、陸兩書皆有傳，而不載其德鏐之字。又載南唐張懿公墓，云：「公名君詠，字德之，有神道碑題云『大唐順天翊運功臣特進守太子太傅上柱國清河郡開國公張懿公』，神道去府城十里，在石頭城後。」君詠，馬、陸兩書皆無傳，俱足以裨史闕。其書於楊吳稱僞吳，於李氏皆稱南唐，於古跡下多載楊修之絶句詩。修之名備，景定建康志載楊虞部備詩，即修之也。詩亦不工。

兩浙防護録　清　阮元輯

二十六日　閲兩浙名賢祠墓防護録。嘉慶七年阮文達撫浙時所編輯。前列當日奏咨文移，以下分府編排，每人具載事略及祠墓所在，用意極爲周至。然不無漏濫。即以吾越言之，漢之謝夷吾墓，嘉泰會稽志云在種山南華鎮，會稽覽古詩云在今府宅儀門下，今雖無遺址，然漢之太守馬臻，范書並不著其名。舊志言墓在府城南二里鑑湖鋪西，今亦無跡可尋。何以載馬而遺謝？府治儀門高壯，地甚宏廠，向言其下有古墓，是較馬公傳稱被誅於洛陽者轉有可稽也。晋之孔愉墓、唐之徐浩墓，嘉泰志皆明著方里，亦不宜竟削之。至宋之陸農師左丞、先莊簡公、曾文清公、傅給事崧卿、顧内翰臨、王定肅公希吕、王修竹英孫，皆名臣魁碩，墓域無恙。元之莊節韓先生明之、章侍郎歒、司馬侍郎恂、錢伯均先生宰、錢緒山先生、陶莊敏公諧、陶恭惠公承學、陶文僖公大臨、錢文貞公象坤、徐天池先生，皆一代偉人，冢墓咸在，乃概不之載。而董文簡之見貶鄉評，乃於山陰載其祠，於上虞載其墓；朱文懿之見譏清議，亦祠墓並載；馮太僕應鳳録録無稱，王尚書業浩則閹黨也，何取而載之？至載其謚忠貞，不知本於何書。陶文簡墓在下竈山，乃止載其祠，不載其墓。巡按御史龐尚鵬一祠分載山、會兩邑。新昌石子重先生名𡼏，乃誤作「嶅」，餘姚載陳中丞克宅而不載其子恭介公有年，新昌之湯恭惠公信民、吕尚書光洵，功烈在人，賜墓衆著，皆致遺落。嵊之王禹佐官止保定府通判，而云謚忠襄，不知何據。至如朱子祠徧載浙東，而忽於台州太平縣朱子祠下云「名熹，字元晦」，並備載籍貫科目官位。此等舛謬，蓋不可指數也。

讀書脞録 清 孫志祖

二十七日 閲讀書脞録。其李瀚一條，言著蒙求者李瀚爲李濤之弟，五代史附見桑維翰傳，作「李瀚」，通鑑作「李澣」，五代史四夷附録亦作「李澣」。案，瀚在石晉爲翰林學士，最有名，蘇易簡續翰林志、釋文瑩玉壺清話俱作「李瀚」，册府元龜載李澣在幽州通表於周事。及宋史李濤傳、遼史文學傳、新唐書宗室世系表、陶岳五代史補俱作「李澣」，宋史藝文志載李澣丁年集。李濤傳及五代史補俱載澣丁年集。疑作「瀚」者誤也。據宋、遼史載其字曰日新，則是名澣無疑。至作蒙求者，宋史藝文志作「李翰」，又載「葉才老和李翰蒙求三卷」。俱見子部類事類。又「洪邁次李翰蒙求二卷」，見經部小學類。皆作「李翰」。直齋書録解題亦作「李翰」，皆不從水旁，惟郡齋讀書志及困學紀聞作「李瀚」，蓋亦筆誤。是作蒙求者名翰，别是一人，與唐之作張巡傳者同名，非李濤之弟也。四庫提要亦作李瀚，云不詳始末。又引資暇集稱宗人瀚作蒙求，則亦李勉之族。案，資暇集實作「翰濟翁」，唐昭宗時官宗正少卿，其書已稱及翰，則翰爲唐末人。濤爲郇王禕十世孫，出於太祖。通鑑言濤爲武宗宰相回族曾孫，回乃郇王七世孫也，勉爲鄭惠王元懿曾孫，出於高祖。世系表言匡乂爲憲宗相吴簡子，乃鄭王五世孫也。至濟翁之名，自當作匡乂，乂有濟義，文乃字誤，義乃音誤。

五月

天禄琳琅書目　清　于敏中等

初八日　閲天禄琳琅書目前、後編。長沙王氏翻刻本，極精。錢蒙叟晚節披猖，罪案久定，乾隆之季屢詔禁其遺書，毁其文字，然所藏漢書宋槧本其題跋繪像似存簡端。此書前編成於乾隆三十年，後編成於嘉慶二年，凡舊籍經所藏者摹繪其印章，録登其題識，未嘗因其人而棄之，此聖人之所以爲大也。然則凡坊肆及藏書家遇其姓名務剜削塗去之，亦奉行之過矣。

本草綱目　明　李時珍

十三日　閲本草綱目。據順治間江西巡撫張朝璘重刻本。李氏原書五十二卷，卷一、卷二爲序例，卷三、卷四爲百病主治藥，而卷三又分上下，卷四分上中下，卷五至卷五十二分水部至人部共十六部、六十二類，爲藥一千八百九十二種，附方四千九十六。博采諸家，辨析精確，醫學至此，可云集大成矣。後爲圖三卷、奇經八脈考十卷、瀕湖脈學一卷，附刻山陰蔡烈先藥品總目一卷、萬方鍼綫八卷、錢唐趙學敏拾遺十卷。

十四日　本草綱目一書，不特匯藥物之淵，亦深有裨格致之學。其名「綱目」者，凡例謂標藥之正名爲綱而附列其目，如標龍爲綱，而齒、角、骨、腦、胎、涎皆列爲目，標粱爲綱，而以赤黄粱米皆列爲目之類。蓋明人最尊朱子，凡所著述，無不奉爲聖書。東璧以每藥之下分列釋名、集解、辨疑、正誤、修制、主治、發明、附方八目，皆近於通鑑綱目「質實」、「發明」等例，故取以名書，自其子建元於萬曆二十四年上進疏中有「總標正名爲綱，餘各附釋爲目」之語，王弇州作序亦云「每藥標正名爲綱，附釋名爲目」，非東璧本意也。每藥下不必皆有異名，偶一釋之，不得便稱爲目。近儒孫氏星衍遂謂觀其書名已爲大愚，詆之亦太過矣。

玉壺清話　宋　釋文瑩

二十六日　閱玉壺清話。多傳聞無稽之言，惟載郊祀回鑾過闕門、殿門時有勘箭勘契之儀甚爲詳備。案，宋史禮志一云：「熙寧四年，參知政事王珪言南郊乘輿所過必勘箭，然後出入，此師行之法，不可施於郊祀。禮院亦言，於是凡車駕出入門皆罷之。六年，以詳定所請，又罷太廟及宣德、朱雀、南薰諸門勘契。」沈存中夢溪筆談云：「大駕鹵簿中有勘箭，如古之勘契也，其牡謂之雄牡箭，牝謂之闢仗箭，本胡法也，熙寧中罷之。」觀文瑩所載則箭鏃掌之駕前司，箭笴掌之殿門司，取勘相合，然後啓門，似止一箭，非有牝牡也。其載駕至門時，門者問來者何人，及勘畢，又問是不是，齊聲答云是，如此者三，則存中謂本出胡法者，信矣。然非得此書，則存中及宋志所云俱不能了了也。

湖船録　清　厲鶚

二十七日　閱厲樊榭湖船録，雖小小掇拾，而叙次簡雅，令人想見南湖花隱吐屬風流，近日杭人丁午續之，成蛇足矣。

杭堇浦榕城紀遊詩畫册

三十日　閱杭堇浦畫册十二幅，皆嶺南作也。一三水縣前浮沈石，二陳邨龍眼，三木棉，四海珠寺，五光孝寺菩提樹，六羚羊峽，七芭蕉，八六榕寺，九西施乳，十九曜石，十一萬壽果，十二龍祠石菖蒲。每幅皆有題詩，俱見嶺南集中。惟六榕寺、西施乳、萬壽果三首，本皆七律，截作絶句。海珠寺畫作波濤中湧起一山，上有城堞樓閣，題萬里濤瀾控制長江空晴湧一珠黄七律一首，末題「壬申冬月客廣州即景賦此」。而集中此詩祇題「海珠」二字。龍祠畫一巖洞，中設一几，几上有石菖蒲兩盆。題一絶句云：「陽厓花木展山圖，陰壑風雷閟玉符。上藥太清誰第一？月臺祇種石菖蒲。」集中此爲龍祠避暑三首之一，皆非見此畫不知詩之何指也。九曜石畫一石，旁結一小亭，上題云「粤東學署拜石亭」，九曜石上有熙寧諸公題名，此一幅獨無詩。堇浦未嘗以畫名，其畫見者絶少。而此册蒼老簡秀，皆似不經意。而用筆細密，每於古拙中見秀潤，非畫手所知者也。其款多題「秦亭老民」，所用印記皆朱色如新。有一圓印朱文曰「杭州阿駮」。

六月

奇經八脈考　瀕湖脈學　明　李時珍

初六日　閲李瀕湖奇經八脈考及瀕湖脈學，共兩卷，其中名論甚多，有功於醫學甚鉅。脈訣考證本附脈學之後，取朱子以下論脈訣之僞以證其説。今刊本别而二之，非也。

新安志　宋　羅願

初七日　新安志姓氏云：「查氏顯於文徽，爲南唐樞密使，至國朝祕監陶、待制道，皆其孫也，本音如乘槎之槎。鉏加切。真宗嘗與道語及姓氏，因謂之曰：『卿豈不聞京師以仵作行人爲槎家乎？宜求音之近而雅者稱之。』又問姓所起，引春秋會吴於柤在加切。以對，自是改稱音若柤。云查氏有孫藻在荆南，自言其上世事如此。」案，今查姓皆呼作渣，猶沿宋時所稱，則亦古矣。其實古祇作樝字，查、柤皆樝之省别也。廣韻「樝似梨而酸，或作柤，側加切」，「楂，水中浮木。又姓，出何氏姓苑，鉏加切。查、槎二字同」。是猶讀查姓爲槎，蓋本唐韻之舊，集韻始分别之云「樝楂，莊加切，説文果似梨而酢」，「查，查下地名，亦姓」，又「茬槎今刻本誤作搓。查，鋤加切」，以查姓係莊加切之下，莊加即在加也，此已用真宗所改音矣。

脈經 晉 王叔和

王叔和脈經云：「芤脈浮大而軟，按之中央空、兩邊實。」一曰手下無，兩旁有。李月池名言聞，時珍父。云「中空外實，狀如慈葱」，東璧注云：「芤，慈葱也，素問無芤名。劉三點云芤脈何似？絶類慈葱，指下成窟，有邊無中。」案，廣韻尚無「芤」字，蓋唐韻無之。玉篇云「芤，苦侯切」。徐氏脈訣云：「按之即無，舉之來至，兩旁實，中央空者，名曰芤。」集韻十九侯「芤，墟侯切」，病脈亦引徐氏説，與玉篇同，類篇悉同集韻，慈葱之説，不知何本。案，儀禮喪服記「凡衰外削幅，裳内削幅，幅三袧」，鄭君注：「袧者，謂辟兩側空中央也。辟者襞積也。」是絇與芤音義皆同。徐氏蓋南齊徐文伯，嘗著脈訣。玉篇、類篇俱不引晉人脈經而引南齊人脈訣者，蓋玉篇此字是宋人所益，非顧氏本有。而脈經自五代高陽生僞撰脈訣，託名叔和，其書盛行後，脈經久已隱晦，故陳彭年、丁度等皆所未見，至熙寧間林億等始校上，億序言其中多所竄亂，可知其傳本甚希，至紹聖中始刊行耳。

鐵圍山叢談 宋 蔡絛

十二日　閲蔡絛鐵圍山叢談。其中侈言政和禮樂之盛、父子恩遇之隆，固爲可哂。然謂其父力沮北伐之議，則似可信。南宋初人如王明清揮麈録、周煇清波别志等書皆記高揀之言，曲折甚備。蓋京雖奸險，而富貴已足，且年老畏事，閱歷已深，自不願興兵要功。又知天下事已將潰敗，惟恐失其富貴，伐燕之事，成敗難知，利害分明，無所覬幸，此其阻止非爲國謀，正爲身謀也。後人惡京，遂疑其事難信。宋史奸臣傳亦載京寄子攸北伐詩，謂故以示異，亦惡而甚之之辭。絛又言其父晚年欲召用陳瓘、劉器之，會二人已卒。四庫提要謂絛文過之言，然宋史謂京父子至宣和中知事將敗，稍持正論，遂引吴敏、李綱、李先莊簡諱〔一〕、楊時等用之，以輓物情。朱子語類論李忠定事，謂當日政歸，蔡氏以朝旨用人，諸公不得不出。京晚年亦稍用清流以自掩，蓋一時才傑多出其推薦，此固公論也。然則謂欲召用了翁、元城，亦未必無其事。後人詆訾葉石林等爲蔡京門客，所著避暑録話等書多右蔡氏者，亦可謂不成人之美者矣。直齋書録解題至謂先莊簡始進由蔡氏，則幾同狂吠。

注釋

〔一〕此指李光，李慈銘先祖，避諱而闕。

四書拾義　明　胡紹勳

十三日　閱胡文甫四書拾義五卷，其説多精鑿可傳，不止朱氏開有益齋所舉數條也。

七月

論語旁證　清　梁章鉅

初六日　閲論語旁證。大恉引諸家説以發明朱注，而亦補其未備，絶不攻擊，亦不回護，頗多切理餍心之談。惟所取宋元人如鄭汝諧、陳天祥諸家，則多支離臆決，不足深信。

儀顧堂題跋　清　陸心源

十三日　陸篤齋來，以其從兄存齋觀察所箸儀顧堂題跋十六卷爲贈。中多祕笈罕購之本，其考證亦邃密，於宋人姓名多能掇拾輿地之書，詳其世系官閥，足補四庫提要及厲樊榭宋詩紀事等書之闕。

宋遼金元四史藝文志　清　盧文弨輯

二十二日　閲鈔本盧抱經所輯補宋遼金元四史藝文志。據倪闇公燦所擬修明史藝文志底本爲之補訂，仍載闇公所擬志序於首，以康熙初修明史時史官議以遼、金、元皆無藝文志，宋志自咸淳以後亦多缺略，欲仿隋書兼五代史志之例，爲之補輯，後其議不行，故闇公志稿廢而不用。抱經此書即群書拾補中之一種也。

癖談 清 蔡雲

二十三日 閲元和蔡鐵耕所著癖談。共六卷。其考古今泉制甚詳，議論亦多通闢。惟謂班孟堅未深悉新莽貨布之制，食貨志所叙多誤，是據近日僞造新出之泉以疑古人耳目相接之語，問天之高遠於旁行跂動者而不信修人也。

儀顧堂題跋 清 陸心源

二十五日 閲儀顧堂題跋。其中可取者甚多。如辨作圖畫見聞志之太原郭若虚，據宋史諸書真宗章穆皇后郭氏爲太原郭守文之女，其曾孫有名若水者，則若虚爲守文之後無疑，而直齋書録解題謂國初郭氏無顯人，四庫提要謂若虚不知何許人，皆失之不考。其辨近人勞季言勞氏雜識引續通鑑長編及蔡襄忠惠集、陳襄古靈集所載權御史之孫奕，以證作履齋示兒編之孫奕，補四庫提要之缺，而不知宋有兩孫奕。權御史者，北宋人，字景山；作示兒編者南宋人，字季昭，則錢氏養新録宋人同姓名條已言之。其一北宋人，即元豐中陳襄薦士三十三人之一也。

其辨莆陽二鄭先生六經雅言圖辨，即四庫所收之鄭樵六經奥論，據明文淵閣書目有六經圖辨，無六經奥論，弘治興化府志言鄭厚與弟樵同撰。厚字景韋，樵之從兄也，紹興五年進士，調泉州觀察推官，少時嘗著藝圃折衷，論多過激。紹興十三年駕部員外郎王恭摘書中詆孟子語言於朝，詔令建州毀版，已傳播者焚之，謂「此書即藝圃折衷之焚餘，後人又有所附益折衷，今不可見」云云。案，朱子大全文集卷七十三雜著引鄭公藝圃折衷十條，皆痛詆孟子之言，朱子備載而條辨之，於書名下旁注「叔友」二字，叔友蓋厚之字，據李公常語下注「太伯」例之。景韋蓋其別字也。

其書癸巳類稿易安事輯後謂張汝舟毗陵人，崇寧五年進士，見咸淳毗陵志，又引建炎以來繫年要録紹興二年九月張汝舟爲監諸軍審計司，以妻李氏訟其妄增舉數入官，詔除名柳州編管，則汝舟既確有其人，以李氏訟編管亦確有其事。汝舟即飛卿之名，妻字上當脱「趙明誠」三字。高宗性好古玩，汝舟必以進奉得官，因進奉而徵及玉壺，因玉壺失而有獻璧北朝之誣，因獻璧之誣而易安有妄增舉數之報。蓋獻璧之誣，人人代抱不平，故李氏一控而汝舟即奪職編管，汝舟無可洩憤，改其謝啓，誣爲改嫁，認爲伊妻，其啓即汝舟所改，非別有怨家也。則殊臆決不近理。

案，嘉泰會稽志載宣和五年張汝舟以降授宣教郎直祕閣知越州，越爲望郡，是汝舟在徽宗時已通顯，乾道四明圖經載建炎四年張汝舟以直顯謨閣知明州，兼管内安撫使，數月即罷，圖經載是年汝舟之前已有劉洪道、向子忞二人，汝舟之後爲吴懋，以建炎四年八月到任，是汝舟在州不過一二月。繫年要録載紹興二年九月汝舟除名時官止右承奉郎，則仕宦頗極沈滯，安見其以進奉得官？高宗頗好書畫，未聞其好器玩。易安金石録後序言聞張飛卿玉壺事發在建炎三年九十月間，時明誠甫於八月卒，高宗方爲金人所迫，流離奔竄，即甚荒闇之主，尚安得留心玩好，令人以進奉博官？汝舟之名與飛卿之字亦不相配合，且序言飛卿所示玉壺，實珉也，旋復攜去，則壺並不在德甫所，安得妄告朝廷徵之趙氏？且要録言時建康置防秋安撫使，擾攘之際，或疑其饋璧北朝，言者列以上聞，或言趙、張皆當置獄，是明謂言官所發，飛卿方有對獄之懼，豈有自發而自誣之理？易安後序亦謂「何人傳道，妄言頒金」，是並無怨飛卿之事，安得謂人人代抱不平，易安故訟其妄增舉數以爲報復？至謂其啓即汝舟所改，尤非情理。汝舟以進士歷官已顯，豈肯自謂「駔儈下才」？及視聽才分，實難共處，且人即無良，豈有冒認嫠婦以爲己妻？趙、李皆名人貴家，易安婦人之傑，海内衆著，又將誰欺？雖喪心下愚，亦不至此。要録大書右承奉郎監諸軍審計司張汝舟屬吏，以汝舟妻李氏訟其妄增舉數入官也，其文甚明，安得謂妻上脱「趙明誠」三字？陸氏謂妄增舉數何與妻事，朝廷亦豈爲準理？則閨房之内，事有難言，增舉入官，欺罔朝廷，安得置之不理？此等事惟家人得知之，故發即得實，若它人之婦，何從知之？

惟易安必無再嫁之事，理初排比歲月，證之甚明。今即要録所載此一節覈其年月，更可瞭然。易安金石録後序自題「紹興二年元黓歲壯月甲寅朔易安室題」，要録繫訟增舉事於紹興二年九月戊午朔，相去一月，豈有三十日内忽在趙氏爲嫠婦，忽在張氏訟其夫？此不待辨者也。又易安於紹興三年五月上使金工部尚書胡松年詩有「嫠家祖父生齊魯」之句，則易安以老寡婦終已無疑義。要録又載紹興二年八月丙辰（是二十九日，是月戊子朔，後序題甲寅朔，蓋筆誤，甲寅是二十七日，或是朔甲寅誤倒。蓋本作戊子朔甲寅，古人記月日有此例，以既曰某日朔，則自知甲寅是二十七日，不必更云越幾日也，傳寫者脱去戊子二字耳。）直祕閣主管江州太平觀趙思誠守起居郎，思誠，明誠兄也，則是時趙氏尚盛，尤不容有此事。要録又載建炎三年閏八月，和安大夫開州團練使致仕王繼先嘗以黄金三百兩從故祕閣修撰趙明誠家市古器，兵部尚書謝克家言恐疏遠聞之有累盛德，欲望寢罷。上批令三省取問繼先。則所云徵及玉壺，傳聞置獄，當在此時。王繼先本奸黠小人，時方得幸，必有恫猲趙氏之事，而綦宻禮爲左右之，得白，故易安作啓以謝。

至張汝舟妻李氏，或本易安之一家，與夫不咸，訟訐離異，當時忌易安之才，如學士秦楚材者秦檜之兄，名梓。及被易安誚刺如張九成等者因將此事迻之易安張九成爲紹興二年進士第一人，其對策有「桂子飄香」之語，易安因有「桂子飄香張九成」之謔，亦足證其嫠居無事，若方與後夫争訟仳離，豈尚有此暇力弄狡儈乎？或汝舟之妻亦嫻文字，作文自述被夫欺淩毆擊之事，其訟妄增舉數時亦必牽及閨門乖忤，自求離絶，及置獄，根勘得實，並遂其請。後人因其適皆李姓，遂牽合之。李微之亦不察，而誤采之，俗語不實，流爲丹青。遂以漱玉之清才，古今罕儷，且爲文叔之女，德甫之妻，横被惡名，致爲千載宵人口實。余故申而辨之，補俞氏之闕，正陸氏之誤，可爲不易之定論矣。

建炎以來朝野雜記 宋 李心傳

二十九日 閲建炎以來朝野雜記。因昨考要録檢一事未得，今日更檢此也。武英殿本訛脱甚多，余舊有鮑以文手校瓶花齋鈔本，紙墨精工，勝殿本遠甚，惜少一册，遭亂盡失之矣。陸存齋言亦有舊鈔本，嘗以校殿本，脱落甚多。乙集卷十二「愛王之叛」條末脱小注八十字，它日當向存齋借校之。

要録乙集卷十二「昔人著書多或差誤」一條有云：「朱文公通鑑綱目自唐武德八年以後至於天祐之季甲子並差，考求其故，蓋通鑑以歲名書之，而文公門人大抵多忽史學，不熟歲名，故有此誤。」慈銘案，古人以甲子紀日，不以紀年，然亦未見有用歲名歲陽者，惟漢碑間見之。温公作通鑑及目録獨用歲陽歲名以紀年，蓋本漢書律曆志云「閼逢攝提格之歲」及賈誼鵩賦云「單閼之歲」、許氏説文叙云「困頓之年」爲例。温公好古，遵而用之，然實不便於記誦。余數十年來日記亦用其例，實可不必也。

宋寧宗之育宗子與愿於宫中在慶元四年，時寧宗甫三十一歲，其前二年生子埈，兩月殤，至六年正月生子坦，八月薨。十一月與愿更名曮，拜觀察使。時恭淑韓后未崩，是月又生子增，踰月殤。嘉泰二年閏十二月曮拜節度使，封衛國公。是月恭聖楊后生子坰。繫年要録作「坦」。開禧元年五月立曮爲皇子，封榮王。至三年正月寧宗生子墌及圻，墌尋不育，圻生踰月，奏告天地宗廟社稷高禖諸陵，百官表賀，旬日而薨。是年十一月，遂立曮爲皇太子，更名幬。嘉定元年，寧宗又生子垍，未幾殤，繫年要録稱垍爲第八子，宋史寧宗本紀垍以上惟見五子，有圻無墌，其名無可考。要録稱華沖穆王坦，宋史作「坰」，爲第五子，是其一當在埈之前，而史失之。是寧宗雖妻生不育而實多男。曮更名時帝年方壯，又將生子，而曮之名獨取日旁，已隱以神器屬之，其封國公、拜大鎮，正在楊后生子之際，而越一歲即立曮爲皇子，是寧宗公天下之心更出仁宗、高宗之上。而楊后之英明能制寧宗者亦無間言，其識大義而無私心，千古所未有也。史臣不爲闡揚，後人亦無言及者。而曮再改名詢，立十四年而薨，謚曰景獻，次年復立宗室子竑。又二年寧宗復生子坻，踰月殤，次年寧宗遂崩。竑復爲史彌遠所廢殺，而立理宗。蓋寧宗生九子，育兩宗子，而皆不得嗣，可謂重不幸矣。要録乙集成時景獻未薨，竑亦未生，其載寧宗諸子自第五子始，而以前皆失紀，又誤坰爲坦，是其疏也。宋史宗室傳不紀寧宗諸子，惟爲詢、竑立傳，而詢傳云開禧元年矚立爲皇太子，拜開府儀同三司，封榮王，更名幬，謬舛至不可讀。蓋「皇」下誤衍「太」字，而「更」字上脱去「三年十一月立爲皇太子」十字，要録「今上皇太子」條「開府儀同三司」，「開」字上脱「開禧元年五月拜」七字，則皆傳刻之訛耳。

八月

後漢書 南朝宋 范曄

初四日 後漢書鄭君傳載誡子益恩書有云：「吾家舊貧，爲父母群弟所容，去廝役之吏，遊學周秦之都。」汲本、監本、官本范書「爲」字上皆誤衍「不」字，阮文達據唐史承節所撰鄭公碑、陳仲魚據元大德重刊宋淳化本范書，皆無「不」字，是矣。余按隋書儒林劉炫傳載，炫自爲贊曰：「通人司馬相如、楊子雲、馬季長、鄭康成等皆自叙風徽，傳芳來葉。」其下有云：「家業貧窶，爲父兄所饒，廁縉紳之末。」其文實仿鄭君，是光伯所見本無「不」字，尤爲確證，且惟爲父母所容，故得去廝役而遊學，若不容，安得去乎？語氣亦甚不通矣。鄭君少以不樂爲吏爲父所數怒，而所言如是，不特立言之體宜雅，亦以父雖怒而不能禁，遂造太學，是終爲父母所容也。丁儉卿據御覽引鄭君别傳作「爲父母郡所容」，

「郡」乃「群」字之誤，又奪去〔不〕〔弟〕字。丁氏强解爲父母之邦，非也。

太平廣記 宋 李昉

初七日 閱太平廣記卷三百十九鬼四「蘇韶」、「夏侯愷」兩條，皆引王隱晉書、章氏宗源隋經籍志考證，據史通書事篇言王隱、何法盛之徒爲鬼神傳録，此爲隱鬼神傳中之詞。廣記卷二百九十四神四載王猛貨畚見嵩山神事，云出中興書，乃法盛鬼神録之詞，法盛改傳爲録。章氏失引。是卷又載「吴興徐長興鮑靚交」一條，云出世説，今本世説無此事，疑是術解門之逸文，當在郗愔服符下。

柳邊紀略 清 楊賓　心止居詩文集 清 楊夢符

初九日 得楊生鳳藻津門書，並寄其八世從祖耕夫先生賓柳邊紀略鈔本一册、其曾祖六士先生夢符心止居詩文集兩册。紀略雖有刻本，此本之首有成都費密序，鈐有「赤泉楊氏圖書」朱文印一。又卷一鈐有「楊賓之印」四字白文、「耕夫」二字朱文印二。其中間有改竄字，蓋尚是孝子手稿也。心止居詩文刻本世亦罕見之，楊生家貧早孤，能寶守不失，亦可貴矣。

藤陰雜記 清 戴璐

二十日 偶閱戴菔塘藤陰雜記，菔塘留心掌故，然其言凡御史同考取者皆認同年，歲有宴集，今已無其事。又臺規載科道記名即拜前輩，今則俟到官始拜矣。

三水小牘　唐　皇甫枚

二十一日　繆筱珊來，以儀徵劉伯山毓崧通義堂集、王船山年譜、筱珊所自輯三水小牘、歐陽叔弼集古録目、山謙之吴興記、元和郡縣志逸文及李少温篆書「聽松」二字拓本爲贈。通義堂集本十六卷，今僅刻至五卷，船山年譜亦伯山所輯。三水小牘，筱珊據抱經堂本更取太平廣記、續談助、説郛、説海諸書校之，又從廣記輯得逸文九則、續談助輯得一則，並坿於後。此書余於咸豐庚申五月京邸卧病中曾補廣記五則，爲文跋盧本之後，今筱珊更搜得四則，蓋無復遺矣。

通義堂集　清　劉毓崧

夜閲通義堂集，其中如丁儉卿易林釋文跋，申丁氏謂易林是西漢文字，必出焦延壽，駁翟雲升、牟默(深)〔人〕謂出崔篆之説。其解「昭君」爲昭明之君，猶其它繇辭言「文君」或泛言文德之君，或指周文王，其辭甚辯。然推尋漢諱，它多不避，惟不見「弗」字，決爲昭帝時所作，則附會太甚。昭帝諱弗陵，何以易林「如新作初陵」等不諱陵字乎？至若「大蛇當路使季畏懼」，則指高帝事無疑，而以爲泛論常人，與高帝無涉，亦屬强解。其大夫以上先廟見後成昏説三篇，據左傳陳鍼子譏鄭世子忽先配而後祖，齊高固反馬，季孫行父如宋致女，及列女貞順傳宋恭伯姬、齊孝孟姬之事，證其與士禮「即夕成昏」

不同，又證以禮言「嫁女先教於公宮三月」，知嫁後亦教以三月而成婦，爲大夫以上之禮。及詩，言采蘩「夫人可以奉祭祀，則不失職」，草蟲言「大夫妻能以禮自防」，皆先祭於祖，後爲配合之義，疏析名通，足爲堅據。其兼祧之禮合乎古義説及禁遷葬者與嫁殤者考兩篇，亦深有裨於名教。遷葬中鄭注，謂「生時非夫婦，死既葬遷之」之義，謂指生時被出之婦及出而改嫁之婦，其後前夫之子或繼夫之子迎母柩合葬於父者，引通典所載魏晉間事爲證，尤足爲鄭注功臣。

至漢昭烈帝廟號顯祖考上下兩篇，據蜀志郤正傳載所撰釋譏文有「丕顯祖之宏規」語，及晉書劉元海載記言元海即漢王位，作漢高祖以下三祖五宗神主而祭之。通鑑胡注云淵以漢高祖、世祖、昭烈爲三祖，遂謂昭烈廟號顯祖，陳志偶遺之。繁稱曲引，以成其説，此猶吾鄉先哲章實齋氏據先主傳諸葛武侯上後主言有「乃顧遺詔事，惟太宗之文謂昭烈」，蓋廟號太宗，皆强欲爲蜀漢争體面，不知承祚於蜀册太子皇后諸王之文無不備載，豈有上廟號之大典禮反失紀者？且後主傳建興五年丞相亮出屯漢中，注引諸葛集載後主命出師詔，其文歷敍漢祚興衰，甚爲鄭重，有云「昭烈皇帝體明叡之德，光演文武」云云，設有廟號，不容不冠昭烈之上，以示嚴重。晉書劉元海載記載元海下令歷敍漢高祖、太宗、世宗、中宗、世祖、顯宗、肅宗，而下云「孝愍委棄萬國，昭烈播越岷蜀」，則其無廟號益明，且元海不宜稱曹氏所加獻帝之謚而稱孝愍，又追謚後主爲孝懷皇帝，其尊崇無所不至，使昭烈有廟號，何反不舉？且廟號亦二字，以對孝愍，亦無礙於偶儷。蓋當日祇上帝謚，無廟號者，以僻在西隅，未得中原，欲待還軫舊京，光復社稷，方備典禮，是此舉正足見武侯及諸名賢志在匡復，不肯自安狹小，遽以庸蜀一隅，比蹤光武，最爲得禮。若魏明帝之生前豫自定烈祖之號，吴之尊堅爲始祖，尊權爲太祖，皆志意已滿，比於夜郎自大，適以詒笑。而伯山轉援魏吴，以爲比例，亦傎甚矣。尋郤正此文所謂「丕顯祖之宏規，縻好爵於士人」者，自謂昭烈能大前世之業，「顯祖」指高、光二祖而言，若以「顯祖」爲昭烈廟號，則文氣亦不順。至章氏所據「事惟太宗，動容損益，百寮發哀，滿三日除服」者，本謂遵文帝短喪之制，而乃以太宗爲昭烈廟號，則更不可通矣。蜀漢當時兵方大衄於吴，又新失荆州，連喪大將，國勢岌岌，昭烈之殂，事出倉卒，幾不可以爲國，故於受終之際，一切權宜務從簡略，臣下三日除服，逾月即改元，自無暇議崇廟號，增飾禮文，不然，豈以武侯之賢，有此失禮之舉？短喪更號，冀鎮人心，然卒能支持兩大之間，内外乂安，綱紀皆立，非武侯之才不能致此，此讀書者所貴知人論世也。

汗簡 宋 郭忠恕

二十四日 閲汗簡，汪立名刻本，其中誤字甚多，近時鄭子尹爲作箋正，惜尚無刻本也。

宋史 元 脱脱

二十六日 閲宋史隱逸、卓行傳，其中如劉愚、魏掞之等，宜入之儒林，不宜入隱逸，二人皆以道學自任，皆應舉歷官，非遯世者。胡憲賜進士出身，官爲館職，宜附其從父安國傳。郭雍傳其父易亦宜附忠孝傳。宇文之邵傳中所敍皆宦績，尤不宜以隱逸目之。潁昌杜生、南安翁兩傳，皆采自宋人説部，事近瑣屑，敍次不雅，其敍杜生曰：「不出門者三十年，黎陽尉孫軫往訪之，問所以不出門之因，笑曰：『以告者過也。』指門外一桑曰：『憶十五年前亦曾納涼其下，何謂不出？』」此事果誰證之？其人之作僞市名，可笑已甚。其敍南安翁謂其大兒於關外鬻果失税，爲關吏所拘捕送郡，翁與小兒偕詣庭下，請以身代長子受杖。其小兒告郡守，謂父「元係帶職正郎，累典州」，郡守遣吏隨兒取所埋甕，得其誥敕，乃免。夫以禽犢之愛，至以垂老之身，請代受杖，且以方州顯秩，甘試官刑，不特虧體辱親，其忘君恩而羞朝序亦已甚矣，乃猶侈爲美談，列之隱逸。宋史之陋，往往如是。甚矣，脱脱、歐陽原功等之無識也。

十三經札記　清　朱亦棟

二十七日　閲上虞朱碧山十三經札記。碧山本名芹，後更名亦棟，乾隆乙酉科副榜，戊子科舉人。此書分易三卷、書二卷、詩二卷、左傳二卷、公穀一卷、周禮二卷、儀禮一卷、禮記二卷、孝經一卷、論語三卷、孟子二卷、爾雅一卷，共二十二卷。前有自序，題嘉慶二十二年時年七十有九。其書雜剌漢、唐、宋諸儒之説，折衷是非，頗取平易簡明、實事求是，而心得殊尠。自序謂少時習舉子業，間學詩賦古文，初不知十三經注疏爲何書，己丑計偕北上，時錢辛楣師寓官菜園上街，余寓横街，晨夕過從。同年楊木齋假館師處，言師於諸門人中惟邵二雲至輒作竟日談，曰此學人也，余始至琉璃廠買注疏一部云云，此非今人所肯言，具見先輩篤實，絶不自諱，足爲後生師法。考辛楣先生以乾隆乙酉爲浙江副考官，二雲先生是科中第四名。楊木齋名交泰，更名寶椺，會稽人，是科正考官爲曹文恪公秀先，時官祭酒，首題其事上也敬二句，次題吾學周禮。戊子科正考官爲庶子博卿額，副考官爲陸耳山副都，時官中書，先曾伯祖前四川銅梁縣知縣諱筠、亡室馬恭人之曾祖前陝西留壩廳同知諱廷銈，皆是科中式。汪龍莊先生亦舉於是科。

養吉齋叢鈔　清　吴振棫

三十日　吴子修編修來，言其大父仲雲制府著有養吉齋叢鈔二十四卷，皆載國朝掌故，已寫有清本，昔年梅小峴中丞欲付浙江書局刻之未果，余力從臾子修集資濟其事。我朝談故之書絶少，舊聞新城陳碩士侍郎有納被録、閩縣王文勤公慶雲有□□□□□[一]，亦皆言故事，陳書未知存否，王書亦未刊行。余婁屬其孫可莊修撰亟寫定本，亦尚未果也。

注釋

〔一〕案此處原闕，考王慶雲著有熙朝紀政、石渠紀餘八卷，蓋即此。

樊樊山詩集　清　樊增祥

閲雲門近年詩，曰關中後集，曰東歸集，曰轉蓬集，其東歸集中詩最佳。

十月

三朝北盟彙編　宋　徐夢莘

初三日　閲三朝北盟彙編。所載馬擴茅齋自叙、鄭望之北使録，其言多不可信。然姚平仲劫寨之舉，李忠定建康傳信録言本期二月六日，平仲奉密旨以初一日夜出，雖种師道在城中亦不豫知，忠定方在病假，是夜二更忽奉詔出援，忠定以師非夙戒，力持不可，詔使婁促，不得已而出，次晨力解諸將之圍，拒卻金人，平仲雖無功，亦不大衄，以違節制，恐爲師道所誅，故逃去。據望之及諸書所紀，則忠定實豫謀，其兵亦皆大創，平仲遂戰死。以忠定爲人觀之，必不至諱敗飾非，歸過君上。而徐氏大書劫寨事，亦似以忠定爲與聞，其後援太原事，亦以忠定駐懷州，去太原七百里，調遣應援多失機會，且不用師道言，俱以望之之説爲然，不可解也。

孫明復小集　宋　孫復　孟志編略　明文正氣集　清　孫佩蘭輯

十三日　庚午同年孫佩蘭葆田自山左寄來所補輯書三種，一孫明復小集，一孟志編略，一明文正氣集。明復集即四庫本，僅文十九首，詩三首，從泰安趙相國國麟家録出者，後有相國子起魯跋，言相國撫安徽時所得，相國本吾邑瀝海所人，嘗求其志狀缺如，今知其子名，亦可補入郡志也。孟志編略本道光末亞聖裔五經博士孟廣均所重纂三遷志稿，爲之增輯訂正，自年表至雜志分爲六卷，考訂詳慎。然魏默深集中有孟子年表，頗有可采。明人陳士元孟子雜記中亦頗有新説，孫君似皆未見也。明文正氣集分前、後編兩册，皆殉國者所作四書題文，不過爲家塾讀本耳。

金源紀事詩　清　湯運泰

十四日　閲青浦湯虞樽運泰金源紀事詩。皆用新樂府體，直率近俚，取材亦窄，較之尤西堂明史樂府，尚不及其生峭。然述完顔一代事本末粲然，且表彰忠義爲多，此其可傳者耳。

輞川圖卷　清　錢杜

二十三日　雲門出觀舊所購錢松壺輞川圖卷屬題。此松壺爲藍田張芥航畫，款題「道光壬辰六月背臨唐子畏本」，設色高澹，位置精絶，自孟城坳至斤竹嶺皆蠅頭細書記之。其文杏館畫紅杏數十株，或以爲譏，不知以文杏爲梁，既非山居所宜有，且何足以爲勝境？右丞詩所云「文杏結爲梁，香茅結爲宇」，不過以杏可爲梁，信手掇拾，乃託興之詞，非事實也。故裴迪和詩祇云「退退文杏館」而已。右丞它詩如鹿柴、木蘭柴兩題皆絶不及鹿與木蘭，茱萸沜云「山中儻留客，置此茱萸栝」，豈將以茱萸沜爲藏茱萸栝之地乎？辛夷塢云：「木末芙蓉花，山中發紅萼。」辛夷與芙蓉絶不相涉，豈將以辛夷爲芙蓉乎？蓋古人之詩興寄所及，不可概論，況以之論畫乎？又觀倪鴻寶墨竹長卷、杭堇浦榕城紀游詩畫册十二幅、吴竹初爲曾賓谷畫西谿小景十二幅。

四庫全書考證　清　王太岳

二十六日　閲四庫全書考證。此書共一百卷，全出王芥子太岳之手，於四部諸書不過略校誤文奪字數條，是正寥寥，罕關要指，蓋殿本經史考證體例如是。經自左傳、禮記，史自史記、漢書出齊次風手外。（齊侍郎經學亦非當家，其禮記正義考證多駮鄭注，有絶荒謬者。）皆每卷不過一二條，有絶可笑者；舊、新唐書多取沈東甫唐書合訂，稍爲詳盡。惟卷一先莊簡公讀易詳説考證十四條，乃多辨文義得失，與它書獨異，命僧喜録出之。

二十八日　閲四庫全書考證，宋人集部中詩有不全者，往往據永樂大典所載補入，頗有佳什，惜不多耳。

關中集　紫泥酬唱集　清　樊增祥

三十日　雲門以所作關中集、紫泥酬唱集詩兩册送閲，其中佳句絡繹，頗觸吟興，因作寄雲門七律兩章、答爽秋七絶三章，即寫致之。

十二月

本草綱目　明　李時珍

初六日　閱本草綱目，其中多載軼聞故事，足資博覽，不特辨析藥性，有功生人也。

光緒十七年

正月

津逮祕書 明 毛晉輯

二十二日 閲津逮祕書中所刻袁郊甘澤謡、康駢劇談録，皆非足本，至刻及林坤誠齋雜記、伊世珍琅嬛記，無謂甚矣。兩書雜采群書，淩亂無緒，所引書名大半僞撰，轉不如雲仙散録所載書名出於一手景撰，詞藻斐然，蓋王性之北宋人，本有學問，託名馮贄，工於作僞。此兩書皆明代村學小夫所爲，專取小説無稽及習見之事增改點竄，以足成之。誠齋雜記前有永嘉周達觀序，言據狐穴餘編書爲會稽林太史坤字載卿所撰。琅嬛記題伊世珍字席夫輯，皆託名元人，實皆子虚烏有。狐穴餘編亦怪妄僞名也。四庫總目兩書皆附子部雜家類雜纂之屬存目中，據明人錢希言戲瑕以琅嬛記爲桑懌所僞託，然恐民悦尚不至是耳。

揖石齋圖 清 蕭晨

二十五日 雲門出眎所得廣陵蕭靈曦晨爲真定梁予培畫揖石齋圖，寥寥小幅，茆屋三間，槐蕉對峙，帶以竹闌，中畫一几一石一人對之而已。予培爲蕉林相國清標從子，齋即蕉林所名，有蕉林題驀山谿一詞，王文貞崇簡、王漁洋、李湘北、方邵邨亭咸、沈文恪荃、汪蛟門、沈雲門清范、史子修鶴齡、顔修來光敏、趙武晉隨、楊簡人仙枝、張文端英、鄭瑚山載揚、施愚山、李子盤仙根、歸孝儀允肅、高江邨十七人所題詩詞，中惟趙、楊、鄭三人名字罕見。趙嘉興人，楊山西人，鄭縉雲人，與蛟門、桐城、修來皆康熙丁未進士，沈雲門山陰人，亦丁未進士，由内閣中書爲壬子江南副主考，官至刑部郎中，著有采山堂詩集，余幼時嘗見之，今無傳者，惟府縣志皆載其字康臣。此卷自題雲門，蓋以家山自號也。史子修爲溧陽相國之祖父，亦丁未進士，官編修，此卷自題瀨水，亦以地爲號。蕉林嘗主丁未會試，故汪、沈、史、顔、趙、楊、張、鄭皆稱予培爲年老世翁。李子盤四川遂寧人，順治辛丑榜眼，官至户部侍郎，其字子盤，此卷自題子静，蓋有二字。漁洋題五古四韻、愚山題七絶一首，皆草草不工，其集中俱不收。惟李文定醉太平一詞、沈康臣用汪蛟門韻七絶三首，皆佳。今録於此。文定之字以湘北及容齋傳，皆别號也。此册自題朝霞，與其名天馥相配，蓋其表德矣。李詞云：「蘼蕪近村，梧桐静軒。一峰愛禮嶙峋，是南宫後身。　支機自雲，沉犀未鱗。小齋相敬如賓，充先生下陳。」沈詩云：「茅棟書牀倚緑蕉，名賢圖繪倩樊蕭。白下樊圻先繪此圖。長看白石峰當面，何似拖青綬在腰。」「平泉花石幾經新，高士留傳别有神。一片巫山能作雨，衹隨廡下五噫人。」「尺幅林亭拂几開，恍疑谷口訪君回。那能同把盧敖杖，更掇天門玉女來。」

咸淳臨安志 宋 潛説友

二十六日 閲咸淳臨安志。初印本甚佳，近年補刻本頓失舊觀，然索價至十六七金矣。

二月

初三日 閲咸淳臨安志。此書不特考證精密，其體例詳贍，最爲有法。所載行在宫殿、百司及禮制沿革多足補宋史之闕。南宋志地之書，以此與嘉泰會稽志、景定建康志爲最佳，建康、會稽，南宋之初皆嘗建都，故較它志尤有關係，惟潛氏作志，正賈似道柄國之時，故多致推崇，且婁載所著詩文，詒人口實，爲可惜耳。

蘇若蘭小像 元 管道昇

初五日 夜飯後爲雲門跋管夫人所繢蘇若蘭小像及仇實父補繢織錦、寄詩、展圖、迎歸四圖長卷。其仲姬畫以蘭竹擅名，山水人物尟有傳者，此卷於團扇繢若蘭像，娟静工細，甚有唐宋人院體仕女法。其左小設樹石，亦妍秀，而款題「若蘭小像」四篆字。又行楷三行，言仿淑真本，淑真不知何人。朱淑真未聞能畫。文氣支離，字亦拙俗，後寫璇（機）〔璣〕圖詩，文既不全，楷法亦不工，必非出仲姬手也。

仇圖鋪寫富麗，所繢門庭園囿，花樹陳設皆極精緻，而所貌婦女俱不甚工。十洲以美人擅長，此亦可疑。明人許初跋言「太僕其善寶之」，太僕不知何人，董玄宰跋言「太原相國所藏」，蓋指太倉王文肅，舉其郡望耳。玄宰同時無太原人入閣者，惟王文端家屏爲大同山陰人，文端不以收藏名，且亦非太原人也。蒙叟跋祇兩行十餘字，字畫潦草，語亦甚率，乾嘉間歸曾賓谷，有「賓谷」及「王芑孫審定」等印記，近年歸滿洲故河南巡撫瑛蘭坡瑛棨，今已轉賣兩家矣。

咸淳臨安志　宋　潛説友

初八日　閱咸淳臨安志。卷十四行在所録欑宫門載「成穆郭皇后、成恭夏皇后、皆孝宗后。慈懿李皇后、光宗后。恭淑韓皇后、寧宗后。欑並在錢湖門外三里南山之修吉寺各殿，爲上下宫。上欑宫，下神御。每歲春秋，太常卿朝獻，秋監察御史按視，内人内侍各以時詣宫所，及官吏、職掌、兵士、守衛皆如會稽欑陵之儀，四后宅許春秋朝謁」。卷七十八寺觀，南山寺院門載「修吉寺，天成二年吴越王建，舊額『瑞龍』，大中祥符元年改賜額，安穆、成恭、慈懿、恭淑四后欑宫皆在其地，寺内有西湖奇觀」。考宋史后妃傳不載四后葬所，禮志二十六凶禮門惟載孝宗莊文太子愭薨後，「詔皇太子欑所，就安穆成穆皇后初謚。欑宫側近擇地，繼而都大主管所言選到寶林院法堂堪充皇太子欑所，從之」。亦不言安穆欑所。后之葬地，國之大事，而史略之，宋史繁簡失當，大率如是。成穆爲孝宗元配，光宗之母，祔配孝宗，而不祔葬阜陵。慈懿爲光宗元后，寧宗之母，史不言祔光宗廟，亦是疏略。而不祔葬崇陵，皆不可解。此志足補宋史之闕。惟一寺之地能有幾何，而四后並欑，寺仍不廢，不知其制若何。所謂「各殿爲上下宫」者，亦不可考矣。李氏心傳建炎以來朝野雜記甲集卷二載成恭成穆慈懿恭淑四欑宫云：「孝宗在藩邸，成穆已欑於臨安府南山之修吉寺，乾道初成恭殁，因葬其東。慈懿欑宫又在成穆之東，神穴深九尺，紅團裹，方二十有五步，用成恭例也。恭淑皇后欑宫在慈懿之東廣教寺。」其言四后欑所又較臨安志爲詳，而不載上欑宫下神御之殿制。又云「莊文太子園在臨安府寶林院法堂内，初議以南山淨慈寺爲之，王日嚴曬時爲給事中，言其高明顯敞，與安穆、安恭事體爲不稱，遂改用寶林焉。」又與禮志所言小異。禮志載開僖三年孝宗成肅皇后謝氏崩，吏部尚書陸峻言「成穆皇后，孝宗登極即行追册，改殯所爲欑宫，典禮已備，所以更不遷祔。」是成穆不祔阜陵，以欑宫久安之故。光宗止一李后，其崩又後於光宗六年，何以不祔崇陵乎？

施注蘇詩 宋 蘇軾撰 宋 施元之等注

十一日 閲宋漫堂刻本施注蘇詩。其於所缺之卷，間取王注，屬邵長蘅、顧俠君等補之，不爲無功。而於本有者爲之删補，改逐體例，致施氏真本面目無由得見，則妄甚矣。補遺兩卷，馮山公所注，亦復平平。

趙孟頫、吴鎮、柯九思畫

二十二日 早起，坐杏花香雪齋，懸鷗波、仲圭、丹丘畫三幅，對之靜坐，畫理層出。趙畫林野深遠，平山複川，右結一亭，有叟坐望，湖中一舟，有人持釣，車人皆紅衣，餘惟墨續。圖左題「至大三年六月望日吴興趙孟頫爲吴彦良畫」，上方右題云：「岸静樹陰合，江清雲氣流。可憐無限景，詩思落扁舟。」下署「子昂再題」。兩處皆鈐「趙氏子昂」四字朱文方印。上方之中有王梧谿行書七古一章云：「吴興名邦山水曲，上箬下箬蘭苕緑。翰林學士偶歸來，小立鷗亭送吟目。亭前倒開天十頃，玻瓈風動珊瑚影。鹿頭舫子漁家郎，想有蠻歌度深静。故人徵畫復徵詩，真行妙墨臨羲之。鄭虔三絶世無有，嗚呼何幸載見至大三年時。」下署「至正壬寅八月白露日，王逢題。」鈐以「王原吉氏」白文一印、「席帽山人」朱文一印，此詩今本梧谿集不載。松雪自題不言是鷗波亭，梧谿詩乃有鷗亭送目之語，後人遂以此爲鷗波亭圖矣。圖邊有「墨林山人印」，本項氏物，今歸涿州李氏。

吴仲圭畫作蘆葦數重，煙波渺瀰，洲渚層出，奇石間露，一舟方首圓篷，上堆蓑笠，一人踞艄翹望，沙際雙雁並飛，上爲平山，略襯樹薺，上方草書一詞云：「點點青山照水光，飛飛寒鴈背人忙。衝小浦，轉横塘，蘆花兩岸一朝霜。」下不署名字，惟鈐兩印，一云「梅花盦」，一云「嘉興吴鎮仲圭書畫印」，皆朱文，本爲怡賢親王明善堂所藏，今歸滿洲故廣西按察使長賡之子吏部郎中延熙。

柯丹丘畫直竹兩竿，大葉粗節，秀勁如生，旁倚石一卷奇皺洞透，右題云「至元後戊寅十二月十三日留清閟閣因作此卷，丹丘生題」。至元後戊寅者，順帝即位之六年，以别於世祖之至元十五年戊寅也。下鈐「柯氏敬仲」朱文一印，旁鈐「敬仲書畫」白文一印。上有高宗純皇帝御題云：「抹月披煙迥出塵，櫹槮倚石矗新筠。爲思愛竹洋川老，一寫精神便逼真。」下鈐「乾」字圓印一、「隆」字方印一，皆朱文。右旁有

「項元汴印」朱文，本亦天籟閣物，今藏京師前河南陳州府知府李子皆在銛家。

王叔明夏日山居圖 元 王蒙

二十三日　懸王叔明山水坐右觀之，巖嶂複重，林樾深窈，上爲峻嶺，下峙喬松，幽徑微茫，洞穴窅邃，煙雲無盡，繚繞筆端，真名作也。左邊山麓林隙，結屋數椽，虚堂短籬，掩映霏靄。右方題「夏日山居」四字，又低一格兩行云：「戊申二月黄鶴山人王叔明爲同玄高士畫于青村陶氏之嘉樹軒。」上方有明禮部尚書林文安題七古一章，末署「三山林瀚爲少司成費先生題」。林詩之下有高宗御製詩云：「蒼山雅解朱明障，灌木還饒翠蔭籠。結宇名符灤水上，不須今昔辨殊同。」下小字注云：「灤陽别墅亦有嘉樹軒，與山樵寫圖處名同，故云。」後署「乾隆戊寅御題」，下鈐「乾隆宸翰」「幾暇臨池」兩印，皆朱文。此幅左右共鈐御印十五方，有一印曰「太上皇帝」，亦朱文，按戊寅爲乾隆二十三年，至禪授後尚鈐印識之，蓋宸衷深賞，久供幾餘之覽，故稱之曰「山樵」而不名。林亨大詩字皆不甚佳，而御製乃書其下，亦不忍去，皆足見聖情欣契。得此畫者自宜繳進，今亦在吏部郎中延熙家。作書致仲弢，以畫四幅悉還之，暫得縱觀，亦老來眼福矣。雖煙雲倏過，而繚繞匈中，可得數年耳。

宋詩紀事 清 厲鶚

閲宋詩紀事，其於西崑體、江西派皆别爲編次，而於宋季江湖派不分别出之，蓋以人數太多也。

二十七日　夜閲宋詩紀事。宋自蘇、黄派盛，才氣益出，格調一新，後進規橅山人放浪，於是北宋名家純實之氣、醖藉之度變滅殆盡。至南渡光、寧以後，自朱子、放翁、平園數家外，雖鉅公名德，其所作亦皆尖新刻露，往往邨野氣多，絶無臺閣雍容之象。風會愈降，人才愈薄，所傳軼事大率局促拘狹，承平風度不可復見。樊榭雖刻意搜羅，而取材漸窘，瑣聞一二，淺俗支離，亦或小説無稽，取盈卷軸，故自第五十卷以後尟可觀矣。

三月

白華絳跗閣詩集

朔　子獻自里中來，以新刻余白華絳跗閣詩集樣本見眎，凡十卷，每葉二十二行，行二十一字，字畫甚精，款式皆雅，共十萬言。子獻獨任其力，上虞連擷香爲選杭州佳手刻之，甚可感也。

陶靖節詩集注　晉　陶潛撰　宋　湯漢注

十一日　閲湯伯紀漢陶靖節詩集注，雖甚廖廖，而頗簡覈。

深寧先生文鈔 宋 王應麟

二十日 卧閱深寧先生文鈔。道光己丑鄞人葉小山太守熊合明鄭千之所輯四明文獻集五卷及搜采郡縣志諸書所載爲摭餘編三卷，彙而刻之，雖僅二十之一，然先生之文章風節亦足見其大凡矣。

審音鑑古録 清 佚名

二十一日 夜閱審音鑑古録。摘取琵琶記、荆釵記、紅梨記、牡丹亭、兒孫福、長生殿、鐵冠圖、西廂記等雜劇，旁注宫譜，間系評語，專講爨演之法，蓋崑曲當家。而文拙言繁，近於老伶曲師，不通文理，不知何人所爲也。每齣有圖，亦不甚工。其中西廂記即王本改演，科白關目皆甚惡俗，詞亦近俚。余見越中優人曲本皆用王詞，科演雖稍改，亦不至是也。

咸淳毗陵志 宋 史能之

二十二日 閱史能之咸淳毗陵志。共三十卷，缺第二十一卷。嘉慶庚辰武進趙億孫所刻，前有史原序及元延祐四年李敏之重刻序。此志久不傳，億孫搜得殘本，並借鈔長洲吴翌鳳藏本，僅得完書。首爲郡治等七圖，卷一地理，至卷三十紀遺附辨疑，共十九門，内地理三卷，官寺二卷，秩官、人物、詞翰各四卷，詳核有法。地理先爲郡縣表，起唐虞迄宋紹興三十一年，眉目朗然，考證亦密。

唐四名家集　明　毛晉輯

閲汲古閣本唐四名家集。爲五寶聯珠集、李長吉歌詩編四卷附集外詩一卷、杜荀鶴唐風集三卷、吳子華唐英歌詩三卷，槧刻精工，而不免誤字。

武林梵志　明　吳之鯨

二十四日　閲吳之鯨武林梵志。之鯨字伯裔，錢唐人，萬曆己酉舉人，官知縣。此書以浙江左布政桐城吳用先之意，博考杭州自晉以來梵刹興廢，分城内城外、南山北山及諸屬縣，俱詳其名跡勝概，附載詩文，而繼以天朝、寵錫、宰官、護持、古德、機緣、歷朝勳績，共十二卷。前有吳用先序。

二十六日　閲武林梵志。其敘次城内外寺觀庵院，以道里分山脈，大率本咸淳臨安志。卷三褒親崇壽教寺，云「俗稱劉娘子寺，宋紹興十八年劉貴妃建」，貴妃宋史見后妃傳，此云貴妃專掌御前文字，工書畫，畫上用「奉華堂印」，則史傳所無也。卷四集慶講寺，「宋理宗淳祐十二年貴妃閻氏建，妃鄞縣人，明艷絶倫，後宫爲之奪寵」，「寺之經始，内司分市材木，郡縣追逮，雞犬不寧」，「一日忽於法堂鼓上得大字一聯，云『淨慈靈隱三天竺，不及閻妃好面皮』，案，厲太鴻宋詩紀事引古杭雜記作『兩片皮』。於是行天下緝捕其人，終不得。」閻妃及惠順賈妃，宋史僅一見於謝后傳中。

四月

太玄經集注　漢 揚雄撰　宋 司馬光注

初二日　閱司馬温公集注本太玄經，道光甲辰江寧書肆五柳居陶氏所刻，誤字頗多。温公此注遠勝范望，其於詁訓辨析尤精，惜不得佳槧刻之。

太平惠民和劑局方　宋 陳師文

初四日　閱宋人太平惠民和劑局方，勃海高氏續知不足齋叢書本，其方有缺佚，當取學津討源本校之。

唐英歌詩　唐 吴融

初五日　閱吴子華侍郎唐英歌詩。其卷上第二行結銜云：「翰林學士承旨銀青光禄大夫行在尚書户部侍郎知制誥上柱國漢陽縣開國男食邑三百户吴融」，蓋猶當日集本舊題，侍郎全銜，僅見於此。其曰行在者，昭宗時駐蹕華州也，可知唐時如玄宗、僖宗在蜀，德宗在梁洋，昭宗在鳳翔、華州，皆建行在之號，翰林學士承旨在階官之上者，自唐迄明，翰林諸官結銜皆如此，以翰林爲内職也。國朝翰林與諸司同，故結銜不然，明代編檢結銜亦在階官下，即此意矣。吾越詩人六朝最多，然二謝雖久居始寧，今上虞。終非土著。孔、賀諸家集皆不傳，唐代如賀季真、朱慶餘、嚴維皆無專集，其遺集勵存者，自此集始。侍郎當日與韓致堯齊名，詩格風華亦復相似，而高朗過之。四庫提要謂「在天祐諸詩人中，閑遠不及司空圖，沈摯不及羅隱，奇闢不及周朴，其餘作者罕與雁行」。然一鳴、江東，多入獷俗，朴尤粗劣，侍郎獨有雅音，蓋山木之歌，淵原騷雅，固非傖楚之氣所能及矣。

唐風集　唐　杜荀鶴

初七日　是日小極多卧，閱杜荀鶴唐風集。其詩俗劣，又人品卑下，惟以一第得失爲性命所繫，大率求知乞恩之作，鄙情猥語，觸目可憎，而自命「唐風」，可謂謬妄。顧雲一序推許甚至，亦近逐臭。然竊譽當時，流傳後世，蓋頗能述淺近之趣，道庸俗之情，又能委曲隨人，取悦里目。如詠無雲雨詩「若教陰翳都隨例，争表梁王造化功」，爲朱温所賞，皆此類也。唐代專重進士，淩夷至於晚季，應此科者魃罔百出，蒙面喪心，十人而九。雖至國如纍卵，君如弈棋，血濺宫闈，灰飛廟社，而曲江之宴，雁塔之題，簪杏看花，揚揚得意。士風至此，掃地盡矣。荀鶴久困名場，所至干謁，兵戈轉側，百折不辭，雖以賊温之虎狼，亦投獻惡詩，僥幸一擲，其愚已甚。而王定保等尚津津述之，是可嘆也。四庫提要謂「曹鄴爲太常博士議高璩贈謚事，其論甚偉，而其詩乃怨老嗟卑，蓋一生坎壈，晚乃成名」，登第諸詩尤爲淺陋。王棨號其集爲「麟角」，以及第比登仙，當時風尚，大抵如此。其終不第者如方元英、羅昭諫，所作怨悱窮愁，亦多一致。昭諫雖大節足取，而秦婦吟諸篇皆作局外快心之詞，以視少陵當天寶時亦久不得第，而敍述離亂，忠憤勃發，此杜陵所以不可及也。吴子華亦晚始成名，其詩乃和婉，少怨楚之吟，固尚高人一等歟？

資暇集 唐 李匡乂

初八日 閲李濟翁資暇集。四庫提要歷據讀書志諸書，辨其名爲李匡乂，又據其書中稱從「叔翁汧公」，知爲李勉從孫。又稱「宗人翰作蒙求」，翰在晉天福中爲學士，見五代史桑維翰傳。又新唐書藝文志載李匡文「文」即「乂」字之誤。兩漢至唐年紀一卷，注曰「昭宗時宗正少卿」，知其人當在唐末，然則爲唐宗室矣。今按其卷下「李環餳」一條有曰「開成初，余從叔聽之鎮河中」，考聽爲西平王晟之子，西平非唐宗室，而稱聽爲從叔，且作蒙求者李翰字不作「瀚」，實非晉天福中之翰林學士，桑維翰傳中之李瀚。以宋史李濤傳考之，蓋即濤弟澣，五代史字誤作「瀚」耳。

濟翁留心掌故，辨析名義，在唐季可稱博洽，然不甚精小學。如辨角有禄音，故東方之音角作龣，角里亦爲禄里，無單點作「甪」之字，最爲塙覈，固非宋人崔偓佺輩所及。而謂行李之李當作峇，萬幾之幾不當作機；揚州之揚不當作楊，皆不知古字通借之義。謂「急急如律令」，令讀平聲，律令是雷邊捷鬼，亦惑於俗説。謂卑幼致書尊屬曰座前，不當作坐前，不知古本無「座」字。謂畢羅者，蕃中畢氏、羅氏好食此味，其字不當從食。謂不托者，舊未有刀機二字疑誤。之時，皆掌托烹之，刀機既有，乃云不托。今俗字有「餺飥」，乖甚。不知方言云「餅謂之飥」，是其字西漢時已有，餺飥、畢羅，皆餅飥二字之轉聲，其加食旁者，六朝以後俗字耳。此類皆未爲精覈。

至謂端午者，周處風土記作「端五」，余家元和中端五詔書並無作端午者，近見醴泉縣尉廳壁有故光福王相題鄭泉記，亦云「端五日」。今人多書「午」字，非也。謂阿茶者，宫禁呼公郡縣主爲宅家子，蓋以至尊以天下爲宅，四海爲家，不敢斥呼，故曰宅家，公主以下加子字，猶帝子也。又爲阿宅家子，阿，助詞也，急語乃以「宅家子」爲「茶子」，既而亦云「阿茶子」，或削其「子」字，遂曰「阿茶」。其辨席帽之制，謂永貞之前組藤爲蓋，曰席帽，取其輕也，後或以太薄，冬則不禦霜寒，(下)〔夏〕則不障暑氣，乃以細色罽代藤，曰氈帽，貴其厚也，非崇貴莫戴，而人亦未尚。元和十年六月，裴晉公戴氈帽入朝，爲張晏等傳刃，刃不即及而帽折其簷，既脱禍，朝貴乃尚之。近者布素之士亦皆戴焉，太和末又染繒而代罽，曰疊綃帽，雖示其妙，與氈帽之庇懸矣。會昌以來，吴人衒巧，有結絲帽若網，其巧之淫者織花鳥相厠，近又染藤爲紫，復以輕相尚。又「上馬」一條云：「自便服乘馬以來，既無帷蓋，乃漸至大裁帽、席帽之障蔽。」此等皆爲詳晳。

其謂拆封刀子起於郭汾陽之書吏，書啓題籤起於丞相李趙公，案，謂吉甫。門狀起於朱崖李相，案，謂德裕。謂「汾陽有晉陶侃之性，動無廢物，每收其書皮之所剺下者，以爲逐日文帖，餘悉卷貯，每歲終則散主守吏俾作一年之簿。舊但用小刀子，所剺之處，多不端正，一日刀忽折，餘寸許，吏乃銛以應急，覺愈於全時。漸出新意，削木如半環勢，加於折刀之上，使纔露鋒，榼其書而剺之。汾陽嘉之，曰真郭子儀部吏也。後因溥之，益妙其製」。謂「元和中李趙公權傾天下，四方緘翰日滿，潞帥郗士美時有珍獻，趙公喜而回章盈幅，曲敘殷勤，誤卷入振武封内以遣之，而振武别紙則附於潞，時阿跌光進帥麟，覽盈幅手字知誤，即時飛還趙公，趙公因命書吏凡有尺題皆令籤記以送，於今成風」。謂「文宗朝以前無門狀，朱崖李相貴盛於武宗朝，且近代稀有，生一品，百官無以希取其意，以爲舊刺輕刺則今之名紙。相扇留具銜，候起居狀，今又益競以善價紙矣」。此類詳述故事，尤足考唐人制度及一時風尚。惟於衛公父子皆致貶詞，且兩稱衛公皆曰「朱崖李相」，其人蓋牛李宗閔。之黨，或黨人子孫，必不能及見石晉時之翰林學士矣。卷下「稠桑硯」一條，言「元和初，愚之叔翁宰虢之耒陽邑，季父大中壬申歲授陝令」，則爲懿僖間人無疑。書中所述不及咸通後事，亦無一字及亂離，又言嘗爲鄭州，是其書尚作於唐承平時，而已見李翰所作蒙求，則翰爲唐人無疑。四庫目録題曰五代，非也。

芥隱筆記　宋　龔頤正

初十日　閱龔養正頤正芥隱筆記一卷。考證古人語之出處多精覈不苟，南宋人説部中最可觀者，在學林、野客叢書、學齋佔畢諸書之上。其中多有注語，四庫總目舉其「班固賓戲」等三條，謂與正文皆有異同，似非頤正自注。然賓戲是退之寄崔立之詩注，正文引漢書敘傳，即賓戲中語，注乃更引文選，明出淺學者所爲。惟「唐朝酒價」一條，注引曹子建樂府「美酒斗十千」，謂十千言酒美而價貴，未必是酒價，乃顯駁正文引太白、樂天詩言十千之説，總目卻失舉。

續知不足齋叢書 清 高承勳輯

十一日 閲高承勳續知不足齋叢書中所刻明人盩厔王三聘古今事物考八卷、山陰羅核軒頎物原一卷，王書分天文至道釋數十門，羅書分天原至事原十八門，皆繁雜少端緒，所引皆不言出處，掛漏疏舛，多昧原委。長洲都穆聽雨紀談一卷，附其子卬三餘贅筆一卷，亦罕有可取。江陰吴方木枋宜齋野乘一卷，寥寥數葉，不能成書。史惇痛餘雜録一卷，紀明末湖南寇亂之慘，其詆左良玉甚力，謂通賊掠民與叛無異，謂承天之破，湖廣巡按李振聲，米脂人，甲戌進士，降賊；長沙史可鏡戊辰進士，爲工科都給事中，賊到即降，授僞巡撫。皆足與明史相參。惟襄王翊銘以崇禎十四年張獻忠破襄陽時被殺甚明，而謂襄陽以壬午是十五年。十二月二日破，襄藩出奔郧陽撫治王永祚，與唐、襄兩藩避長沙，則傳聞之誤矣。

又承勳所自輯豪譜一卷，分義豪至奢豪二十門，剌取古事，或一門衹二三條，錯雜不倫。新安程景沂所輯遊戲録二卷，雜取諸小説中所載技術方藥及符禁遊戲之事，不分門類，亦多無稽之言。諸種皆所謂底下之書，兩書尤爲穢雜。

元詩選 清 顧嗣立輯

十八日 閲元詩選癸集，共十六卷，顧俠君之彌甥南沙席世臣據秀野所輯本補訂梓行，皆元人之片什零章不能成集者，每人下亦各有小傳。其書刻於嘉慶戊午，故四庫未及收。據席氏序云從先生曾孫果庭得已刻之版，並未刻之稿校訂刻之，是顧氏已有成書矣。

唐詩消夏録　清　顧安輯

二十一日　比日疲困多卧，閑閲雜書，偶見書目有唐詩消夏録，取閲之。康熙中吴門顧安小謝所編，凡二册，皆唐人五律，槧刻精工。每詩下皆有評語，專講章法照應起合及用字之法，近於時文伎倆，多涉淺俗，而頗喜爲澀晦之語，然亦間有一得，蓋尚沿明季論詩習尚，雖頗詆譏鍾、譚，實不出詩歸窠臼。其論詩最重初唐，次推盛唐，於中唐名作多致不滿，謂其薄弱。杭人周培基爲之增補，頗舉其失，亦間有考訂，而大率囿於學究之識，忽明忽昧，惟以示初學，不爲無補。蓋自南宋以後，劉辰翁、方虚谷輩評舉詩文，即有此一派也。

唐六名家集　明　毛晉輯

二十三日　閲汲古閣刻六唐人詩。爲常建集三卷、鮑溶集六卷附集外詩一卷、韋蘇州集十卷、王仲初集八卷、姚少監集十卷、韓内翰别集一卷。紙槧精工，是初印本，每集首題籤一葉，有「毛氏正本」朱文一印、「汲古閣」白文一印，爲付裝訂，以五金得之。此等三十年前皆尋常隻見，直不過數百文，近則視同祕笈，以充古董矣。

第六絃溪文鈔　清　黄廷鑑

二十六日　閲黄琴六第六絃溪文鈔。其書洪武蘇州府志後末題「道光庚子秋九月七十九叟黄廷鑑跋」，書元大德刊本白虎風俗二通後末題「辛丑九月」，是年過八十矣，不知以何年卒也。

五月

合數述　清　林紹清

初二日　周生紳之饋節物六合，受其三，又以新刻昆明林紹清文伯所撰合數述兩卷見詒。合數者英人白爾尼所撰，發明指數之義，凡真數、對數之雜糅及所設最繁難、最無憑之相等式，他法所不能推者皆可以是術推之。近日傅蘭雅、華蘅芳譯之爲合數術十一卷，此撮其大要耳。

元詩選　清　顧嗣立輯

初九日　閲元詩選癸集，其分卷自癸之甲至癸之癸各爲一集，而自癸之戊下皆各分上下卷，故爲十六卷，其癸之癸取元人姓名見於元明各家選本及山經、地志、書畫、遺蹟而無字里、官爵、時代可稽者四百三十四人，殿爲一編，其用力可謂勤矣。體例秩然，必出秀野原本無疑也。

顔魯公集　唐　顔真卿

初十日　閲顔魯公集。嘉慶七年公三十代孫江蘇興化縣知縣曲阜顔崇槼所刊，即明無錫安氏所刻十五卷本，出於宋嘉定間永嘉守留元剛所得嘉祐中宋次道所編殘本十二卷，不知何時又分爲十五卷也。宋次道本十五卷，皆集録金石所刻編成之，留氏僅得十二卷，又益以拾遺及年譜。前有孫淵如序及宋人劉原父序、留元剛序、明人都元敬序、楊石淙一清序、唐人給事中因亮所撰行狀、右庶子令狐峘所撰神道碑銘、留元剛所編年譜及拾遺詩文一卷，而不載四庫所收佚文，其校刻亦有誤字。

群書集事淵海　明　賈性

十一日　閲明刻群書集事淵海。共四十七卷，分十門，又子目五百七十二，其書門類糅雜，而偏枯掛漏，配隷不均。如褒賞一門，衹列漢、宋、元三事，餘可知矣。每條下皆注出處，俱習見之書。此書無撰人姓名，前有弘治中大學士劉健、謝遷兩序，言内官監左少監賈性以善價購得鈔本，梓而行之，謝序言蓋是前元士夫入國初後所作。今觀其中載遼、金、元事甚多，而敍遼、金於宋上，又多載元順帝善政，如褒賞門衹三事，而載順帝褒崇察罕一詔，則出元之遺臣甚明，其所引皆注元史，是已在明初修史以後，蓋是色目人不甚通學問者所爲，而惓惓故君之思，甚爲可取。

賈性一内臣之不甚顯者，而劉、謝兩序皆稱爲公，文靖言性爲其内書房教讀生，而推奬甚備，且極稱是書。文正序言性以屢至内閣傳旨，故識之，且云「予愧非博洽者，辭不獲，姑書此以塞責，若其間采輯之當與否，則亦未暇論也」，乃明示不屑交内官之意及是書之不足取，具見木齋太傅風裁嚴峻，遠過河南。而明自王振以後，宦寺權勢炎炎日盛，雖以孝宗極盛之世，文靖首輔之賢，已不能不委蛇假借，故正德時逆瑾一出，事遂無可爲也。四庫提要謂所采事跡自春秋迄戰國，又謂劉健原序深致微詞，皆誤。

石經彙函　清　王秉恩輯

十七日　閲元尚居校刊石經彙函，自顧亭林石經考至阮文達儀禮石經校勘記共十種，分十六册，槧刻精工，雖間有誤字，然如嚴鐵橋唐石經校文一種，所槭斷文壞字，竟與原刻無大異。孫淵如魏三體石經遺字考且較原刻爲精。

石經補考　清　馮登府

十八日　閲馮氏登府石經補考。凡漢石經考異二卷、魏石經考異二卷、唐石經誤字辨一卷、蜀石經考異二卷、北宋石經考異一卷、南宋石經考異二卷、國朝石經考異一卷，共十一卷，辨析極精，議論亦折衷平允。

皕宋樓藏書志 清 陸心源

十九日 閲皕宋樓藏書志。其著録之精祕美富，令人有向若之嘆。所載大定己酉平陽王朋壽魯老增廣分門類林雜説自撰序、大定四年古豐姚孝錫所撰古清涼傳序、又大定辛丑案，爲二十一年永安崇壽禪院雪堂中隱沙門廣英序，皆張氏金文最所未載。梁會稽嘉祥寺沙門慧皎所撰高僧傳自序，其叙梁以前諸僧紀載甚備，多隋志所不著録。

二十二日 閲皕宋樓藏書志，所載賀方回慶湖遺老集自序世系，引謝承會稽先賢傳，諸家輯本皆未采及。

苕谿漁隱叢話 宋 胡仔

二十五日 閲苕谿漁隱叢話。其卷五十四載「王直方詩話云東坡嘗曰：吾鄉有一諺云富因校些子，貧爲不争多，此極有理」。余謂此爲一己所需及家人日用言耳，若酬接親朋，則不當存此意。昔者友人周星譽嘗爲余言，「凡接待人切不可云不好意思，此四字便足破家，余應之曰：「觀君此語，東坡所以料章子厚必能殺人也，忍心害理，賣友無君，即此一言推之足矣。」憶咸豐丙辰歲，余館友人家，一日已餔，偶詣陳閒谷，時聞其將遊河南，往問其行期，閒谷曰：「明早即行矣。」余驚曰：「何不先告我？」閒谷之母夫人及閒谷皆曰：「累君家久矣，不敢以聞也。」時已將夕，離余家六七里，又須出城，乃歸館向友人借束脩番銀二餅。問所需，告以故。友人曰：「我輩寒士，安得以多金贐人？祇一千錢足矣。」余少之，友人曰：「此固君之脩脯銀，我無與也。我實爲君籌，君之有加於彼亦頻矣，今亦以教讀自給，彼豈不知？且彼行後其家故在，君家太夫人豈能恝然置之？是仍當有所酬也，此贐何容多乎？」余曰：「朋友千里之行，以千錢贈之，何顔持以往也？」友人曰：「不煩君自行。」即夕命其僕齎錢持余名片去，晌息歸，言其母子陳謝狀。友人笑曰：「何如？凡事須忍，應酬之事，當時自以爲薄，日後思之有餘味，蓋人情已過而錢終省矣，君其思之。」余心終耿然，數日歸家，以告先母，先母大怒曰：「千錢可贐戚好乎？我以汝在館，去彼家近，必能爲之謀。彼以貧故，離母別妻子遠遊，其交遊有幾？汝贐之極少須四五千，汝本意出二番銀，已爲薄矣，汝無錢，何不歸告我乎？」其後閒谷竟客死汴中，不復相見，此事余至今恨之。友人與閒谷亦相識，且姻親也，家又饒裕，其爲余謀非不忠，惟其後所云云則謬矣。因閱東坡語，聊復書之。

叢話又載高齋詩話云國初有名人作坐右銘云：「避色如避讐，避風如避箭。莫吃空心茶，少餐中夜飯。」四語真字字密諦。

李忠定公集　宋　李綱

二十六日　閱李忠定公集。中有與先莊簡公書四首，其一以張德遠秉鈞，忠定方帥江西，屬先莊簡爲之調護，可見三公在南宋初偉人鼎峙，關係興亡，使能戮力協心，久見任用，宋事未可量也。莊簡與忠定交契最深，與忠獻亦素款，而始見扼於吕頤浩，終見困於秦檜，忠獻又與忠定不叶，此宋之所以不競也。忠獻淮西覆軍後，忠定與之書，歷敍始末，責其僨事，勸其改圖，詞婉而嚴，氣平而直，勤懇切至，有古大臣風。此等皆古人有數文字，而人多忽之。

居易録　清　王士禛

二十七日　閲王阮亭居易録。阮亭於詩雖專取興趣，頗窘邊幅，然論詩實有微悟。此録所評騭去取皆折衷平允，無一苟語，學者當奉爲法也，唐、宋以來論詩者莫精粹於是矣。唐人論詩如劉賓客嘉話等已多不可解，宋人詩話最多，大率迂淺偏滯，無有真際，如詩話總龜、漁隱叢話所采掇甚備，罕可取裁。明人更譎詭矣。蓋中無真識而喜爲大言，或以私意標榜，風斯益下耳。

六月

尚書古文證疑　清　孫喬年

初三日　閲尚書古文證疑。乾隆中高郵孫喬年寶田著。共四卷，凡三十五篇，分條辨駁，大率同閻潛邱之恉，務申朱子未竟之説。

讀禮通考　清　徐乾學

初四日　閲讀禮通考。徐氏此書集衆手而成，體例完密，議論亦折衷平允，惟所采輯諸書尚多繁簡失中，亦時不免訛舛。

初五日　閲讀禮通考。其大體全以通典爲主，而取材儀禮經傳通解、儀禮集説及各史志傳，采掇既富，而議論明晳，甚爲可觀。惟其時注疏之學未甚講求，其館客如萬季野等皆不熟精鄭義，而好與鄭爲難，所采郝京山、汪苕文、萬充宗之説，皆多出臆見，使遲數十年得戴、段、金、凌仲子、凌晓樓、孔、褚、陳諸儒爲之，則善矣。

初七日　竟日閲讀禮通考。其卷十二附録通典出後子爲本生祖母服議：晉太康中尚書令史逯本亦作「遂」。殷父翔少繼叔父榮，榮早終，不及持重，今祖母姜氏亡，主者以翔後榮斷殷爲大功，殷謂翔既不及榮持重服，雖名别繼，奉養姜故如親子，且殷是翔之嫡子，應爲姜之嫡孫，乞得依令，遣寧去職，尚書奏：禮無不及還重之制。翔自應降姜，殷無緣還重。詔可。

又引賀循爲後服議，謂出後者之子於所後者名分久定，上有所承，於本生者義漸輕疏，恩所當絶，出後之稱，止於一身，不當傳代，豈得還重？

又引宋崔凱喪服駁，謂代人即世人，通典避唐諱。有出爲大宗後還爲其父母周、其子從服大功者，經文「爲人後者爲其父母周，爲其兄弟降一等」，此指爲後者身也，不及其子，則當以父所後之家爲服紀。

又引晉劉智釋疑，謂魯國孔正陽等議以爲爲人後者，服所後之親，若子爲其本親降一等，不言代降一等者，以爲至其子以義斷，不復還本親故也。智以爲爲人後者，此出子及其子孫皆爲人後者也。甲無後，故乙爲之後，乙之子孫皆去其親往爲甲後，皆當稱爲人後服本親，不傷於後者，若子，則其孫亦然矣。本親有自然之恩降一等，足以明所後者爲重，無緣得絶之。

又引王彪之答張襘之從祖母丁喪本是親祖母其亡父出後求詳禮典議云，如謂「族人後大宗者出後者子於本祖無服，孫不服祖，於情不安，是以諸儒之説義旨無孫不服本祖之條。案，記云『夫爲人後者，其妻爲舅姑大功』，鄭玄云不二降也，妻於舅姑義服，猶不二降，況其子孫骨肉至親便當無服乎？禮疑則重諸出後者及子孫還服本親，於所後者有服與無服，皆同降一等，謂襘之當服大功」。案，此見通典卷九十六出後子爲本親服議。

徐氏乾學以爲爲人後者之子於父本生父母之服，古今喪禮皆無之，將依本宗概降一等之例，則諸書但言爲後者降一等，初不言爲後者之子亦降一等，不得而擅定也。將依父所後之倫序爲定，儻所後而爲疏屬，則竟無服矣。禮疑從重，今古同情，則逯殷、王彪之大功之議，固可爲後世之準也。蓋父爲本生父母期，子從父而降大功，情之至，義之盡也。

慈銘案，賀穆公及崔凱之説皆主於尊祖敬宗，其義實較劉智、王彪之爲精，賀説尤詳，多爲比例，兹不盡録，然皆爲古禮後大宗者言耳。三代以後，宗法既亡，晉、宋以還，出後彌廣，既無大宗尊祖之義，又無小宗可絶之文，苟有貲財，不論昭穆，豈得尚援承重，還絶本親？則凡爲人後者自降其父母爲期之外，餘本生之親屈於父母皆降一等，至祖以上正尊之親仍服本服可也。爲後之子，於父本生之親皆從其父遞降一等可也。逯殷所請「遣寧去職」，蓋其時父已早亡，又無伯叔，故自以爲祖之嫡孫，欲爲祖母還承重服，此不得以爲出後者子之通例，故尚書不準行耳。若以今時言父之本生父母亡，而父已殁，子代其父仍爲服期，亦無不可，由此推之，父之昆弟姑姊妹、昆弟之妻之子，皆宜爲小功服，而爲之報禮，非天降地出，人情而已矣。自禮律不言出後者爲本生祖父母之服，及出後者子還爲本親之服，於是争執紛紜，刑獄失當。十餘年前見邸鈔河南一案，有出繼者之子因其祖母假居其田中草屋，逼令遷去，且毁其器物，其祖母憤而自縊死，巡撫奏稱其爲緦麻服親占屋不還，因釁自盡，亦非威逼，便同凡論，請予免議，而没其本生之親，亦以禮律無此名也。余謂此人以父本生之母貧就草間，尚不肯容，使非逼之已甚，何至輕生致死？核其情罪，實同梟鏡，而法司疆吏視爲固然，無一念及本親之誼者，此禮服之不可不講也。

先君子出爲先祖後，實繼叔祖父之子。咸豐辛亥冬，先君子本生母顧太恭人殁時，先君子早卒，慈銘於服屬已爲緦麻，疑所服，親族尊行有文學者皆不能質證。先本生祖父命降一等服大功，而親族多疑之，乃改服小功，其後又改齊衰三月。余季弟彦僑出爲祖免叔父後，去年彦僑之女亡，年二十三矣，余以服屬已絶，欲爲之持服，而無文可據，心喪五月而已。今得此比例，庶爲精當，惜爾時閲通典未及檢出此條耳。

有學集　清　錢謙益

十一日　閲有學集，其中多剜版缺葉。蓋有觸犯者已盡去之。其襯葉爲鈐山堂集，彼此相笑，亦竟未知誰爲得失也。文士披猖如兩君者，亦可哀矣。

十五日　閲有學集。蒙叟卒於康熙甲辰，年八十三，其詩以癸卯病榻消寒雜詠四十六首終，而末二首爲甲辰元日作，其首句云「新年八十又加三」，此後無詩矣。蒙叟一生首鼠，晚益決裂，高宗純皇帝御製詩有云：「進退都無據，文章那有光。」大哉王言，誅伐至當。今閲是集，其蒙面喪心，鬼蜮萬狀，有真出情理外者，其於國朝年號、國號、列聖廟號皆無一字及之。爲王文通永吉、王文安鐸兩人墓志皆不明言其入仕本朝，亦不載贈謚卹典。其續諱辨爲歸元恭作言古人於時君之名不避，元恭「元」字本作「玄」，時人見其姓字即知其名，近日人與之書，忽改稱元恭，爲之驚駭，此生而致死之爲不仁之尤，故仍稱本字云云，蓋其時已康熙初年，故人爲避御名作元，而蒙叟以爲不必避。贈地師愚山子序謂遼薊以外不入天文分野，可謂無君之甚矣。

建文年譜序謂「文皇帝之至仁、讓皇帝之至德，三百年臣子皆不能知。文皇帝果有分豪利天下之心，豈不知孺子之末焚？豈不知亡人之在外？以帝之神聖，苟欲滅此朝食，窮麟弱羽，遁將安之？乃明知其朝黔夕楚，而胡濙之訪張邋遢，捨人而求諸仙，迂其詞以寬之。鄭和下西洋，捨近而求諸遠，廣其塗以安之。藥燈之詛咒，薙染之藉手，彼髡之罪，百倍方黄。以榮國榻前一語，改參夷而典僧録，其釋然於溥洽、昭於中外者，所以慰藉少帝之心，而畀之以終老也。文皇帝之心，高帝知之，興帝當作興宗或康帝。知之，天地鬼神知之，三百年之臣子安處華夏，服事其聖子神孫，尚論懵如。而文皇帝之心事晦昧終古，此則可爲痛哭者也。其言可謂無是非之心。至論讓皇帝之至德，則謂帝苟有分毫不忘天下之心，憑仗祖德，依倚民懷，散亡可以收合，蠻夷可以扇動，衛世子之焚臺，衛太子之詣闕，誰能非之？」既云文皇神聖，遁將焉往，又云建文可以收合散亡，明是遁辭，不顧矛盾。且焚臺是子路助出公，言欲焚臺以懼太子，非太子焚臺詣闕者，成方遂非戾太子，皆故謬其辭，此所謂好惡拂人之性也。劉文端一燝墓志、許祭酒士柔墓志皆極情，自言在萬曆中爲清流眉目，負翰林重望。李忠文墓志言忠文與交最摯，癸未忠文北上時執手流涕，以東南事屬之，且重託以左寧南，謂爲名將，可與共事，入都後復郵書申言之。鄒漪啓禎野乘序言黄石齋臨致命時謂虞山公尚在，國史猶未死也。以負罪苟生，身名瓦裂之日，猶强顔騰口，自附名賢，可謂無羞惡之心。全謝山譏其爲瞿福桂是集如此稱。浩氣吟序，顔甲千重，可爲一嘆者，此類蓋不知凡幾也。

至其高會堂詩集中贈雲間顧觀生秀才有序云：「崇禎甲申，皖督貴陽公抗疏經畫東南，請身任大江以北援剿軍務，南參贊史公專理陪京兼制上游，特命余開府江浙，控扼海道，三方鼎立，綽有成算。拜疏及國門，而三月十九日之難作矣。顧秀才實在貴陽幕下，與謀削稿，丙申順治十三年。陽月，余遊雲間，許玠孚爲余言始知之，請與相見。撫今追昔，慨然有作。讀予詩者，當憫予孤生皓首，亦曾闌入局中，備殘棋之一著。而貴陽賓主苦心籌國，楸枰已往，局勢宛然，亦將爲之俯仰太息，無令泯没於斯世也。」則以遊士無稽之語，追頌大姦負國之功，其當日鼠竊南都，附和馬、阮容臺建議，貢媚逢君，不啻自發其覆矣。無論此舉爲事所必無，蒙叟雖竊重名，亦未有以經濟許之者。貴陽奸黠之尤，果有此疏，當並仕留都，時方共賣恩市黨，何不舉以相告？蓋蒙叟底蘊早爲士英窺破，禮卿一席，不過以供諧媚，等於倡優蓄之。而既久歷滄桑，窮奇骨朽，顧覩生以江湖遊乞，感凶人豢養之恩，妄造讕言，以媚老物，蒙叟明知其僞，公相欺謾，冀以惑亂後生，顛倒白黑。至稱之爲苦心籌國，尤爲昧良無恥。其餘牴牾觸犯，不一而足。是集雖奉明旨嚴禁，而自來推爲文章大家，故藏之者甚多，都下八旗貴官世家每樂道其書，共相珍祕。其詩集爲遵王所注者，近年有翻刻本。余故辭而闢之，以著其獲罪之大，益足見高廟諭旨惟斥其詭譎向背，首尾兩端，不深窮其魑魅之狀，所以爲聖人之大也。

其黄氏千頃齋藏書記有云，莆陽曾裔雲在史館親見謝承後漢書爲德清少師攜去，案，此謂方從哲，閻百詩記傅青主語則謂在山西，皆不足信。余問之其後人，不可得。富順熊南沙爲文言有桓譚餘論，屬直指使者訪之而不可得。慶陽李司寇家有西夏實録，其子孔度屢見許而不可得，此等則足以廣異聞耳。

道援堂集　清　屈大均

二十三日　竟日不快，卧閲道援堂集。凡詩十二卷、詞一卷，前有毛西河及吾越周炳曾、嘉興徐嘉炎三序。徐序言是集爲其從孫掄三所選刻，非全集也。翁山忽釋忽儒，蹤跡詭幻，而詩才磊坷，實有過人處，惟意在弔奇，自託遺民，言不由衷，故多枝語。如戊辰元日作云：「憶昔先皇帝，元年此戊辰。久無王正月，徒有漢遺臣。草野私哀痛，漁樵愧隱淪。千秋殉宗社，血淚更何人。」「雞鳴肅冠服，北面拜威皇。弓劍長如在，園陵不敢忘。元年猶此日，正朔更何方？有恨遺臣庶，哀思淚幾行。」二詩看似忠憤勃發，然其時已爲康熙二十七年，翁山非明之世家，未霑寸禄，當崇禎改元之歲，尚在童齔，何以滄桑久易，四海永清，忽念先朝，發此深痛？我朝應天順人，命曆攸歸，奉朔尊王，人無異望，得統之正，遠過有明。乃云「久無王正月」，又云「正朔更何方」，不特顯爲違悖，其立言之恉，亦甚不通。至「元年猶此日」五字更爲費解，且既曰「徒有漢遺臣，血淚更何人」，又曰「有恨遺臣庶，哀思淚幾行」，兩首之中，複沓矛盾。「漁樵愧隱淪」，所愧者何事？「園陵不敢忘」，不忘者何爲？皆無聊湊足之語。蓋詩以道性情，其情僞者詞必枝也。乾隆時有旨禁行，高宗聖矣哉。是集至今亦多奉爲枕祕，幾與初學、有學兩集等，余故揭而著之。江左三大家集有錢，嶺南三大家集有屈，皆坊刻也，中皆去其觸犯忌諱之作。余自童時每見一都之市皆賣其書，十家之塾必有其書，蓋東南間傳誦已久，朝廷之功令不能勝也。兩家詩文集之奉嚴禁，蒙叟出處披猖獲罪，聖朝人多知之。翁山終身處士，外間所行多非全集，其干犯之由，世尟能知也。

紅豆樹館書畫記　清　陶樑

二十八日　閲紅豆樹館書畫記，共八卷，所載自唐至國朝。卷一至五爲手卷，卷六卷七爲册葉，卷八爲立軸，各詳載題款印章。書多録其全文，畫皆記其結構，各有識語，略述其人之行事及書畫之品格。煙雲點綴，山水發皇，足以消暇忘憂，怡神助暢。前有梟鄉自序及潘紱庭丈序。

七月

竹里勘書圖　清　符曾

初二日　詣紫泉，並晤褚百約、吴子修諸君，紫泉出荷花露一栝見餉，同閲符幼魯曾竹里勘書圖長卷。款題「文外七十四叟王無我繪」，有一印，朱文，曰「笨凷」。其後題詩者三十餘人，有查初白、厲樊榭、陳玉几、金壽門、趙谷林諸君。壽門題名作金司由，其印章曰「金司農」，以「由」爲「農」，所未聞也。其記歲月爲康熙再壬寅歲，則聖祖之六十一年也。有錢名世題絶句一首。無我不知何人。畫竹頗疏秀，有幼魯小象。卷首萬九沙題「竹里勘書圖」五大字，款題爲「幼魯年道兄」。幼魯以監生援例爲户部主事，其與萬氏有年誼，亦不可考。

明文在　清　薛熙輯

十八日　閲明文在，常熟人薛熙編，凡一百卷。先賦，次詩，後文，大恉仿文選例，於諸體中各以類從。詩采及近體，於前、後七子僅存一二首，而王百穀詩至數十首。文取潛谿、正學、震川三家爲多，蓋薛爲汪苕文門人，故指授如此也，卷至盈百，而每卷文自二三首至六七首，無及十首者，故篇帙廖廖，絶無不經見之作。晚明人文字概不入選，蓋有所避也。前有序例及薛自序。薛字孝穆，言與倪半園需同編。

越言釋疏證　清　杜煦

二十日　得平景蓀是月五日越中書，並寄來所刻朱海門太守寶善堂集奏疏。其書言杜尺莊先生著有越言釋疏證，倍蓰本書，今詢之杜氏，不知其書名矣。

通義堂集　清　劉毓崧

二十一日　閲劉伯山氏通義堂集。中多經史奥論，開卷周易履霜履讀爲禮解上下篇，推發鄭讀之義，原本卦象，極爲精闢。二十餘年前，在杭州時見俞曲園課士詁經精舍出此題，潘儀甫鴻亦主禮霜説，而罕所依據，近於穿鑿，黄元同深以支離目之，今刻入詁經精舍第三集中。以視此作，可知説經自有家法，不可徒恃聰明矣。

鐵圍山叢談　宋　蔡絛

二十三日　閲鐵圍山叢談。此書得失，四庫提要言之甚詳且當。然吾謂論今人當美而知其惡，論古人當惡而知其善。京、攸之惡極矣，然至宣和時，京富貴已極，年亦耄耋，北伐之議，必非所豫，其諫徽宗及戒攸詩必實有其事。其時正人已盡，天下魚爛，京非甚愚，縱不憂國，亦當爲保家計，其欲收召劉元城、陳了翁，絛之與范伯淳子元實温交善，宋史范祖禹傳不載温名，惟言有子沖，沖字元長，別見儒林傳。東都事略祖禹傳言子仲温，以沖名例之，此書單作「温」爲是。爲之盡力，亦必實有其事。朱子語録亦謂蔡氏父子晚年知爲天下所不與，漸牢籠人望，收用才賢，如李忠定、翟志惠、趙忠簡，亦皆爲所薦，不特龜山也。絛爲韓粹彦婿，乃魏公之孫婿，故是書於魏公、潞公、温公及龐莊敏、包孝肅、東坡兄弟皆極致推崇，而痛斥王黼、李邦彦、梁師成，又婁言其兄攸之背叛，皆公言也。林攄固京之死黨，其使遼一節，實可取。王荆公爲京所最恩，而是書於介甫父子惟稱其儉德，無他褒詞，則知其是非固不謬矣。且絛是時久貶博白，終以竄死，而書中無一怨懟語，時時述南荒風景，優遊謫地，一若類知道者。然則宋史謂宣和末京再領三省，昏眊不能決事，皆絛所爲，大營姦利，其罪與攸等者，蓋出攸與李邦彦等嫉害傾軋之辭，不足深信也。提要謂爲説部之佳者，誠然。

其卷四一條云：「雒陽大内興自隋、唐，藝祖嘗欲都之，開寶末幸焉，而宮中多見怪。是後至宣和又爲年百五十，久虚曠，蓋自金鑾殿後，雖白晝人罕敢入，入亦多有異蟲，或大於斗，蛇率爲巨蟒，日夜絲竹歌笑之聲不絶也。宣和末，有監官吴本者武人恃氣，夏月納涼殿廡間，至晡後，天未昏黑，忽聞蹕聲自内而出，即有衛徒繽紛，執紅銷金籠燭者數十對，成行羅列，中一衣黄人如帝王狀，胸間尚帶鮮血，擁從甚盛，徐徐行繇殿廡。本與其從者急趨入户避之，得詳瞰焉。最後有一衛士似怒，以納涼故妨其行從也，以兩指按其卧榻之四足，遂穿甎而陷於地，頃刻轉他殿而去，遂忽不見。本大駭，因圖畫所見徧以示人。雒陽士大夫多能傳之，曰此必唐昭宗也。」據此則唐之東都宮殿至南宋猶無恙，不知毀於何時，志洛陽者所當考也。昭宗本英主，受制强藩，斃於賊温，椒殿之變，千古酸鼻，此則雖近語怪，然足以慰讀史者之心。朱温之刃出於背後，唐莊宗之創甚而崩。清泰帝之自焚皆在洛京，而人皆以此事爲昭宗者，亦人心之公也。

經窺　清　蔡啟盛

二十七日　蔡癯客來，以所著經窺十二卷見詒，已付刻矣。此君爲俞曲園高足弟子，其説經承其家法，甚有新意，而頗善穿鑿，好摭前賢。聞此次入都，徧干貴人，欲寫其書進呈，此近來風氣日壞，後生躁競，專以著作爲羔雁，比於唐之温卷矣。

八月

李鴻逵詩　清　李鴻逵

初七日　李小川府丞送所作春闈秋闈雜詠及黄村放粥雜著，語多游戲，然頗形容盡致，稍去其俚俗，亦足存一時掌故。南征及打粥行兩詩不媿仁人之言，氣格亦老成。

隋唐碑拓六通

二十一日　得爽秋書，爲陶子方中丞送所詒碑拓六事，隋蘇孝慈墓誌銘、唐顔魯公書扶風郡王馬璘碑、柳誠懸書魏文貞公家廟碑、唐大中十二年尊勝經幢、唐睿宗書景龍觀鐘銘、貞觀三年鄜州寶室寺鐘銘。此一本朱拓。蘇誌光緒戊子始出於蒲城之西鄉崇德里土中，刻畫如新，楷書匀整，或有謂其按舊志所載誌文僞爲之者。顔書馬璘碑，自金石録後無著録者，去年子方爲陝西布政，於署中掘土得之，已斷爲兩截，文亦大半漫患。柳書魏氏家廟碑，雍正中陝西布政楊馝掘地所得，碑亦中斷，首尾上下俱多剝落，首一行祇存「判户部事上柱國賜紫金魚袋魏公先廟碑銘」，「判」字上文全剝，不知以何官判户部，亦不知爲文貞之幾代孫，名字俱不可考。今年春子方更於土中掘得一石，以合舊出石之左方，適相湊泊，凡多百餘字。又一小石得十八字，其五字不可辨。大中尊勝經幢亦新出土者。

集古録目　宋　歐陽棐

二十五日　歐陽叔弼集古録目載大曆十四年贈司徒馬璘新廟碑，寶刻叢編引其文云「禮部郎中程浩撰，吏部尚書顔真卿書，太子中允翰林待詔韓秀實分書題額」。馬璘字仁傑，扶風安定人，官至四鎮、北庭、涇原節度使，贈司徒，謚曰武。碑以大曆十四年七月立。趙德甫金石録載「唐馬璘新廟碑，程浩撰，顔真卿正書，大曆十四年七月」。案，程浩嘗書昭義節度使薛嵩碑，韓秀實八分擅名中唐，今碑額四行，行五字，上皆缺一字，止存「故尚書左缺「僕」字。射知省事缺「扶」字。風王贈司缺「徒」字。馬公廟碑」十六字，碑文剝泐不可讀。第一行僅存「開府儀同」四字，而「開」、「同」已漫其半。第二行存一「朝」字左半，蓋程浩階官朝議、朝請、朝散大夫之類。第三行存一「金」字，蓋魯公階官金紫光禄大夫也。第三行碑文起首云「雷霆之師有九伐」七字，以下全泐，至末存「司檢校」三字。第四行起存「尚書左僕射知省」七字，末存「服右半泐。以襚焉册」五字。第五行起存「公以贈焉賜謚」六字，末存「字仁傑、扶風茂」六字。第六行起存「陵人□在兩漢」六字。陶子方言初出土時「字仁」二字甚明白，石經燔燒，又爲土氣所鬱蝕，輕脆已甚，椎拓未幾，「字」字已泐，「仁」字亦損其一畫矣。然賴此得以證叔弼所言新、舊唐書本傳不載其字，得此可補史闕。

金石萃編附柳書魏氏先廟碑，於咸通末題爲崔璵撰，又據碑文首行有「自特進贈太尉鄭公文貞公，魏氏在貞觀立家廟於長安昌樂里，後二百卅五年」之文，知爲元成後人，而不能定所立爲何人之廟。案，金石録載唐魏公暮先廟碑「崔絢撰，柳公權正書大中六年十一月」，絢雖與璵不同。碑文中有「使門吏左補闕鄭愚□謂璵曰」，及「璵聞命震悚，即走相君之門」云云，則爲璵撰無疑。然今碑第二行「崔」下一字，實不可辨，其左旁似作幺，疑趙氏得此時其字已泐，故仞爲絢，而所載即爲此碑，固無可疑。首行「二百卅五年」之下云「有來孫其下文泐，而孫字自可辨，萃編缺之。暮爲元成五世孫」，新唐書宰相世系表徵子叔琬。琬子殷，汝陽令。殷子明，監察御史。明子憑，獻陵臺令。憑子暮。碑云鄭公生司業府君，諱叔琬。司業生潁州府君。潁州生河西府君。河西生侍御府君，贈吏部侍郎，生相國。文云「走相君之門」，又云「司業於世次爲顯考，以相國位猶滯於三品，室未備數」，蓋用禮記祭法文，以始祖爲祖考，以高祖爲顯考，以曾祖爲皇考，以祖父爲王考，故其上文有曰「虔奉祖考鄭公」，又云「以祖考妣鄭國夫人河東裴氏、皇考妣河東裴氏、王考妣范」。以下文泐，蓋是范陽。

通典卷四十八載「大唐制，凡文武官二品以上祠四廟，三品以上須兼爵，四廟外，有始封祖，通祠五廟。」魏氏以元成爲始封祖，而謩官止三品，不得祠四廟，故始祖外祀曾祖爲第二室，祖爲第三室，考爲第四室，不得祀高祖也。萃編所據碑已斷爲五，又雜湊失次，半幅以下文多不可讀，今出土復得百餘字，合之左方，文較完順。其後有銘曰及銘辭，大半可誦，所叙世次及廟室之數，亦皆粲然矣。世系表謩之父名憑，碑文云「吏部府君諱羿」，當以碑爲正。萃編既引長安志載「昌樂坊有太子太師鄭公魏徵家廟，大中中來孫謩爲相，再新舊廟，以元成爲封祖」。此宋人避仁宗禎字嫌名，故諱徵而稱字。乃誤讀「顯考相國」爲句，又不解顯考之義，遂以「顯考相國」爲指謩言，疑廟是謩之子所修。又謂判户部事，不知何人，兩唐書載徵之子孫未有判户部者，謩之子亦不言判户部事。不知唐自中葉以後，判户部最爲繁要，乃入相之階。兩唐書謩傳明言宣宗二年由御史中丞兼户部侍郎判本司事，「謩乞罷中司，專綜户部，從之。尋以本官同平章事判使如故」，乃云徵子孫未有判户部者，鹵莽甚矣。謩傳云「曾祖殷汝陽令，祖明亦爲縣令」，碑所稱河西府君也。與表所言異。傳亦云「父馮，獻陵臺令」，與表同。碑叙其父憑經使府遷大理評事兼監察，言嘗爲南陽令，以最内擢讞獄，忤中貴，復出爲河東猗氏令，换殿中侍御史，召爲大理司直，下遷獻陵臺令，大率與表、傳合，所敍謩歷官亦多與傳同。

舊書魏徵傳末敍徵四子叔玉、叔琬、叔璘、叔瑜，其次第本不明晳。新書世系表先叔玉，次叔瑜，次叔琬，次叔璘。而於叔玉但言光禄少卿，其子膺但言祕書丞，俱不言其襲鄭國公。於叔瑜但云職方郎中，不言其爲潞州刺史。新傳作豫州。於叔璘不言其爲禮部侍郎，叔琬則傳表皆不載其官，據碑則叔琬官國子司業,故其文有曰「□□司成師儒道光教源益濬」,足補表闕。表系殷以下於叔璘後一行,當是傳鈔移誤,舊傳不載其高祖,非此碑則不知舊爲徵何子之後矣。表言明爲監察御史,傳言明亦爲縣令,據碑言明宰邑南陽,經李希烈之亂,民無耕牛,乃教民爲區田,歲以大稔。其下文多缺泐,而有「有爲中貴人干政者,違言交肆,奉命往邑長獲伸」之語,蓋曾内擢御史,以直忤中貴,復出爲令。傳、表各舉其一端耳。其稱河西府君,不知終於何官,碑文斷缺不可詳矣。碑版之有裨史事,此類是也。

九月

光緒辛卯順天鄉試題名録

十三日　閱題名録。南元賀綸夔,湖北蒲圻人,前工部尚書壽慈之孫、又甫按察之子也。尚書降補左副都御史,爲詹事賓廷所劾休致。今年余在闈監試,第一場將畢,見刑部來文,言主事賀綸夔兄弟二人呈請應否歸入官卷。余以尚書是原品休致,非勒休,疑當入官卷。及查科場條例載凡京察原品休致及奉特旨休致者皆視勒休例,子弟不得爲官生。前數科萬尚書青藜之子應順天試,曾以上請,後以萬是京察奉旨開缺,非休致,仍准入官卷。今賀綸夔兄弟不得爲比,因覆移刑部,毋庸更議,然綸夔竟得南元矣。南官中二人,殷秋樵之子殷濟、胡雲楣之子翔林。雲楣新升廣西臬司,尚未離天津道任也。周生學銘亦中,以出繼不入官卷。張香濤之子權中一百十三名,今年北官不成,故亦以民卷中。山會兩邑本籍中陳福麒、張宇鍾兩人，天津書院諸生張克家、劉嘉瑞、喬保衡、高桂馨、趙士琛、陳桂、王壽仁、常文甯、喬瑞淇、金文宣、陳錫年等皆得雋。又中副榜者數人。北貝之中固甚易，如二喬、二陳、王、金諸生皆文僅成章，在院中亦爲下駟，一時俱捷。然如張生大仕之經學，一二三場必當獨出。及李生鳳池、陶生喆甡之文學，亦北人之秀，而皆久困場屋，此固不可一概論也。

歸震川集　明　歸有光

十六日　夜閱歸震川集。是集汰其大半，凡壽序、贈序等應酬牽率之文及説經傅會膚淺之作悉去之，更以小字精槧校刊，方爲佳本。近年崑山新補板，滿紙塵氛，蕪僿不除，菁華轉掩。

竹柏山房所刻書　清　林春溥

十七日　是日檢架上書，取有學集及去年友人所詒陳恭甫左海全書、陳樸園今文尚書經説考、林鑑塘春溥竹柏山房所刻書十五種，爲之編次題籤，甚覺勞勩。

林鑑塘字立源，閩人，嘉慶壬戌進士，以庶吉士習國書，授編修。咸豐初告歸，戊午重宴鹿鳴，辛酉十二月卒，年八十七。時大吏方請來歲壬戌重宴瓊林，得旨賞四品卿銜，命未下而卒。所著書二十餘種，已刻者開闢傳疑至開卷偶得共十五種。所學頗博，留心三代以前事，勤於纂述。如古史紀年、戰國紀年、竹書紀年補證，皆裒然成書，而識見不精，絶無心得。開闢傳疑以僞三墳爲真。春秋經傳比事、四書拾遺兩種，卷帙頗夥。而春秋分經條繫以左傳，絶無發明，蓋如村塾讀本。四書所取多淺雜之説，皆不足觀。開卷偶得亦多談荒遠，而於經史眼前之書反不能舉證。其所學不特不敢望馬宛斯，亦不能晞梁曜北，蓋鈔撮功多而折衷寡當也。其古史考年同異表，取竹書、史記、世紀、三統術、大衍術、經世前編諸書，分格爲緯，以代爲經，頗便於參考。武王伐殷日記，整比月日，亦爲詳備。而終不免支離牽合，臆測無徵。又頗信梅賾僞古文，出入不一。惟孔門師弟年表、孟子時事年表、孔子世家補訂皆鉤稽細密，頗爲有功。滅國五十考亦多有依據。至孟子外書四篇依託甚明，蓋南宋淺人所爲，並不出劉貢父之手，前人已有定論，而深信爲真，爲之補證，又其淺識之過矣。

雁蕩圖記 清 阮元

二十日 爲子獻勘校阮文達雁蕩圖記，後題「道光庚子作於萬柳堂」，此文不載揅經室集中，萬柳堂在京師，文達庚子未嘗入京也。文中亦多誤字，即作書致子獻，並圖還之。

莊子疏 戰國 莊周撰 唐 成玄英疏

二十六日 閲莊子，成玄英義疏。郭象之注莊、張湛之注列，皆喜爲奥語，務暘玄風，然實當理者稀，徒形枝格。蓋郭本淺植，冀竊謏聞，於三代事實語言多未通解，南華所存微文古誼，一無發明，託於刊落浮華，獨標真諦，支離曼衍，自文其陋，莊子之恉因以愈晦。幸有陸氏釋文備載崔、李、司馬諸家片義零辭，藉存梗略，因文推究，猶可得其十一耳。玄英又拾郭之緒餘，所得亦尟。然頗知考證名物，補注所略。近年黎蒓齋據日本所藏宋刻重翻，字大行寬，讀莊者之佳本也。

十月

詩説解頤　明　季本

初六日　以銀八兩有半購得季彭山詩説解頤一部，凡總論二卷，正釋三十卷，字義八卷，共爲十册。前有胡宗憲序及彭山自序，尚是明嘉靖時原刻本。彭山説經雖亦好出新意，然實有根據，不作無本之談。所著書甚多，余家居時嘗見其讀禮疑圖、春秋私考兩種，頗多臆斷，不及此書之精實。雖不信小序，而引證群書，自申其説者少，折衷古義者多，固讀詩之佳本也。其卷首備列所引用之書，如謂爾雅疏中引有小爾雅、博雅，蓋皆各爲一書，陳氏禮書中引有舊圖，蓋出聶崇義三禮圖，玉海地理考中引有郡縣志、寰宇志，其全書未及見。明代古籍半湮，聶氏、李氏、欒氏諸書傳者絶少，固不足怪。然小爾雅在孔叢子中，當時未爲稀見。又不知博雅之即爲廣雅。至王氏詩地理考附刻玉海之後，並非玉海。此類皆未免疏失。又以通典爲唐宋白、杜佑上，尤近笑柄。且以初學記、通典、沈括筆談、程大昌考古編、山堂考索、文獻通考等皆入集類，尤爲紕繆。此由於目録之學未嘗留心，不足深訾也。其所徵引者皆元元本本，細心考索，絶無景響之説。且爲王門高弟，而服膺朱子，發明集傳，申成其義，尤足徵朱王之學本無異同，後人吠影吠聲，自成紛擾耳。

禮記正義　漢　鄭玄注　唐　孔穎達疏

初八日　閲禮記正義。目録之學，古人最重，周禮以序官爲目，故鄭注特詳。儀禮與禮記，賈、孔皆特存原目，而儀禮目録尚存鄭注，禮記則鄭注目録皆散著於各篇題下正義中，其文猶全。孔氏所疏亦甚詳備，爲禮學者當先熟讀此一卷也。

初九日　閲禮記正義。經禮、曲禮之説，鄭注精確，不可易也。

十三日　閲禮記正義，據阮氏校勘記所引宋本及惠氏校本，以朱筆添補殿本禮器正義闕文百餘字。

宋景文集　宋　宋祁

二十三日　夜點勘宋景文集中七律詩六卷，景文此體最多，亦最工。蓋平生所尤致力，雖沿西崑體不免堆砌之病，然用事典切，語必有本，字字不苟，故寧拙毋率，寧實無虚，寧滯無浮，寧密無巧，高華警麗，而無餖積飣餖之習，由其讀書博、識字多也。武英殿本亦有誤字，此所閲者福建翻聚珍本，尤不佳。

華陽集 宋 王珪

二十六日 閱華陽集。其文春容演迤，得中和之氣，與晏、夏、二宋可相匹儷也，皆北宋館閣盛世之音也。詩七律最工，應制酬唱諸篇多高華秀拔，追蹤盛唐王、賈、岑、李東川之作。五律亦有警語，七絶宮詞尤佳，五七古寥寥，俱不成篇什。今日以朱筆略點勘其詩四卷。

歸潛志 金 劉祁

二十七日 閱歸潛志。京叔在金末最負時名，此志敍述亂離及一時人物最爲詳備，金史既多取資，後人考完顏一朝事者以此書與中州集並稱，所載詩詞亦多可觀。其論人之賢否、事之得失，亦俱平允。惟頗貶末帝，即哀宗。以爲淫恣猜忌，以術取人，敍其亡也，無哀痛之語。考哀宗天性仁明，勤於爲政，死守社稷，卒以身殉，幽蘭一炬，千古酸鼻。京叔世仕金源，自其高祖南山翁以科第起家，名撝，天會元年狀元。其父從益官翰林御史，而述其喪禍若同局外，蓋以應舉不第，未能忘情也。其文筆亦頗冗漫，知不足齋本末附所作詩文數首，亦不佳。

清虚雜著 宋 王鞏

二十八日 閲王定國清虚雜著三種，其「聞見近録」一條云：「太宗即位，以太祖諸子並稱皇子，嘗曰猶我子也，有何分別？其後皇族遂不以疏密尊卑，皆加皇字，故有皇兄之類，非典故也。」定國「丞宗正，嘗建言乞如春秋之制，各冠其父祖所封國，王子曰某王子，王孫曰某王孫，公子曰某公子，孫曰某公孫，今本「王孫曰某王孫，公子曰某公子，孫曰某」十五字脱。惟皇子得稱焉。時呂申公喻、太常少卿梁燾沮格不行。」案，宋人文集中所載制誥，多有皇曾叔祖、皇伯祖、皇叔祖等稱，誠似太尊，然自足見親親之誼。宋待宗室雖薄，王華陽集及宋史皆言自太宗子燕恭肅王薨後，宗室無封建者。仁宗慶曆四年始封大宗正濮安懿王爲汝南王，諸王邸世有公爵之封。又婁寅亮言自神宗後惟以濮王子孫爲宗室，太祖之後，出同編氓。李攸宋朝事實載徽宗朝蔡京上言今宗室人無官者已一千五百餘人，宗女之未嫁者亦千五百有奇，皆宣祖、太祖之裔，貧困失所，然自仁宗之制出身，皆拜環衛官，則已較唐爲優。定國以「皇」字非臣下所得稱，故爲此言，亦可謂深知國體者矣。又案，周煇清波別志載唐貞元間「太常寺言宗子名銜，皆云皇某親，此非避嫌自卑之道」。按儀禮曰「諸侯之子稱公子」，公子不得禰先君公子之子稱公孫，公孫不得祖諸侯，此自卑別尊者。請以祖稱本封爲王公、王孫，則親疏有倫，名體歸正。國朝宗室必冠以「皇」字，有云皇伯祖者，大宗丞趙彦若亦嘗建議「應同堂親，於皇字下加從字，再從三從親又加再、三字，三從之外，加以其祖先所封郡國爲序分，而系其世次，不書皇字，則親疏有別，尊卑不黷」，自元豐迄元祐，皆欲釐正，竟不果行。趙之疏先載在元豐實録，後史臣以其言無取，且謂出前史官，私意删去。又宋史孔文仲傳載：「元祐初有言，皇族惟楊、荆二王得稱皇叔，餘宜各系其祖，若唐人稱諸王孫之比。文仲曰：上新即位，宜廣敦睦之義，不應疏間骨肉。議遂寢。」案，所謂建議者，即定國也。時文仲爲禮部員外郎。

書序考異　書序答問

清　王詠霓

二十九日　子裳以所著書序考異、書序答問二書索序。大指極言書序之不足信。謂史公誤采用之，劉歆又竄易之，馬、鄭又誤信而注之，且謂逸十六篇之目，亦不可信。其考異皆按每篇序文逐一辨駁，以爲與古書多相違反。又謂詩不可無序，書不必有序，書之首數句即序也，如堯典以「粤若稽古帝堯」是序文，「曰放勛」以下是經文，以下可以類推。然則若大誥之「王若曰」、費誓之「公曰」等，若無序文，何以知爲成王、魯公乎？自宋人武斷説經，明代、國初人承之，以周禮、左傳爲皆出劉歆，方望谿並謂儀禮亦歆所竄亂，今又謂書序亦竄於歆，然則六經自秦火後，今所廑存者又半爲莽、歆之書，古今不將無學術乎？

又謂詩序是毛公所作，非出子夏，韓、魯兩家詩亦言出子夏，何以與毛序多不同？然則毛公生於秦、漢時，使先無所傳，如晉刺僖公、齊刺哀公、陳刺幽公、僖公諸詩，毛公何由知之？魯詩出子夏，漢人本無此語。韓詩尤與卜氏無涉，不得以申公受詩浮邱伯，伯爲孫卿門人，而毛詩亦言傳自孫卿，遂紐合魯、毛同出子夏。至韓嬰傳易，其孫商爲漢宣帝博士，始作易傳，今所傳子夏易傳，雖無全書，其遺説偶存，真僞亦不可知。要以韓商之名核之，子夏當即商之字，是與聖門卜子絕不相干，安得强而同之？

又謂馬、鄭始以書序爲孔子作，夫序與百篇同出孔壁，史公親從子國問故，得此序而載之，授受源流，可謂甚明，乃反以爲不可信，而謂孔子未嘗作序，然則馬、鄭大儒，何以鑿空造爲此言乎？自宋以來疑書序者多矣，大率掎摭文之繁簡、篇之離合，以肆疑辨，茲更一一取而攻擊之，是又一詩序辨妄矣。孔子曰「信而好古」，未嘗云悍而疑古也。吾浙東人之爲學，多不肯依傍前人，而勇於自信。

前日見黄元同經説，謂漢人無儀禮之名，據經言之則稱禮經，連記言之則稱禮記，至西晉以後禮記之名爲小戴記所奪，於是稱禮經爲儀禮。夫鄭注禮記，稱儀禮爲今禮，班書藝文志稱儀禮爲禮古經为禮經。志曰「禮古經五十六卷，經七十（當作十七）篇」，以「禮」字總領古經二句，謂禮有古經五十六卷，經十七篇也。經即鄭所謂今禮也，以稱今經近不辭，故止曰經，「經」字上不更出「禮」字，文法宜然。白虎通義稱爲「禮某經」，是儀禮之名當起於漢魏之間。至班志於「經十七篇」下注曰「后氏、戴氏」，其下云「記百三十一篇」，注曰「七十子後學者所記」，是禮經自爲經，記自爲記，分析極明。今之禮記四十九篇，隋志謂大、小戴遞删，固不足據，要是各傳百三十一篇之記，互有損益，非班氏時别有所謂禮記也。乃謂漢魏以前稱儀禮爲禮記，至晉始爲小戴記所奪，全無故實。創造此言，亦謬甚矣。

余未見元同之書，近日課天津諸生經禮爲周禮曲禮爲儀禮解，諸生有用元同説者，余皆抹勒之，斥爲杜撰荒謬，不知爲元同也。後見一卷有直稱黄元同續經説者，始知其書爲王益吾刻入續皇清經解。此等卮言日出，逞臆而談，徒開後生蔑古荒經、師心自用之弊，惑耳目而喪道真，是經學之害矣。大抵近日之士，天資學力俱遠遜前人，而敢爲大言，務出新意，高者流於怪妄，庸者墮於悍愚。嘗與子培言，處今世而治經，但當守孟子「博學詳説」四字，不必更求新異也。

作書致子裳，還所著書序考異等兩册、詩兩册、詞一册，且告之曰：尊著證左縱橫，其辭甚辯，足以獨樹一幟。然鄙意拘墟，實未敢信爲然也。

十一月

滹南詩話 金 王若虚

朔 閱魏道輔臨漢隱居詩話、王從之滹南詩話。滹南論詩甚有妙悟，其中下兩卷多譏彈山谷，雖或有太過處，然多中肯綮，言詩者不可不知也。其論「李師中送唐介詩雜壓寒、删二韻，冷齋夜話謂其落韻，而緗素雜記云此用鄭谷等『進退格』，藝苑雌黄則疑而兩存之。然謂之落韻者，固失之太拘；以爲有格者，亦私立名字，而不足據。古人何嘗有此哉？意到即用，初不必校，古律皆然，但律詩比古稍嚴，必親鄰之韻乃可耳」。以上皆王說。案，其言甚當，然尚有未盡者。蓋古詩可通，律詩必不可通，盛唐、中唐諸名家絶未有之，晚唐詩格律大壞，始有此等氾濫之作，南宋江湖派中遂强立名目，最爲可笑。滹南謂古人意到即用，不論古律，亦太寬矣。吴正傳禮部詩話云：「轆轤出入用韻，必有奇句乃可，如李師中送唐介詩是也，若句韻尋常，用此何爲？又必用韻連而聲協者，若東冬、寒山、爻豪、清青之類，今人乃間越用之，非是。」其論深於滹南矣。

滹南又云：「魯直論詩有奪胎换骨、點鐵成金之喻，世以爲名言，以予觀之，特剽竊之黠者耳。魯直好勝而恥其出於前人，故爲此强辭，私立名字。夫既已出於前人，縱復加工，要不足貴。然物有同然之理，人有同然之見，語意之間，豈容全不見犯？蓋昔之作者初不校此，同者不以爲嫌，異者不以爲詩，隨其所自得而盡其所當然而已，至於妙處，不專在於是也。」此論尤爲名通。如能改齋漫録等書條舉前人之詩，以爲某出於某、某本於某，則在我前者，其詩豈能盡讀，讀又豈能盡記耶？宋人若荆公、山谷於前人詩語中所用新異之語及不經見之字，往往喜襲取之，或翻空見奇，或反用其語，是又不可一概論矣。

宋人筆記詩話

初二日　閲趙令畤侯鯖録、吴可藏海詩話、吴師道禮部詩話。王定國、王晉卿、趙德麟皆東坡客，而一爲貴胄，一爲禁臠，一爲宗潢，皆傾家結交，被累遠謫，心説誠服，絶無閒言，此頗有東漢風，唐、宋後所不經見也。晉卿著作無傳者，定國、德麟僅此二種，蓋三人皆罕學術，終以得附東坡，至今人人知之。定國清虚雜著，其識似在德麟之上。侯鯖録間識零星典故，殊爲淺陋，惟所載詩詞多清雅可觀耳。吴正傳學有本原，論詩多有特識，考據亦不苟。

苕谿漁隱叢話　宋　胡仔

初三日　閲惠洪冷齋夜話，津逮本誤字甚多，略改正之。閲苕谿漁隱叢話，亦隨筆改其誤字。

初四日　閲苕谿漁隱叢話。吴處厚注上蔡確車蓋亭詩事，王定國隨手雜録、王仲言揮麈録皆言之甚詳。定國備述朝廷議論，行遣始末，言新州之命全出文潞公，而范堯夫、劉莘老力争不得，定國皆目睹其事。仲言備述吴、蔡仇釁曲折及得詩上疏之由，皆歷歷如繪。然仲言謂處厚疏上後，其子泣諫，處厚悔之，健步追還，直至京師，邸吏適詣閤門投進，相去頃刻。定國則謂詩投進後未有處分，處厚繼有疏至，情事少有未合，仲言所紀言得之吴、蔡兩家親串，定國則身豫此事者。蓋處厚自急足還後，知事已無及，騎虎之勢，不得不繼論之也。確奸邪陰險，其罪死不足贖，然處厚之舉，要爲君子所不爲，况更挾私怨以濟之乎？

元遺山詩集　金　元好問

夜閲遺山詩，其絶句如楡社硤口村早發云：「瘦馬長途嬾著鞭，客懷牢落五更天。幾時不屬雞聲管，睡徹東窗日影偏。」跋耶律浩然山水卷云：「六月三泉松桂寒，西風早晚送歸鞍。無因料理黄塵了，祇得青山紙上看」。秋日海棠云：「錦水休驚散綵霞，换根元自有靈砂。瓊枝不逐秋風老，自是人間日易斜。」皆言之慨然。倦繡圖云：「香玉春來困不勝，啼鶯唤夢幾時應。可憐憔悴田家女，促織聲中對曉燈。」雪谷曉行圖云：「漫漫長路幾時休，風雪無情夢亦愁。羡殺田家老翁媪，瓦盆濁酒火爐頭。」二詩同一機杼，而意正相反。然田家燈火，相從夜織，其光景最可思。每讀班書食貨志前數十行，恍然見三代盛時升平氣象，豈知有綺窗朱户，兒女喁喁，倦繡懷春無憀光景耶。兩絶相銜，可以知所用意矣。

湛淵静語　元　白珽

初七日　夜閲白珽湛淵静語。其學無所得，見聞亦淺，惟引使燕日録所記汴中金、宋故宫一則，最爲可觀。其云：「紹定癸巳，北朝遣王檝來通好，朝廷劄京湖制司差官鄒伸之等六員使北朝審實，於次年六月回抵汴，中途崔丞相名立遣人下迎狀，以南京丞相繫銜。」案，是年甲午正月金已亡，而所記汴都金之宗廟尚如故也。

清波雜志、别志　宋　周煇

初九日　閲周昭禮煇清波雜志十二卷、别志三卷。此書所記北宋及南宋初事，多裨史闕，最爲可觀。中有一條云：「石林爲蔡京客，故避暑録所書政、宣間事，尊京曰魯公，凡及蔡氏，每委屈回互，而於元祐斥司馬温公名，何也？」案，避暑録話中雖一稱魯公，並無甚回護處，余去年日記已論及之。昭禮此書亦稱京嘗置「居養、安濟、漏澤院，貧有養，病有醫，死有葬，陰德及物」。又舉其斷兩家迎母、籌户部郊費兩事，亦將以爲黨京乎？

四庫提要引方回桐江續集力詆此書尊王安石之非，而謂書中稱其曾祖穜與安石爲中表，蓋親串之間不無回護。案，其書惟載安石答吕惠卿書，稱其醇德，及「元澤買瓦盆」一條稱其父子之儉。其餘如言蔡卞以荆公日録改國史及國子監請版行字説、薛昂等競尊荆公而禁習元祐學術諸條，皆存公論，未見所謂尊安石者也。又一條云：「春秋傳曰秦、晉二國繼世通婚，所娶之女非舅即姑，故曰舅姑。」此不知出春秋何傳。又一條云：「陽關去長安一萬里，漢將楊興敗走出此關，因以爲名。」案，漢書地理志敦煌郡龍勒縣有陽關、玉門關，皆都尉治。太平寰宇記云沙州壽昌縣本漢龍勒縣地，陽關在縣西六十里，以居玉門關南，故曰陽關。此書楊興之説，不知何據也。漢書西域志「西域東接漢阸以玉門、陽關」，注：「孟康曰：二關皆在敦煌西界。」括地志云「陽關在壽昌縣西六（案，此當作「六十」）里，玉門關在縣西北百十八里」，是陽關安得去長安一萬里也？

桯史　宋　岳珂

十一日　桯史十五卷，文筆簡秀，而敍事曲折甚備，南宋説部中最爲可觀。其紀淳熙中范致能使金請正受書儀一事，詳載陳正獻諫阻兩密疏，與周公謹齊東野語紀史文惠諫止用兵與張魏公往復語，皆老成深見，不得謂苟安示怯也。魏公僨事，固不必論，即石湖忼慨任事，搢笏出書，卒被金廷詰責，雖云不辱命，亦徒多此一舉矣。其記開僖三帥符離覆師本末，亦較它書爲詳。

東京夢華録　宋　孟元老

十二日　閲孟元老東京夢華録。北宋汴京之繁盛，自非南渡可及。然天街錦繡，不出灰堆，雖鋪敘豐華，要無麗矚，較之武林舊事、錢唐、夢粱，以聖水吴山映發五雲樓閣者，終有仙凡之判。所羨當日士夫雍容臺省，恩光稠疊，承平風度，思之如在天上耳。

元豐九域志 宋 王存

十三日 夜閱九域志。共十卷，馮氏謂據宋刻鈔本參校各本而成。所云宋刻鈔本即四庫所收毛氏汲古閣鈔本也。崑山徐氏所藏宋槧本，朱竹垞跋謂失四京第一卷，而府州軍監均有古跡一門，四庫提要謂汲古本缺第十一卷，而無古跡一門，猶是元豐時經進之本。竹垞謂有古跡者，民間流行之書。馮氏據玉海所載紹聖四年、大觀二年兩次奏請續補，謂有古跡及書元豐以後之府名者，是經續修而未進呈之本。此刻無古跡一門，每卷下馮氏各系校語，極爲詳晰，然亦不免誤字。

唐六典 唐 張説 張九齡

十五日 以嘉靖本唐六典校東洋刻本，明本誤字甚多，遂還之。

宋史 元 脱脱

夜校閲宋史王韶傳，後附其幼子寀傳，載其以左道與林靈素相軋被誅，並無枉詞。王明清揮麈後録則言寀並無以術干進事，因其姻劉昺兄弟貴顯，爲京尹盛章所忌。適寀言靈素誕妄，靈素知之，泣怨於徽宗，逮宷下獄，盛章因而陷之，謂昺、宷交通謀逆，遂及禍。岳珂桯史亦稱宷之爲人雋爽有氣概，明清且言南渡後宷子孫貴盛，宋史皆略之，疑史所言非其實也。史又謂宷官止校書郎，明清言宷歷官直祕閣，知汝州、陝州，以失察盜鑄免官。史謂宷忽若有所覩，遂感心疾。明清謂世所傳輔道宷之字。遇宿冤之事，皆妄。明清之言，謂得之張德遠，德遠爲子蒙劉昺之字，録中昺皆作炳，又言炳弟煥，字子宣，疑史作昺，亦誤。之壻，其妹又爲盛章子婦，事皆目睹，則所紀自較史可信。

明清又言盛章奏逮訊炳時，開封府捕吏竇鑒抽得架上炳和輔道詩，遂以爲奇貨。案，宋史吴擇仁傳吴中復從孫，附中復傳。言擇仁「知開封府。故事，尹以三日聽訟，右曹吏十輩列庭下，一人云：『某送獄，某當杖。』尹無所可否。有竇鑑者，以捕盜寵，官諸司使，服金帶。擇仁視事，狃舊態來前，叱而械諸獄，一府大驚」。即此竇鑑也。

十六日　終日校閲宋史。其中繁蕪可省並者甚多，而事跡亦多脱落，又故矯南、北史一家總傳之例，務爲分析，然如韓魏公之父國華、温公之父池，行事寥寥，自以坿傳爲宜。又有名跡皆不甚著，亦一一析之者，以此推之，其卷帙可少十之二三也。

輟耕録　元　陶宗儀

十九日　夜閲輟耕録。南邨此書有關元代掌故甚大，間及南宋事，多涉浙東先哲流風餘韻。惜其好采瑣聞，流及小説，若别爲一書，以資談柄，亦自可觀。

宋史　元　脱脱

二十一日　宋史張永德傳：「太祖將聘孝明皇后也，永德出緡錢金帛數千以助之，故盡太祖朝而恩渥不替。」案，東都事略永德傳以此爲太宗娶符后事，太宗告太祖，以「符氏大家，而吾方貧，無以爲娉。太祖與永德書，令太宗以情告之，永德傾家以助，故後在兩朝恩寵不替」。以情事覈之，事略是也。符后爲魏王符彦卿女，周世宗皇后之妹，故太宗言符氏大家，欲求人助。若太祖孝明王皇后，乃彰德軍節度使饒之女，非符氏比，且太祖娉后時已爲殿前都點檢，官位崇重，亦無求助於人之理。

又宋史言永德家世饒財，父潁事晉至安州防禦使，「周太祖初爲侍衛吏，與潁善，乃以女妻永德，永德迎其母妻居宋州」。事略則云：「周太祖將兵征淮南，過宋州，宋州使人勞之於葛驛。葛驛先有一男子一女子，不知其所從來，轉客於市，傭力以食，父老憐之，醵酒肉衣服，相配爲夫婦。及太祖至，市人聚觀，女子於衆中呼曰『此吾父也』，市人驅之去。太祖聞之，使前問之，信其女也，相持而泣，將攜之以行。女曰我已嫁人矣，復呼其夫視之，曰此亦貴人也。乃俱挈之軍中，奏補供奉官，即永德也。」兩書所載絶異，然防禦使，五代已爲重職，何得與衛吏結姻？且永德既世爲并州富人，何以無故迎母妻居宋州？亦疑事略所言爲得其實。宋史蓋出永德貴後粉飾之辭，其父官防禦，當亦由郭氏得政並貴其父耳。又事略言「永德四歲時母馬氏被出，嫁安邑人劉祚，祚卒，永德於南陽公宇爲一堂，繼母劉居其左，馬氏居其右，問安視膳，皆得其歡。馬氏封莒國夫人，劉先卒，永德爲起大第，買田以聚其族，繼母之弟劉再思亦任以官」。宋史則云永德迎母歸州廨，起二堂。繼母劉卒，馬預中參，時年八十一，太宗勞之，賜冠帔，封莒國太夫人。同母弟劉再思署子城，使於市西里起大第聚劉族。此宋史所敘爲近情。事略蓋以兩皆劉姓，遂誤再思爲繼母之弟也。事略文筆簡覈，諸傳事跡刊落太多，往往衹存官閥，惟永德此傳多載新異。如周太祖柴后自擇所配，柴翁入冥知郭雀兒作天子及永德遇睢陽書生事，皆與它傳體例迥殊，宋史述之尤詳。

平津讀碑記　清　洪頤煊

二十二日　閱洪筠軒平津讀碑記八卷，續一卷，再續一卷。曰平津者，洪氏客孫淵如氏濟寧道幕中，讀孫氏平津館所藏碑，自周秦至唐末所繫跋尾也。前有翁覃谿、許周生兩序及自序。續記、再續記者，洪氏後官粵東時所續見也，亦止於五代。

十二月

唐國史補　唐　李肇

朔　唐國史補言「元和末有敕父子兄弟無同省之嫌，自是楊於陵任尚書，其子嗣復歷郎署，兄弟分曹者亦數家」。又言「御史故事，大朝會則監察押班，常參則殿中知班，入閤則侍御史監奏」。案，同省、押班二事，至今行之。

震澤王文恪公畫像

初二日　夜觀震澤王文恪公畫像卷。像凡五，其四白描，面略用粉赭，爲二十九歲編修像、四十八歲少詹像、五十二歲吏侍像、六十二歲太傅像，案，文恪以大學士加少傅兼太子太傅，非真太傅也。皆紙本臨寫，像邊有汪退谷題識。其一絹本，紅袍玉帶，麒麟補服，旁無題字，絹有裂紋，蓋真像也。後有文恪自書贊行草十一行，有方格，末題「拙叟自贊」，有兩長方印，一曰「濟之」，朱文，一曰「大學士圖書印」，白文。其裔孫惕甫芑孫又以公手書辭免内閣兩疏、辭免加官兩疏、乞歸三疏、謝準乞歸疏、辭朝疏、謝賞銀幣鞍馬疏，每疏後皆有批答，合裝於册。其後有萬曆甲辰王穉登題，文字皆劣。國朝康熙五十八年汪退谷真書跋、康熙庚子五十九年。何義門跋、辛丑錢綗庵跋、乾隆中沈敬亭起元贊、浦蘇亭霖贊、石琢堂贊、法梧門題詩、錢南園跋、王蓬心贊、秦小峴贊、何道生跋。此卷由嘉興金氏轉入霍邱裴氏，今裴氏以還公裔芾卿同年藏之。芾卿持以屬題，留之三四年矣，今夕擬爲作記，不成。

卻掃編　宋　徐度

初六日　夜閱卻掃編。所載官制沿革，多史志所未備。宋人説部，此與媿郯録、揮麈録可以鼎峙。言掌故者，不可不讀也。春明退朝録、梁谿漫志次之。

聞見前録　宋　邵伯温

初九日　夜閲邵氏伯温聞見前録。其所記北宋朝章國論，多有關係。謂韓氏子弟作魏公家傳，於曹后、英宗母子間欲張大其功，語多傅會。所述兩宮閒慈孝閒隙皆非，以王巖魏公之客□魏公□爲欺□史尚□用兩□〔一〕。言仁宗之恭儉，神宗之尊禮大臣，皆史所未及，閒及談諧瑣事，亦俱可觀。惟稱寇萊公之儉素，則非實録。萊公固才相，然頗奢縱，諸書所言皆同，不必爲之諱。其詆王荆公亦太過，又謂真宗大漸時，八大王元儼有威名，居禁中不肯出，李文定公取王所用金盂水，以墨筆攪之，盡黑，王疑有毒，遽上馬去。此則不近事理，蓋村野無稽之言矣。

至記其父康節之生，李夫人於山行雲霧間見一大黑猿，感而遂孕。及臨蓐，有一死女胎同墮。後二十年，夫人夜中再見一女子來，泣言方得受生。此雖近語怪，然家庭傳述，必非妄造，鬼神情狀，變幻難知。四庫提要謂「意欲神奇其父，轉涉妖誣」。夫黑猿固近神奇，若同生有女墮胎，則於康節無與。後漢書言竇武與大蛇同産，事更怪幻，而明載正史，論者不以爲嫌也。其謂鄒志完之諫立劉后，實田承君晝激發之，宋史浩傳即取之是書。案，揮麈三録復言志完於建中靖國初自新州召還，不一年遂代言西掖，案，史言徽宗立，復召爲右正言，遷左司諫，改起居舍人，遷中書舍人。傷弓之後，噤不出一語。吴興劉希範珏時爲太學生，以書責之甚峻，由是復進讜論，再竄昭州，然則邵氏謂志完性本懦者，非過論矣。

注釋

〔一〕此處缺字爲書根小字，影印時因頁面篇幅限制截去最下端一行字，故闕。文淵閣四庫全書本聞見前録卷三有云：「王巖叟者父子爲魏公之客，亦著魏公遺事一編，其記魏公言行甚詳，至論光獻權同聽政事，亦爲欺誕。」可參閱。

聞見後録　宋　邵博

初十日　夜閲邵公濟博聞見後録。所載頗涉瑣碎，不及其父之書。又有複出前録者，四庫提要已言之。其於熙寧初温公劾王介甫一疏及先與吕獻可往復語，皆複述前録，一字不異。又謂温公此疏不載傳家集，故備録之。公濟續其父書，不容疏忽失照至此，疑是後人傳寫兩録重出，非本如是也。温、荆兩公本交契至深，後雖異趨，未嘗顯相攻伐，故至元祐時，温公病中聞荆公薨，尚告吕正獻，謂介甫無它，但執拗耳，贈典宜厚。則公於荆公固終身重之。此疏詆擊甚峻，詞既過激，文亦煩複，與公它疏不類，既不見集中，疑出後人僞爲，非真公作，亦蘇明允辨奸論之類也。至温公與吕獻可言且緩出疏一事，亦温公之説爲然。介甫此時新參大政，鋭意興治，未有不善之跡，使諸君子從容贊助，詳論利害，必不至顯相水火，反用小人。獻可乃逆而折之，峻文深詆，介甫不堪，遂致參商，不幸其言而驗，遂以先識歸之。程明道謂新法是吾黨激成，獻可實爲首禍耳。余嘗謂宋人如孫甫之劾晏元獻，唐介之劾文忠烈，皆非君子之道。獻可之因濮議而痛劾韓、歐，亦其比也。公濟又載陳了翁尊堯集序中條舉荆公日録之誣，然因此可見神宗倚任之專，荆公自任之勇，君臣際會，可謂千載一時。而當日人才皆出荆公下，又群起而咻之，至不能容，無有能將順神宗圖治之美、匡拂荆公意見之偏者，危言醜詆，衆口一辭，不啻抱薪救焚，添羹止沸，泯棼朋黨，出入喧呶，惇、京乘之，遂成禍亂，可一嘆也。荆公日録久亡，賴此尚存梗概，邵氏父子雖力貶荆公，然其清節廉退，身無嗜欲，前録亦備言之，是亦公論耳。

宋史 元 脱脱

十三日 閲宋史列傳。宋史最號繁蕪，然其要者刊落甚多，如富文忠、文忠烈、歐陽文忠等皆不出其父名，富公本名言，潞公爲唐宰相敬暉之後，亦皆不載。吾鄉陸農師平生自守卓然，乃以其嘗受業王荆公，擠之鄧潤甫、林希、蔣之奇、温益之列，尤爲鉅謬。

十六日 閲宋史隱逸、列女、方技等傳，因雜考宋人説部。其王老志、王仔昔等傳多取之鐵圍山叢談、桯史諸書，其言已不可信。至林靈素之奸妄，一無技術，宜與朱勔等同傳，不宜列之方技。以二王例之，則李士寧、徐神翁、陳彦、謝石等亦可併爲立傳也。

光緒十八年

正月

湘山野録 宋 釋文瑩

初三日 閲湘山野録，隨筆校之。文瑩所記雖間涉瑣事，亦或談果報，如述南唐先主、宋臣張秉入冥事，言鑄鐘誦經之福，皆不免禪和家語。然載北宋六朝君臣事跡，多有足裨史乘。文瑩爲錢唐僧，而於南唐多内辭。於吴越武肅王載其命羅隱作謝昭宗賜鐵券表，詞極恭順，迨至後唐，乃請玉册金券名其居曰殿，官屬悉稱臣，遣使封拜東夷諸國，幾極其勢，與謝表所言相戾，後果爲安重誨奏削王爵，以太師致仕，乃深致不滿。四庫提要譏其嘗爲丁謂客，故多回護之語。

又言王欽若遇裴度事近於神怪。案，王遇裴事，東都事略及宋史本傳皆載之，蓋即采於是書，誠爲不經。然是書言文穆未貴時客行過一神祠，見神延之，後知爲裴晉公祠。及爲翰林學士，使兩川至褒城驛，又見裴令公導從而至，示以富貴爵命默定之事。雖小説家言，所述具有條理。事略及宋史乃云王至褒城驛，有客來謁，既去，視其刺，乃唐裴度也，自此好神仙之事，尤鶻突可笑矣。

至丁雖世論所不予，然具有才氣，又夙負文學名，風流好客，故當日士流多相稱重，其得罪自以忤劉后之故。宋史言真宗遺制詔皇后同聽政，丁於「同」上加一「權」字，遂爲后所深怒，所言自得其實。予已於昔年日記中論之。此書謂劉后命中貴人告執政，以仁宗尚幼，不能早起，恐稽留百官班次，每日祇來宫中論政，馮拯等不敢對，晉公口奏皇帝傳寶受遺，若移大政於它處，則社稷之理不順，遂深忤旨。此事它書亦有載之者，未必妄也。蓋北宋如丁晉公、王冀公、夏英公，皆以南人作相，爲北人所不喜，諸公又頗尚權譎，遂多致厚貶，而南士之論則不然。故此書頗稱三公，然亦祇述其文采風雅，而於寇萊公，則極稱其功業節儉。尤極贊杜祁公、范文正、歐陽公、唐質肅、張忠定、胥學士等之美，固不失是非之公也。

提要又謂自此書載宋太祖「燭影斧聲」之事，李燾采入長編，遂啓千古之疑。然文瑩所言並無逆蹟，由於後人誤會，不得歸咎此書。長編提要中亦言燾采摭此事，虚實互見，考據未明。案，是録言太祖臨崩之夕，一無疾病，召太宗入飲内殿，後解衣就寢，鼻息如雷，太宗留宿禁中。至五更，周廬者寂不聞聲，太祖已崩矣。次早太宗升殿宣遺詔，後率群臣入，舉衾見太祖玉體如新出浴，則其事甚怪，似太宗篡弑之跡，言下隱然。雖野史大半無稽，而是録作於熙寧，時神宗方厲精爲政，綜覈察下，文瑩一浮屠，使一無所憑，何敢妄言至是？蓋當時末命實有異論，李文簡長編作於南渡孝宗踐阼以後，當日東南宗子多太祖之裔，其言此事必更紛紜，文簡恐無所折衷，故采是録之語，但存「燭影斧聲」一節，而條辨太祖是夕之登閣望氣及以斧戳雪、太宗之留宿，皆以爲不可信。又先載太祖寢疾之事，辨其非無疾而崩，蓋野録可以傳疑，長編自當昭信。要之此等曖昧之事，後人不必深論之，亦不必力質其無。

如程篁墩之作宋太宗受終考，皆腐儒一孔之見也。

春渚紀聞 宋 何薳

初四日 閲何薳春渚紀聞。薳，浦城人，自號韓青老農。而書中多言杭、秀、蘇諸州故事，蓋寓居浙西者。所述瑣屑，罕關掌故，惟記東坡佚事爲詳。

聞見前録 宋 邵伯温 聞見後録 宋 邵博

十九日 閲邵氏聞見前後録，王荆公日記既賴此録存其梗概，曾布子宣日記、揮麈録略采掇之。此録亦存其記同文館獄兩條。

遯齋閑覽 宋 陳正敏

二十一日 就枕閲宋人説部。遯齋閑覽中載詩人姓名詩謎，云「佳人佯醉索人扶，露出胸前玉雪膚。走入繡幃尋不見，任他風雨滿江湖。」謂賈島、李白、羅隱、潘閬也。或云是荆公所作。又夷堅志載元祐中有爲當時大臣姓名詩謎者，云「長空雪霽見虹霓，行盡天涯遇帝畿。天子手中執玉簡，秀才不肯著麻衣。」謂韓絳、馮京、王珪、曾布也。此等雖淺俗遊戲，詩亦不工，然假借取音，廋辭寄義，古人樂府遺意猶存，是以人樂道之。因戲效其體，爲今樞廷四公詩謎云：「春曉村妝淺裹梳，額勒和布。畫眉人去戍伊吾。張之萬。瓜年鴛牒殷勤訂，許庚身。爲有狂童艷緑珠。孫毓汶，毓借同音作欲，汶讀汶汶之汶。」此詩惟借用一字，較之昔人，工拙必有辨矣。

韓柳集 唐 韓愈 柳宗元

二十三日 閱新購韓柳集。明嘉靖中南直隸巡按游居敬序，言取蘇閩舊本稍加參校，付寧國守黎晨、宣城令吴悌刻之，略有音釋，而無注。其稱黎曰黎守晨，稱吴則直呼姓名。明代巡方之任，嘉靖以後，雄尊極矣。悌字思誠，金谿人，官至南刑部侍郎，謚文莊，明史有傳，在儒林中爲陽明之學，學者稱疎山先生，其令宣城，亦旋入爲御史，甚著風力。

二月

法苑珠林 唐 釋道世

朔 閱法苑珠林。其書自劫量篇至傳記篇共一百篇，其首劫量、三界、日月、六道四篇，爲佛之緣起，如儒書之有總括。其末雜要、傳記兩篇，爲佛之餘事，如儒書之有雜識、有敍録。自第五千佛篇至第九十八法滅篇，則次第敍佛法之始終。每篇之首皆有述意一篇，猶儒書之有小序，實彼教中之志乘也。每篇博采諸經論，叠而比之，雖文繁語複，然釋藏精要盡於是矣，非止專明罪福也。

吟風閣雜劇 清 楊潮觀

初五 書賈以吟風閣詞曲譜三十二種共四卷來售。有序，言乾隆甲午之秋刻成，自稱笠湖，不知何人也。雜譜古人事，自新豐亭馬周獨酌至翠微亭卸甲閑遊，韓蘄王事。多取忠孝義烈及高潔一節之行，間及神怪，皆有寄託。前各有小序，自述命意，雖腹笥頗儉，亦有腐語，而於詞曲頗近當行。其快活山樵歌九轉之演滎啓期，西塞山漁翁封拜之演張志和，換扇巧逢春夢婆之演蘇東坡，皆有妙理。窮阮籍醉罵財神、偷桃捉住東方朔，詼諧寓意亦堪絶倒。大蔥嶺隻履西歸之演達摩，禪理頗深。諸葛亮夜祭瀘江，雖用小説，文亦雄壯，其中排場多有可觀，不失元人遺意。其序言皆行役公餘所作，年來與知音商榷，次第被諸管弦，是固此事當家，蓋仕宦不得志者所爲也。其荀灌娘圍城救父一齣，即以灌配周撫，此本有元人舊曲，余中年以前亦擬譜之，嘗以史不載灌以後事爲恨，然終不可妄造配合、輕誣昔賢耳。

明史稿 清 王鴻緒

初六 夜閲明史稿文苑傳。其體裁頗簡潔，附傳尤有法。趙壎傳中附傳有李證，會稽人，嘗爲僧，名願證，善古文，太祖擢爲應奉翰林文字。王蒙傳附傳有郭傳，會稽人，字文遠，初亦爲僧，亦以工文授翰林應奉，官至湖廣參政。趙撝謙傳附有山陰趙俶，字本初，長於説詩，洪武中官翰林待制。山陰迮雨，字士霖，善樂府。明史郭、趙兩傳較詳，府志入儒林。

紅豆樹館書畫記　清　陶樑

初十日　閲陶鳧鄉紅豆樹館書畫記。所載明人尺牘題跋往往可笑，甚至文氣不通。蓋自正、嘉以後，江湖派盛，其風斯下，而尺牘多道瑣事，間以方言里語，遂不成文。魏文帝云「汝無自譽，觀汝作家書」，知古人尤難之也。

十二日　閲紅豆樹館書畫記，此在俗人以爲畫餅充飢，在知者以當卧游。惟字跡所存詩文多拙劣耳。

法苑珠林　唐　釋道世

十四日　以支那本法苑珠林校常熟蔣氏百媛本。此書每篇下各分部，每部又各有子目，篇目繁簡不一，故舊分百二十卷，前爲目録二卷，蔣本去之，强合爲百卷，非也。

讀史亭文稿　清　彭而述

十五日　閲南陽彭禹峰而述讀史亭文稿。其田貴妃列傳言妃婁向崇禎帝極言左良玉之跋扈，必致負國，不可用，帝終不聽。及河南陷，妃一夕自縊死，遺疏勸帝遷南京。此絶不見它書，蓋鄉里傳聞無稽之言，故並妃之父名亦誤。又左將軍傳言良玉方宴客黄鶴樓，一人傳密書至，良玉引登樓，去梯，其人於髻上出蠟丸血書，言「吾萬死南來，欲倚將軍，今爲奸相所執，命在旦夕，將軍不救，何以見先帝地下？」末署定王云云，良玉讀之，慟絶仆地，遂起兵。又言良玉本不知何姓，幼爲匄，過河南左翁業洴洸者家，翁奇其狀，語其媪留養之，遂姓左。所言亦不知所據。南來太子之事，無以爲定王者，且其田貴妃傳言良玉日後起兵，名爲救太子，實避闖東奔，而此傳以爲真救太子。又有黄將軍得功傳言良玉不死必不降，謂我朝得天命之厚，皆自相矛盾。至謂良玉雖驕縱，喜殺掠，然勇悍善戰，其始不可謂非良將，後以受降太多，餉不能給，軍令雖嚴，有所不行。降將負良玉，良玉負國家，則平情之言矣。

存硯樓文集 清 儲大文

閲儲畫山存硯樓文初集。光緒元年其六世孫等所重刻者，版式如舊。畫山深於地理，文皆有裨實用，氣勢亦浩瀚，頗爲可觀，惜未得讀其二集耳。

十九日 閲存硯樓集。六雅熟於史事，文亦喜於琢句用事，而頗病堆砌，亦時有村學究語。每首後必有評，尤近俚腐，然其論古諸文頗有汪洋之觀，小品議論亦有佳者。新刻本誤字甚多。

南唐書注 清 湯運泰

二十七日 閲青浦湯虞尊運泰南唐書注，共十八卷，後附補戚光唐年世、州軍總音釋四卷，前有自序、凡例及陳以謙、周郁濱兩序。其書仿裴世期注三國志之例，徧采諸書事跡，以附益之，裁擇謹嚴，體例甚善。惜所取罕見祕笈，北宋人文集亦搜耆未多，不知視周雪客注何如耳。

三月

三希堂法帖釋文　清　陳焯

朔　閱三希堂法帖釋文十六卷，浙人陳訓導焯所著，後有乾隆六十年阮文達跋。淳化閣帖釋文紛如聚訟，已多譌誤。此於晉帖亦多沿譌，至唐、宋人書文字明白，何所用釋？元明趙董，更不待言。乃一一載其全文，如趙之急就章、千字文、董之孝經亦備列之，無謂甚也。

公是集　宋　劉敞

十三日　閱劉原父公是集，皆密實謹嚴，有本之談，擬之唐人，殆元行沖、獨孤及之亞歟。

十四日　閱公是集。其卷一卷二賦，卷三騷，卷四至卷二十九皆古今體詩，古詩簡質，近詩殊尟可觀。卷三十以後皆雜體文，而先制誥，後奏疏，非編輯通例。其韓通贈中書令制乃太祖開國時事，故有「朕以三靈睠祐，百姓樂推，言念元勳，方酬異渥」等語。其起首「易姓受命」四句，困學紀聞載之，不言何人所作，此誤編入，當去之。

七月

經義考實 清 李時溥

朔 閲懷寧李時溥經義考實。共八卷。援據翔實，詳於地理，兼通曆算，於小學尤精。其解詩「蜉蝣掘閲」，毛傳謂掘閲猶容閲，即説文之孑孓，狀其竭蹷，以鄭、孔舊解爲非。爾雅釋訓「芾，小也」，謂小乃朩字之誤。此類皆確。李不知其字，世人無稱之者，其首葉曰「道光庚戌仲夏刻於壽州學署」，蓋嘗爲壽州學官也。

舊五代史 宋 薛居正

初二日 舊五代史賈緯傳云：「緯勤於撰述，以唐代諸帝實録自武宗以下闕而不紀，乃采摭近代傳聞之事及諸家小説，第其年月，編爲唐年補録，凡六十五卷，識者賞之。晉天福中爲起居郎、史館修撰」，「謂監修國史趙瑩曰：唐史一百三十卷，止於代宗，已下十餘朝未有正史，請與同職修之。瑩以其言上奏，晉祖然之」，「明年春敕修唐史」。按新五代史亦有緯傳，其文甚略，崇文總目謂自吴兢撰唐史，自創業至開元凡一百一十卷，其後韋述、于休烈、令狐峘遞增爲一百三十卷，蓋後唐明宗時劉昫等所修，仍止此數，晉天福中趙瑩等始續增七十卷，爲二百卷。欽定全唐文中載趙瑩論修唐史一奏，請購求武宗、宣宗兩朝實録及私家撰述、傳記、文集、收藏、制誥、册書、日曆、除目、譜牒、行狀，又下司天臺造長曆，下太常禮院録五禮儀注，下太常寺考宫懸樂舞，下大理寺求格律獄案，下司天臺考天文變異、五行休咎、曆法改更，下御史臺考品秩升降、官名更易及府名使額、寺署廢置，下兵部職方考地理州縣分合改置，下祕書省考經史子集四部大數、撰人姓名，其文極詳贍。瑩無學術，昫亦寡學，皆不能爲此奏，蓋出於緯，然則緯於舊唐書之功爲最大也。

又李知損傳云：「知損少輕薄利口，梁時以牒刺篇詠出入於内臣之門，時人目之爲李羅隱。」陶岳五代史補云：「知損乾祐中奉使鄭州，時宋彦筠爲節度使，酒酣問曰：『衆人何爲號足下爲羅隱？』對曰：『下官平素好爲詩，其格致大抵如羅隱，故人爲號。』彦筠曰：『不然，蓋爲足下輕薄如羅隱耳。』知損大怒。」案，羅江東之名，唐末已盛傳，故羅紹威稱之爲叔父，自名其集爲偷江東集，吴、越以誇淮、吴，謂四海皆知有羅江東。吴志伊十國春秋云「世傳隱出語成讖，閩中書筒灘、玉髻峰皆留異跡」。王漁洋五代詩話引纂要云「建德有金雞石，羅隱題云『金雞不向五更啼』，石遂破裂，有雞飛鳴而去」。黎士宏仁恕堂筆記云「今豫章兩越八閩人，凡事俗近怪者，皆曰此曾經羅隱秀才説過。俚語方言，流傳委巷，久之承訛襲誤，遂曰羅衣秀才矣」。此見俞中山茶香室叢鈔引之。

余幼時常聞人言「羅隱出口成讖，後隨其母避亂巖石下，隱曰此石恐倒，遂壓而死」，深斥其不經。觀諸書所言，則俗語丹青，非一日矣，然越中雖竈嫗廝養，無不言羅隱事，未有稱「羅衣」者。昭諫以詩見惡朝貴，自以「秦婦吟秀才」爲人指目，亦以此得名天下。腳間夾筆，金榜俄空，筵上逢卿，白衣終老，平生忠憤，掩於滑稽，亦擇術之不慎也。

九月

野客叢書 宋 王楙

初六日 閲野客叢書。其考據多可觀，惜誤字太多，未得一校。

木犀軒叢書 清 李盛鐸輯

初八日 木犀軒叢書爲京氏易八卷、王保訓輯。莊存與卦氣解一卷、毛世榮毛詩禮徵十卷、周邵蓮詩考異字箋餘十四卷、凌曙儀禮禮服通釋六卷、錢坫車制考一卷、焦循論語通釋一卷、徐養原笛律圖注一卷、管色考一卷、律吕臆説一卷、汪中舊學蓄疑一卷、凌曙群書答問二卷、嚴萬里爾雅一切注音十卷、翟灝爾雅補郭二卷、嚴可均説文聲類二卷、宋保諧聲補逸十四卷、沈齡續方言疏證二卷，臧鏞堂輯蕭該漢書音義二卷、焦循易餘籥録二十卷、孫星衍孫氏祠堂書目内外編七卷、廉石居藏書記内外編二卷、平津館鑒藏書籍記三卷、又續編、補遺各一卷，洪頤煊平津讀碑記八卷、又續記、再續各一卷、三續二卷、劉喜海海東金石存考一卷、王錫闡曉庵遺書曆法六卷、曆表三卷、大統曆法啓蒙一卷、雜著一卷、焦循開方通釋一卷、金星橋〔一〕心得要旨一卷。論葬法。共爲四十册。

曉樓之禮服通釋，以徐氏讀禮通考多采宋以後人説，不能深求鄭、賈之義，往往與經恉違，故作此正之，然亦無甚發明。群書答問蓋未成之書，故剌舉奇零，亦有極簡略者。惟於儀禮辨正敖繼公集説之誤皆爲精確，駁萬季野之疑媵娣、惠天牧之疑姜嫄廟，皆援據堅卓。汪容甫舊學蓄疑書亦未成，皆偶然劄録，淺雜無緒，刻之轉爲累矣。焦里堂易餘籥録乃其注易之暇隨筆記述，尚多可觀，然於史學、小學皆甚疏，詩詞尤非當家，而好爲高論，肆情苛貶，其説經亦多近偏悍。惟卷十三論院本詞曲，頗有異聞。其考元人爨演脚色排場，尤爲詳盡，謂元齣初無生脚，末即生也，此輟耕録所未及言。

注釋

〔一〕原文無「星橋」二字，據光緒十二年德化李氏刻木犀軒叢書目補。

廉石居藏書記　平津館鑒藏書籍記　清　孫星衍

初十日　夜閲孫淵如廉石居藏書記及平津館鑒藏書籍記。廉石居内編分經史子集，而以宋元人經學、小學十一種及天文、龜洛神祕集。史學、二申野録。説部歷代小史。三種附之外編，蓋斤斤於漢宋學之分、儒釋教之辨，有一字不肯出入者。平津館鑒藏記分宋版、元版、明版、舊影寫本、舊寫本、影寫本、外藩本，而各以四部爲次，兩書皆學者不可不讀。其識自在張氏愛日精廬藏書志之上，前皆有先生自序。

十三日　閲奉新周邵蓮詩考異字箋餘，補王伯厚作也。前有翁覃谿序，其言偏激。

詩考異字箋餘　清　周邵蓮

十六日　閲揮麈録。其言唐末有皇王寶運録一書，紀僖、昭間事甚詳，惜歐、宋修史時未之見。所載掘黄巢祖墓，足資異聞。明季邊大受掘李自成祖墓，事適相類。宋人小説言黄巢不死，遁去爲僧，國初人亦多言自成爲僧，兩賊前後何若出一轍也。

揮麈録　宋　王明清

十九日　閲讀書敏求記。遵王人不足取，事詳錢氏家變録。其學亦無門徑。此書所記瑣雜，識見卑陋，至采及無稽小説，然近儒多詆之而終不能廢之，蓋久從蒙叟遊，多見異書祕籍。其言絳雲樓中有宋槧元、白兩家長慶集，尤恨不得見之也。元集但得明成化初所翻宋本，中多空白，爲蒙叟校填者，已爲鉅寶矣。

讀書敏求記　清　錢曾

舊五代史　宋　薛居正

二十一日　閲舊五代史。此書文筆俚俗，叙事瑣陋，多不成語。有市井小説所不如者。論亦淺劣，往往可笑。蓋史家無有劣於此者。薛居正輩真人奴也。後人掎摭新史，以爲疏略，或轉取此書。然不觀薛史，不知歐史之佳，其刊落野文，創通大義，實足垂範後世，薛史不過間存遺文軼事，而有關係者絶少。亦有歐詳於薛者，如李鏻傳等是也。惟新傳言鏻伯父陽，咸通間給事中，舊傳作伯父湯，又云父洎，韶州刺史，與新唐書宗室世系表合。「陽」蓋字誤。新唐書宗室世系表，高祖子鄭惠王房言湯爲惠王五世孫，鏻爲六世孫，是高祖至鏻甫七世。案，李宗閔傳言宗閔爲惠王四世孫，與表合，而表言宗閔兄宗冉，宗冉四子澹、湯、深、洎，湯字希仁，官給事中，深字希尚，洎官韶州刺史，是鏻爲宗冉孫、宗閔之從孫也。傳以宗冉爲宗閔弟，云宗冉子湯，累官京兆尹，黄巢陷長安，殺之。考兩書僖宗紀、通鑑所載皆同。是湯終於京兆尹，殉國難死，表及薛、歐兩史皆言止給事中，可謂疏矣。

十月

唐語林　宋　王讜

初二日　擁衾閲唐語林。此四庫輯本，頗冗雜無緒，脱誤甚多，若取兩唐書、太平御覽、廣記等書校之，可以更正不少也。

杜工部集　唐　杜甫撰　清　錢謙益箋

初三日　閲錢注杜集。葉石林極不滿杜集八哀詩，謂李邕、蘇源明兩首，累句尤多，嘗痛删之，僅存其半。余謂此是少陵憂傷國事，述其平生素懷交遊大略，觀其小序數語可見，不當以顔光禄、張燕公兩家五君詠等爲比。其詩誠多蕪累，而光氣自不可掩，無愧「詩史」也。

唐語林　宋　王讜

初四日　閲唐語林。王氏搜輯唐人説部不知别擇，其中如陸贄之陷竇參，尤極誣妄之辭，太平廣記亦載之，其貶斥李衛公語尤多，皆出當日牛、李宗閔之黨，楊、白、令狐諸家賓客子弟所爲，徒污簡策，惑亂後人，非若臨川世説止以標舉簡雋爲長。

杜工部集　唐　杜甫

初五日　點閲杜集。楊升庵力詆宋人以少陵爲「詩史」之説，謂詩以道性情，三百篇皆「意在言外，使人自悟，至於變風變雅，尤具含蓄。如刺淫亂，則曰『雝雝鳴雁，旭日始旦』，不必曰『慎莫近前丞相嗔』也。憫流民，則曰『鴻雁于飛，哀鳴嗷嗷』，不必曰『千家今有百家存』也。傷暴斂，則曰『維南有箕，載翕其舌』，不必曰『哀哀寡婦誅求盡』也。叙飢荒，則曰『牂羊羵首，三星在罶』，不必曰『但有牙齒存,可堪皮骨乾』也。」

余謂升庵特舉詩之含蓄者以相形耳,三百篇中詞之直而傜、激而盡者多矣,刺淫亂者,不有曰「燕婉之求,得此戚施」者乎?不有曰「中冓之言,不可道也」者乎?至於「人之無良,我以爲君」,則甚於罵矣。憫流民者,不有曰「謂他人父,亦莫我顧」者乎?不有曰「瞻烏爰止,于誰之屋」者乎?至於「周餘黎民,靡有孑遺」,則極於詛矣。傷暴斂者,不有曰「捋采其劉,瘼此下民」者乎?不有曰「中谷有蓷,暵其乾矣」者乎?至於「小東大東,杼軸其空」,則即在南箕一詩中矣。敘飢荒者,不有曰「何草不黄,何人不行」者乎?不有曰「匪鱣匪鮪,潛逃于淵」者乎?至於「知我如此,不如無生」,則即在牂羊一詩中矣。由此推之,訐直憤厲者指不勝屈,所謂言各有當也。惟所舉杜集諸句,卻非高作,學者不可專於此等求之。即三百篇之感發人心,亦不徒在小雅節南山之什、大雅蕩之什也。

書記洞詮　明　梅鼎祚

初六日　閲梅禹金鼎祚書記洞詮。取文心雕龍書記篇之説,采周至六朝往還書牘,編爲一百十六卷,四庫提要譏其真贋並收,且載及春秋辭命,以爲失倫。然禹金此書爲廣楊升庵赤牘元珠而作,楊所有者自不得删,而間亦訂正其僞。至春秋辭命,真西山文章正宗録之甚多,且載及一二單辭,升庵亦收之,禹金故別爲一卷,卷首有小叙,言之甚悉,不得以此爲譏。禹金博極群書,所編文紀汪洋大觀,此特其緒餘,亦多不經人見之作,其於唐、宋類書搜采靡遺,至釋教中如宏明兩集、國清百録皆世所罕覯，其中間附考證亦多精確，固足爲箋翰之鴻裁、藝林之佳本矣。是書坊間亦稀有，余購之已兩年，今日爲加籤題，並跋之如此。

杜工部集　唐　杜甫撰　清　錢謙益箋

初八日　夜點閱杜詩錢注，於新、舊唐書多考證之功，故詳於本事，然極不滿於肅宗，每以杜爲含刺文致其罪，蓋蒙叟本因朱長孺鶴齡之補注事有未備，故爲此箋。朱氏注玉谿詩多以唐書求其本恉，往往篇有寄託，句有深文，蒙叟以詩史之言，益加推究，遂不免附會耳。

唐文粹　宋　姚鉉輯

初九日　校閲唐文粹二卷，蘇州刻本，固有誤字，近日杭州許益齋偕譚仲修據各本校改重刻。今年夏中略校碑志一卷，見有蘇刻不誤而杭刻誤改者數處，今日校賦兩卷，又有杭刻誤改者，爲略注於蘇刻本。讀書未徧，不可妄下雌黄，甚矣校書之難也！唐人賦如李華之含元殿賦、李白之明堂賦、大獵賦、李庾之西都賦、東都賦，皆不愧奇作，以視子雲、相如、孟堅、平子雖不及，與文考、平叔、太冲可相伯仲，安仁以下則過之矣。太白兩賦，才力遠出少陵三大禮賦之上。李庾兩賦，簡鍊遒麗，東都後半極陳天寶以後安危治亂之機，忠愛斐然，尤古人所未及。蕭穎士謂含元殿賦，靈光之下，景福之上，真知言也。

初十日　校閱唐文粹。唐自中葉以後，韓、柳諸家競爲古文，號稱極盛，然務求新異，俗體遂滋，蹊徑別而心思偏，議論多而經術少。濫觴於元結、獨孤及；至皇甫湜、張籍益張其波，降及劉蜕、孫樵，思愈苦而愈淺，詞愈鍊而愈俚；司空一鳴、羅江東最稱矯，尚流入小説，況其下乎？故余謂晚唐之有樊川，足爲中流砥柱，樊南、甫里其次也，皮子文藪又其次也，外此無足觀者。姚氏力裁僞體，惜於此等猶不能別擇。所選古文兩卷，頗多鄙俸之文。唐人以小説爲古文者自沈亞之始，下賢一集，蓋無足觀。市井浮薄，叫囂穢醜，唐季之文也；措大酸餡，臭腐迂陋，宋季之文也。文章厄運，莫極於此矣。

浩然齋雅談　宋　周密

十三日　閱周草窗浩然齋雅談。其中論詩多有名理。

澗泉日記　宋　韓淲

十五日　韓仲止澗泉日記，其記章獻太后謁太廟一事，言薛奎嘗諫，不見聽，與東都事略、宋史皇后傳皆合。事略薛奎傳言「章獻謁太廟，欲被天子衮冕，臣下依違不決，奎不可，曰：『太后必欲被黻冕見祖宗，不知作男子拜邪，女子拜邪？』乃止。」是言后止不服天子黻冕，非竟不謁廟，與歐陽文忠撰薛簡肅墓志言「后不能奪，爲改服」之説，本不甚殊，惟據事略及宋史所言，但冕去二旒、衮去二章，則仍服衰冕，故墓志「改服」二字，尚無大病。日記亦云「服去二章」。事略奎傳已不明晰，宋志、奎傳不誤。其誤始於僧文瑩續湘山野録，而葉夢得石林燕語因之，事略蓋已惑於異説，故奎傳與后傳不免牴牾耳。石林又以謁廟爲南郊，則更誤矣。

至潤泉日記載：「王曾罷相，章聖諭近臣曰：『曾廷辭既退矣，逡巡卻立，戀冀復用。』衆皆唯唯，若水挺身對曰：『王曾以道去國，未見有持禄意。陛下料人何薄耶？顧臣等棄此如土芥耳。』憤而出，即日毀冠帶，被道士服，佯狂歸嵩山，上大駭，累召之，終身不起。」其所謂若水，蓋指錢若水，則真大謬，近於無稽矣。錢若水以太宗至道元年自翰林學士遷同知樞密院事，三年乞罷，時真宗已即位。其卒當在真宗咸平初。王曾以真宗末由參知政事拜中書侍郎同平章事，仁宗天聖七年罷相，相去三十三年。楊文公談苑據朱子名臣言行録引。言呂蒙正由宰相罷爲僕射，「太宗謂侍臣曰：『蒙正今處寂寞，望復中書，當眼穿矣。』劉昌言時爲同知樞密院事。謂『僕射非寂寞之地，亦未聞蒙正悒怏。今巖穴高士不求榮達者甚多，惟臣輩苟且官禄，不足以自重耳。』上默然。及昌言罷，上問趙鎔等曰：『昌言涕泣否？』曰：『與臣等談，多至流涕。』若水曰『昌言實未嘗涕泣，鎔等迎合上意耳。』若水因自念上待輔臣如此，蓋未嘗有不貪名勢以感動人主，遂貽上之輕鄙。將以滿歲移疾，會晏駕不果，今上按此大年謂真宗。初年，再表遜位，乃得請。」王鞏甲申雜記謂：「錢若水爲樞密副使，時呂相端罷，太宗明日謂輔臣曰：『聞呂端命下，哭泣不已。』錢公厲聲曰：『安有此？』退語諸公曰：『我輩眷戀爵禄，致爲上見薄如此。』遂力請罷。」見清虚雜著補闕。

案，宋史本紀及宰輔表，若水以至道元年正月入樞密，即是代劉昌言，四月吕蒙正罷相，以吕端代，三年六月若水罷知集賢院，次年咸平元年十月，吕端始罷，是昌言不及見蒙正之罷，若水不及見端之罷。楊、王兩説亦皆有誤。且劉昌言爲人齷齪，亦恐無此風力，蓋必蒙正罷時，若水有此言耳。李文簡續通鑑長編以談苑爲顛倒，竟改劉昌言語爲若水語，亦近武斷。又載田晝記若水事云「王曾罷相，章聖語若水，若水憤而出」云云。今不取澗泉，蓋即本田記矣。案若水罷執政後歷任繁劇，竟卒於官，乃云被髮入山，終身不出，豈非説夢？宋史錢若水傳云咸平六年卒，年四十四，是當生於太祖建隆元年庚申，而錢、吴兩家疑年録、吴氏歷代名人年表皆未之及。長編載咸平六年四月若水在并州病，五月召還，而失記其卒。

王定國聞見近録載仁宗張貴妃本末甚詳，可裨史闕，然多不可信。其云「吴越王子太師雅之女，適張氏，生子堯封」。考東都事略云：「堯封母錢氏女也，妃幼無依，由錢氏納於章惠皇后宫。」宋史作「堯封妻錢氏」，蓋誤。錢能納女於宫，當是吴越王一家，然太師雅不知何人，吴越王諸子無名雅者，事略及宋史皆云「納於章惠皇后宫」，章惠，真宗楊淑妃也，仁宗明道初稱保慶皇太后。宋史楊淑妃傳備言仁宗之尊禮，及没後，爲服小功，而不載章惠之謚。於張貴妃傳忽云章惠皇后，其疏如此。而定國云妃「入宫爲倢伃沈氏養女」。考宋史沈氏爲宰相義倫之孫女、真宗之德妃没謚昭静者。堯佐爲堯封之兄，諸書無異辭，皆云堯封卒後堯佐官蜀中，不肯收恤。而定國言堯封與堯佐爲宗表兄弟，宗表兄弟不知何謂，蓋謂宗族中表兄弟，自來亦無此稱。其下述堯封語，亦稱堯佐爲宗表兄。既是同宗之表親，其分甚疏，則堯封卒後，其妻子何以欲相依至蜀？堯佐不許，亦不爲過。又言堯封從學孫明復，孫至其舍，執事皆堯封妻女，如事親。時文异倅南京，子彦博、彦若並師明復，明復遂薦堯封於文氏爲門客，張、文之好始此。

又云仁宗以大旱策免宰相，潞公召自蜀，將至闕下，貴妃親視供帳以待，其夫人入謝，衆論喧然。時貝州王則叛，仁宗北顧，妃乃陰喻潞公貝州事，明鎬將有成績，可請行。潞公既行，貝州平，潞公以功拜相。其辭皆近誣蔑。又云：「堯封從明復學於南京，其子去華與貴妃常執事左右。及貴妃案，當作「妃貴」。數遣使致問，明復閉門，拒之終身。」案，張師德父去華，父子狀元，宋史有傳，何以堯封之子亦名去華？宋史張去華，河南襄邑人，父名誼。張堯佐，河南永安人，父穎。張貴妃傳及東都事略温成皇后傳皆同，涑水紀聞謂其先吴人，從錢氏歸國，續資治通鑑長編但云河南人。永安，今鞏縣南。考續通鑑長編載温成殁後，「録其從弟著作佐郎希甫爲太常博士光禄寺丞、及甫爲祕書丞太常寺太祝、正甫爲光禄寺丞右侍禁閤門祇候、山甫爲西頭供奉官」，並無去華之名。諸書皆言堯封祇一女，惟温公涑水紀聞言堯封妻惟有一女，而有庶子化基，是亦非去華矣。定國所言皆誤。

然涑水紀聞亦不足信。其云堯封父穎卒時有二女入宫事真宗，名位甚微，是妃之兩姑已先入宫，它書皆未嘗言。又云：「后母賣后於齊國大長公主家爲歌舞者，而適蹇氏，生男守和，大長公主納后於禁中仙韶部，宫人賈氏母養之。上嘗宫中宴飲，后爲俳優，上見而悦之，遂有寵。」案，齊國獻穆公主，太宗幼女也，下嫁李遵勖者。既云賣后而適蹇氏，似改適者爲后母，乃其下又云后册爲貴妃，后母爲齊國夫人，后兄化基子守和皆拜官，以守和爲温成所生子，則適蹇氏者即温成矣。既納主第，何以又嫁蹇氏？既嫁蹇氏，何以又納宫中？長編謂妃年八歲與姊妹三人由錢氏入宫，則温成入宫時年尚幼，故須宫人賈氏母養。賈氏事聞見近録亦言之。不當先有適人生子之事。又云「上以其所出微，欲使之依士族以自重，乃稍進用堯佐」。考温成父祖皆進士及第，故長編謂「上以其良家子，待遇異諸嬪使」。堯佐雖亦進士及第，本爲堯封之兄，何必依以爲重？至謂「后方寵幸」，「齊國夫人柔弱，故官爵賞賜多入堯佐，而化基等反不及」。據長編所書，仁宗於温成父母可謂極盡恩禮，至歿後，推恩徧及其從弟及姪，而不言其親弟，則並無化基之人可知，此等皆非事實。東都事略后妃傳外戚傳皆言堯佐爲堯封兄，宋史張貴妃傳言從父堯佐，堯佐傳云「温成皇后世父也」，故諸書多言妃爲堯佐求宣徽使甚力，其親可知。惟紀聞以堯佐爲堯封從父弟，長編以爲從兄，而堯佐授提點開封諸縣鎮公事時，余靖上疏，亦言堯佐爲修媛世父。（時温成由才人進修媛，尚未册爲貴妃。）則紀聞及長編皆誤。至堯封母錢氏、妻曹氏，諸書皆同，長編謂「堯封天聖初客南都，依大姓曹氏，曹以女妻之」，温成晉貴妃，封楚國太夫人，歿後堯封追封清河郡王，曹氏晉齊國夫人。而宋史云「堯封妻錢氏」亦爲疏謬。又長編謂至和元年「正月貴妃薨，追册爲皇后」，「三月楚國太夫人曹氏卒」，「六月追封皇后父玘爲東海郡王，温成皇后父堯封爲清河郡王，母曹氏爲齊國夫人。十月葬温成，稱皇后園陵」。是以温成既用后禮，故景思比於后父，僭曹后之父同得王封。紀聞乃謂温成册爲貴妃，追封堯封郡王，母齊國夫人，亦誤。妃父豈有封王例耶？

真宗章獻劉后之入宫，東都事略后傳書法最婉而得體，曰：「益州華陽人也，父通，贈太師魏王。后善播鼗，蜀人龔美與之入京師，真宗爲襄王，納於潛邸，王乳母秦國夫人性嚴整，令王斥去，因爲太宗言之，王不得已，置之指使張耆家。太宗崩，真宗即位，以爲美人，以其無宗族，乃以美爲兄，更姓劉。」又外戚傳云：「劉美，益州華陽人，本姓龔。章獻后之父曰通，少隸軍籍，建隆初征嶺南有功，爲虎捷都指揮使，領嘉州刺史，從征太原，道卒。美以鍛銀爲業。真宗爲襄王時，后自蜀來，因張耆以進，耆得之美所。」合而觀之，則后之家世單微，進身曖昧，自可想見。宋史后傳乃云其「先家太原，後徙益州，爲華陽人，祖延慶，晉漢間右驍衛大將軍，父通，虎捷都指揮使、嘉州刺史。后，通第二女也。母龐夢月入懷，娠，生后，后在繈褓而孤，鞠於外氏。」則似居然世家。乃又云：「善播鼗，蜀人龔美者以鍛銀爲業，攜之入京師。」后既父祖通顯，何以隨一鍛銀人流轉入京？且生於仕門，又有外家，何以無一親族，强兄龔姓？蓋劉通姓名亦在明昧間，其官職里籍蓋出附會。續通鑑長編直云后父通，本軍卒，后少嫁蜀人龔美，美以鍛銀爲業，攜之入都，貧甚，賣后於張耆家，耆爲襄王宫指使，進之王，秦國夫人斥出之，王仍令居耆家。耆避嫌不敢歸，王予耆五百金，令别築室居之。則亦難爲君后地矣。

長編以劉后爲已嫁龔氏，紀聞以張妃爲已嫁蹇氏，王定國甲申雜記至謂仁宗光獻曹后先嫁李觀察士衡之孫左侍禁化先，化先少好神仙，禮席之日，后已入門。化先逾垣而走，后復歸曹氏，後選納爲后，此等皆類唐人之嘲詠楊妃爲無禮於其君者。

仁宗郭后之死，史皆有微辭，然不過謂宦者閻文應恐其復召，因后有疾，挾醫進毒耳。涑水紀聞載兩説，一謂：「后有小疾，文應使醫官故以藥發其疾，疾甚，未絶，文應以不救聞，遽以棺斂之。」一云：「上詔后入宫，文應懼，以疾聞，上命賜之酒及藥，文應遂酖之。」則后之死爲甚慘。

至仁宗母李宸妃之死，史無異辭。紀聞引「李端愿曰章懿之死非命也，今本作章獻之志非也，誤。暴得疾耳，鑿垣而出，瘞於洪福寺，章獻之過也。」是宸妃亦以酷死。宫闈之事，固難言哉。

又仁宗雖寵温成，亦未嘗有廢曹后意。紀聞乃云「貴妃飲膳供給皆逾於曹后，幾奪其位者數矣」。又云：「嘉祐元年正月，上以跣而禱雪，暴感風眩。」「一日，兩府詣東閤小殿門起居，上自禁中大呼而出，曰：『皇后與張茂則謀大逆。』」「茂則内侍也，上素不喜，聞上語即自縊，救解得蘇。文彦博召而責之曰：『天子有疾，譫言耳，汝何遽如是？汝若死，使中宫何所自容耶？』曹后以是亦不敢輒近上左右。」王氏聞見近録云「慶曆中親事官乘醉入禁中，蓋即宋史曹后傳所云慶曆八年閏正月望後，衛卒數人作亂，夜越屋叩寢殿事，非親事官也。仁宗遣諭皇后、貴妃閉閤勿出，后謹聽命。貴妃直趨上前。明日上對輔臣泣下，輔臣亦泣，首相陳恭公毅然無改容。上謂貴妃冒不測而來，斯可寵也。樞相乘間啓廢立之議，案，樞相蓋指賈昌朝。恭公持議甚堅，久而上復問之，梁相適進曰：『一之已甚，其可再乎？』聲甚厲，群論遂止。」如所説，則曹后當日亦甚危矣。定國之言，按之后傳，事多違反。其力稱陳執中、梁適之持正，尤爲失實。温成之薨，喪葬過禮，執中毫無匡正，豈能有此風力？適雖稍有執持，亦遠不及孫威敏之侃侃，其事蓋不足據。然長編言温成之薨，上謂左右曰：「昔在殿廬，徼衛卒夜入宫，妃挺身從別寢來衛。」而宋史曹后傳言「張妃怙寵上僭，欲假后蓋出遊，帝使自來請，后與之，無靳色。」則並后之勢，其跡已甚著也。小説中有包龍圖打張妃鑾駕，亦非無因耳。余嘗以宋史后妃傳太略，若張貴妃傳當取長編所載身後贈謚之議、園陵之制、孫忭諸公之争執，皆有關於掌故者也。

正覺樓叢書 清 李瀚章輯

二十一日　劉曾枚自武昌來，以近日合肥李氏所刻叢書共二十八種，自禮記天算釋至二林居文集，皆仿知不足齋版樣，而行較寬，字較小，刻於湖北書局，紙槧不精，校勘亦疏，其中頗有未經人刻者。而佳本亦少，惟徐靈胎樂府傳聲、錢晦之三國志辨疑、後漢令長考、洪孟慈三國職官表、查初白人海記數種最可觀。樂府傳聲言南北曲樂聲律源流，具有微悟。

人海記 清 查慎行

閱查初白人海記。共二卷，記京師明末國初事爲多，足資掌故。其以弘光帝爲僞，以童氏爲真，蓋當日南北一詞。至謂僞太子未必果爲東宫，然必非王之明，則平心之言也。

酌中志餘 明 劉若愚

二十三日　閱酌中志餘。所載東林點將録，較吴次尾復社姓氏所載頗有不同，其中共一百九人，下有跋云：「當甲子乙丑際，在毗陵見此録於鄒衣白家，當時言是鄒所爲，案，此本有地僻星打虎將鄒之麟。未嘗有鄒姓名。有常之沈應奎，而神醫乃海虞之繆希雍。此本神醫胡機。今此本中缺姓名三四人，無周宗建、黄尊素、姚希孟，而有逆案中許其孝、陳保泰、楊春茂、郭鞏四人，爲不可解。」案，四庫書目所載本亦同此跋，然四庫言缺所配孔明、樊瑞、宋萬三人，此本孔明配毛士龍，樊瑞配熊明遇，宋萬配宋師襄。有天立星雙槍將周宗建、天英星小李廣黄尊素、地微星矮腳虎姚希孟，無許其孝等四人，而有逆黨之魏應嘉，又不知何故也。

人海記　清　查慎行

二十四日　人海引「戒庵漫筆載：『先世寫吴原年、洪武原年，俱不用元字，想國初惡勝國之號，故民間相習如此。』以上皆李氏語。『元』字避御諱元璋，戒庵誤矣。」慈銘案，日知録亦言之，以爲明太祖惡「元」字，故如元官、元任皆改作原，不如查氏之言爲近理。

又云「御史聽選、聽察首浙江道，内計掌察則河南道」，蓋明初首下浙江，先設官，洪武元年詔開封爲北京，示重也。名勝志謂北宋以河南爲京畿道，故寰宇記首列河南，南宋以臨安爲京畿道，故紀勝要覽首列浙江，明朝蓋兩沿宋制。此説非也。」慈銘案，明祖嘗有意都汴，它書亦多言之，蓋明祖以朱姓，故其暴虐頗類朱温，事必效之，昔人謂汴非可建都地，始於朱温，凶豎何苦學凶豎所爲哉？可發一笑。

又云：「故事，舉行計典後臺省例有拾遺，順治丙戌，部院大計群吏，臺省欲循故事，内大臣不欲也。陳溧陽力主之，臺省拾遺奏上，多被反坐。己丑大計，鑒前事，雖有糾拾亦僅矣。」又引長安客話，謂「明初六科在午門内，與尚寶司相連，今猶稱『六科廊』，後因失火遷午門外。」此類皆談故事者所當知也。

十一月

周官指掌 清 莊有可

初八日 閲周官指掌。乾隆中武進莊有可大久著，凡五卷，分一百篇。其文筆頗浩瀚，而多空言義理。所論地里、官制、食貨、兵車、征税、宫室、爵命、衣服之數，亦僅舉其略，且多參以臆見，蓋全不體會鄭注，於周禮實不能貫串，名爲「指掌」，罕裨經學。大久爲養恬之族孫。武進莊氏周官之學，好談經制而無真詣，其家法固如此也。

宋史 元 脱脱

初九日 閲宋史藝文志。此志舛誤百出，不可殫究。錢竹汀氏謂宋三朝、兩朝、四朝國史各志藝文，元人修史彙而爲一，不能正其次第，徒凴鈔胥照本增入，故前後失次，甲乙乖方，是也。然其重恠貤繆，繁複漏略，錢氏於廿二史考異中略舉其一書數見者百餘種、編次失當者四十餘種，又於養新録舉其失載者百餘種。盧抱經氏又取康熙間倪闇公燦所補宋咸淳以後藝文志爲之校訂，然其紕漏實有不可解者。如禮類云「儀禮十七篇高堂生傳，大戴禮記十三卷戴德纂，禮記二十卷戴聖纂」。夫高堂生傳士禮，非作傳也，此以與纂並稱，似誤爲傳注之傳矣。

又云「鄭玄注古禮十七卷，又周禮注十二卷，禮記注二十卷，禮記月令注一卷」。夫古禮即儀禮也，鄭注並無此稱，且鄭注本連經文，何須別出，既別出矣，何以不先出周禮十二卷乎？又別出月令注一卷，是何人之注乎？其下云「陸德明音義一卷，又古禮釋文一卷」，音義即釋文也，先所云「音義一卷」，是禮記乎，周禮乎？古禮之稱又何自乎？其下云「賈公彥儀禮疏五十卷，又禮記疏五十卷，周禮疏五十卷，孔穎達禮記正義七十卷」，公彥祇疏周、儀二禮，此禮記疏五十卷是何人所爲乎？即此人人皆讀之書，而其謬至此，遑論其它乎？蓋纂此志者幾於目不知書矣。

至小學類，云「徐鍇說文解字繫傳四十卷」，「說文解字通釋四十卷」，不知通釋即繫傳也。又云「張揖廣雅音三卷」，「曹憲博雅十卷」，不知揖撰廣雅十卷，憲撰音三卷，以避隋煬名改稱博雅也。又云「陸德明經典釋文三十卷，又爾雅音義二卷」，爾雅音義即在釋文中也。又云「陸法言廣韻五卷」，「陳彭年等重修廣韻五卷」，「孫愐唐韻五卷，天寶元年集切韻五卷」。不知法言本名切韻，唐天寶時孫愐增加，更名唐韻，宋大中祥符時陳彭年等重修，始名廣韻，天寶之切韻即唐韻也。又云「丁度切韻十卷」，不知度等所修乃集韻，非切韻也。此亦人所盡知，而顛倒錯亂，蓋下劣鈔胥所爲耳。晁氏郡齋讀書志亦出「博雅十卷，隋曹憲撰」，其下言憲因張揖廣雅爲之音，因避隋諱改名博雅，雖分析言之，然標題已誤。至廣韻五卷，亦稱隋陸法言撰，陳氏書録解題、馬氏文獻通考標題皆同，蓋南宋後，人不講小學，多不知法言之本名切韻矣。

又載「句中正雍熙廣韻一百卷，序例一卷」。案，此事文苑傳亦載之，然宋人無稱及之者。雍熙既有此書，何以景德復重修廣韻、景祐復撰集韻乎？景德始修，大中祥符元年書成，賜名大宋重修廣韻，其敕牒見刻澤存堂本廣韻之首，則似並無雍熙之書。

初十日　校訂宋藝文志。其複出者錢氏所舉外尚有十數，惟傳記類有「宋景文公筆記五卷」，雜家類有「宋祁筆記一卷」，小説類有「宋肇筆録三卷」，注云「次其祖庠語」。今本「庠」誤作「祥」。案，陳氏直齋書録解題載「宋景文筆記一卷」入雜家類，晁氏郡齋讀書志載「宋景文筆録三卷」入小説類，注云：「皆故事異聞，嘉言奥語，可爲談助，不知何人所編，每章冠以『公曰』。」文獻通考雜家類亦稱「宋景文筆録三卷」，其下先引晁氏語，又引中興藝文志「筆録三卷，皇朝紹聖中宋肇次其祖庠遺語，凡一百七十條」，馬氏謂「二筆録卷數同，祁、庠又兄弟，一書邪，二書邪？當考」。今尚存宋祁筆記三卷，上卷曰釋俗，中卷曰考訂，下卷曰雜説，大氐多主名物音訓，無所謂異聞故事，絶非小説家體，每章上亦無「公曰」，疑讀書志及中興藝文志所載乃公序書，肇所編者名曰筆録；今本乃子京書，名曰筆記，固兩書也，然則宋志惟傳記與雜家複出耳。

文獻通考　元　馬端臨

十一日　校通考經籍志，馬氏此志以晁、陳兩志爲主，兩家所不録者增入無幾，亦有兩家有而不録者，蓋多以書之見在者爲斷，故翔實勝於它書。然所據晁志非衢本，故三家互校，多可補正也。每書下頗喜載宋人議論，自朱子外多空言無足取，鄭樵議論尤多妄。

通志　宋　鄭樵

十二日　閲通志校讎、圖譜二略。其言狂謬之甚。校讎中極詆崇文總目，謂每書下多爲議論，皆可删去，其言已妄。至謂唐諸帝實録，自知爲唐人撰，不必更繫以某人撰。太平廣記即從太平御覽中摘出。不必更論其書，無論其言之謬。蓋亦不知唐武宗以下實録爲宋人所補撰。宋敏求所補。廣記成書在御覽之前，廣記成於太平興國三年，刻於六年；御覽成於八年。玉海謂廣記成於八年者，蓋誤並御覽言之。樵皆目不見此等書也。

圖譜叙極詆劉向父子，謂蕭何所收秦圖書，别録、七略皆没不載；班固作藝文志因仍其陋，圖書遂亡，向、歆罪通於天。無論其言之狂誕。蓋目未見漢志形勢、陰陽、技巧諸家，班氏皆明注圖幾卷；形法家明載宫宅地形二十卷，亦不知所謂圖書者，圖附於書也，豈非病狂之人夢囈之言與？

古今説海　明　陸楫輯

十五日　有書客以明陸楫古今説海來售，索價八金。姑留閲之。前有顧千里序，言是道光元年苕谿西山堂書賈邵姓所重刻，其實仍陸氏元槧，惟每種之前增入四庫提要耳。

敫生光之姓

十六日 是夕談明季妖書事。敫生光之姓，明史諸書多作「皦」，遂讀同「皎」。余嘗見明代小説中有兩書皆作「敫」，有一書字作「皦」，而旁注音「覈」。今京師北城棉花胡衕内有地名敫家坑，其字作「敫」，而仍呼作「皎」，蓋實姓「敫」，人不常見此字，遂改作「皦」，因呼「皎」耳。然據其名生光推之，又似連姓爲義，如鏡新磨、羅衣輕之類，疑其人亦自以「敫」爲「皦」矣。相傳敫家坑是生光所居，遭禍後官拆毁之，地遂成坑，故名。

萬曆野獲編　明　沈德符

十八日 閲萬曆野獲編。此書紀載翔實，議論雋永，於明史之外，多可取補。惟間載瑣諧褻事，終近小説。其論雜劇院本源流正變，頗爲詳盡。至謂曲語須質而不俚，有金元蒜酪家風，無取文藻。然亦稱臨川牡丹亭才情絶世，不似臧晉叔、徐靈胎之菲薄玉茗，以爲不足道也。

十九日 竟日閲野獲編。其言張永嘉、張江陵、高新鄭、沈四明功罪皆甚平允，謂楚獄之争，郭明龍必欲勘真僞，事果得實，死者當數百人，四明不肯深究，爲老成之見。謂「梃擊」之獄，鄭以偉時官坊局，嘗語刑部曹郎以國朝事涉藩王者必請大臣九卿會讞，今何等大事，乃西曹一二郎官任臆獨斷，何以服人？此類真名言也。

古今説海　明　陸楫輯

二十日　夜閲説海中宣政雜録、靖康朝野僉言、朝野遺記、三朝野史，雖皆寥寥數葉，多自它説部雜摭而成，所録又非全書，然亦頗有異聞軼事，足資史學。

二十一日　閲張鷟朝野僉載、孔文仲珩璜新論、彭乘墨客揮犀、康與之昨夢録、陳郁話腴、亡名氏談藪，皆古今説海本，寥寥不全。中惟珩璜新論多考證名物，精鑿可喜，餘皆短書耳。朝野僉載本三十卷，必多有唐佚事，自宋以來，僅存其十一，然所載率荒穢鄙誕。此等小説，大氐市里訛言，傳聞失實，使其盡存，誣蔑必多。如載隋末諸葛昂、高瓚宴設至殺食童妾相誇詡，令人掩目，不如盡亡之爲愈也。

佚禮扶微　易林釋文　投壺考原　清　丁晏

二十三日　閲丁儉卿氏佚禮扶微五卷、易林釋文二卷、投壺考原一卷，皆南菁叢書本也。丁氏之學實事求是，三書皆引據確然。其易林釋文備言黄蕘圃刻本所改多誤，自稱據傳鈔宋本尤不足信。後序言近世士大夫崇尚宋本，好奇騁異之謬，尤足爲俗耳鍼砭。其辨牟氏庭以易林爲崔篆作之非，亦有依據。

操敔齋遺書　清　管禮耕

二十四日　閲元和管申季禮耕操敔齋遺書，亦南菁書院刻也，書凡四卷，皆考證經義，頗鏗鏗有漢人家法。

佚禮扶微　清　丁晏

二十五日　夜閲丁氏佚禮扶微。卷一佚經，卷二佚記，卷三佚文，卷四附録管子弟子職、荀子禮論篇、賈誼容經、戴德喪服變除、石渠禮論、何休冠儀約制、劉敞士相見義、又公食大夫義。（丁氏云「原父又有投壺一篇，釋投壺之義，今公是集不可得，未知此義存亡。」案，此篇見存公是集中）。卷五補遺。其卷四末附后蒼禮記本四十九篇大小戴共傳其學非小戴删取大戴禮論一首，反復辨論二千餘言。按，謂小戴非删大戴者，錢竹汀氏、戴東原氏、孔顨軒氏皆證之已明。謂大戴亦傳今禮記，后蒼所授本止四十九篇，則丁氏之創論。然謂大戴記本八十五篇，今衹存三十九篇，小戴四十九篇，曲禮、檀弓、雜記皆分爲上下，實止四十六篇，合之適得八十五篇。漢藝文志稱「記百三十一篇，七十子後學者所記」者，以大戴八十五篇合小戴四十六篇，適得百三十一篇。其四十六篇所以緟數者，漢儒最重師傳，不嫌複出，則其辭枝而非理矣。豈有既合小戴四十六篇並數於大戴三十九篇中爲八十五篇，又分析四十六篇於八十五篇之外，並數爲百三十一篇，自來記載有此例乎？丁氏引班氏於論語家載孔子三朝七篇，今悉在大戴禮中，儒家載曾子十八篇，今大戴禮有十篇，是不嫌複出，不知彼是分載各家，故不妨互見，斷無一目中複數四十六篇之理。

嘗謂小戴刪大戴之説必有所本，故晉人陳邵發之，而陸氏釋文、隋書經籍志皆述之，不然，何以大戴記所闕，適爲小戴四十六篇之數？其始曲禮、檀弓、雜記三篇必不分上下，蓋小戴以繁重始分之。大戴存者文皆完善，何以所亡四十六篇絶無影響？今大戴所存諸篇除夏小正、諸侯遷廟、釁廟三篇本古逸禮外，其餘雖多微言大義，然自不如小戴諸篇尤爲純粹。丁氏謂后蒼所傳本止四十九篇，大小戴、慶普三家共傳之，古人重師法，故皆以此相授受，其餘三十九篇師説所略，傳者絶少，其學遂微。此説是也。

至投壺之與小戴大致略同，以中有異文，故兩存其本，曾子大孝之與祭義同者，乃祭義采用曾子之文，惟哀公問與小戴文全同，據唐人義疏引大戴禮尚有王度記、辨名記、禘於太廟等篇，疑唐後又有佚脱，後人取小戴此篇附於哀公問五義之後，使從其類耳。漢人引大戴有曲禮及禮檀弓、王制等篇文，皆今小戴記所無，蓋小戴有所刊落。其諸侯遷廟、諸侯釁廟及夏小正三篇不入小戴記者，亦以爲逸禮無師説，故學者不相授也。然則大戴於百三十一篇中傳得八十五篇，小戴於八十五篇中傳得四十六篇，又析其中三篇爲四十九篇，後人遂以爲小戴刪大戴，其事章章明矣。

大戴禮記　漢　戴德

二十七日　閱大戴禮。禮三本篇：「郊止天子，社止諸侯，道及士大夫。」案，古惟天子諸侯得立社。祭法云「大夫以下成群立社曰置社」，鄭注：「大夫不得特立社，與民族居，百家以上，則共立一社，今時里社是也。」郊特牲曰「唯爲社事單出里」，正義引鄭駁異義引州長職曰：「以歲時祭祀州社，是二千五百家爲社也。」又云：「有國及治民之大夫，乃有社稷。」是所謂置社者，即大社、國社之分置，仍爲公家之社，故云「有國及治民之大夫，乃有社稷」，謂治民之地有社，故歲時州長率州人祀之，大夫以下皆往，所以云「惟爲社事單出里」，以其在州，故里人盡出；如其里中，則何以云單出里乎？

自秦始許民立社，故月令有「命民社」之文，鄭志以此爲秦社。說文云「周禮二十五家爲社」者，即鄭所云里社，皆援漢制以況周制，許氏異義亦必主此說，故鄭君引州長以駁之，是大夫以下不得有社也。然自漢以後，雖有里社，終非大夫一家所得專，至今猶然。故云「社止諸侯」也。道猶行也，及猶止也，行爲月令五祀之一，曲禮、月令皆言「大夫祭五祀」，祭法言「大夫立三祀，曰族厲，曰門，曰行。適士立二祀，曰門，曰行。庶士庶人立一祀，或立户，或立竈」。是庶士以下不得祭行，祭行止於士大夫也，行在廟門外之西，大夫士重外事，故祭行庶人不得及之。荀子禮論、史記禮書皆作「社至諸侯」，「至」明是「止」字之誤。孔氏廣森反以大戴「止」字爲誤，謂「當依荀子、史記作至，而訓道爲天父道、地母道，諸侯以下皆得祀土，故云道及士大夫」，皆非。其下文云「所以別尊卑，尊者事尊，卑者事卑」，其分別甚明矣。楊倞荀子注云「道，通也」，亦非。史記作「郊疇天子」，「疇」疑「時」之誤。

本命篇云「男以八月而生齒，八歲而齔，二八十六情通，然後其施行。女七月生齒，七歲而齔，二七十四，然後其化成。合於三也，小節也。盧注「男女合於三十」。中古男三十而娶，女二十而嫁，合於五也，中節也。盧注「合於五十」。太古男五十而室，女三十而嫁，備於三五，合於八也。」盧注「備三五十，合於八十也。不言大節者，省文」。禮記昏義正義引五經異義：「大戴說，男三十、女二十有昏娶，合爲五十，應大衍之數，自天子達於庶人，同一也。古春秋左氏說國君十五而生子，禮也，二十而嫁，三十而娶，庶人禮也。禮夫爲婦之長殤。案，此語諸家皆以爲誤文，當作婦爲夫之姊之長殤。長殤十九至十六，知夫年十四、十五，見士昏禮也。陳氏壽祺云此言士之子，年十四、十五而得行昏禮，於此可見非謂禮有其文也。」許君謹案：「舜三十不娶，謂之鰥，文王十五而生武王，尚有兄伯邑考，知人君早昏娶，不可以年三十。」慈銘案，今大戴禮無「應大衍之數」云云，蓋太傅此下尚有說，今佚之耳。其云「中古」者謂夏、殷以上也，「太古」者謂唐、虞以上也，其云「小節之數」，指周以後言之。盧僕射注引喪服「爲夫之姑姊妹之長殤」而謂，然則古者皆以二十、三十爲婚姻之年，十六、十四爲嫁娶之期，今有三十、五十創，非也，故譙周云「師言此說近漢初學者所續焉」，是盧氏以太古云云爲太傅之創說，且引譙周語以爲漢初學者所續，非記文本有矣。

本命篇及小戴記喪服四制俱言三年之喪，三月而沐，今制百日剃頭，違者罪至死，竊嘗疑其過重。此以乾隆時督撫周學健等違制剃頭加重，實一時法也。實用三月而沐之禮，然王制云「頭有創則沐」，今制有患癩瘡者亦準剃，此聖人之達變也。

月令「冬祀行」，或作「祀井」，古今諸儒聚訟紛紜，然鄭義及魏高堂隆說自不可易，不特月令有仲冬祀四海、井泉，祭井自從(水)〔小〕類。古者八家共一井，是當八家合祀，如祭里社之例，非一家所能專，故不列五祀。不然，井竈並重，生人食用，朝夕所賴，豈有不報祀之者乎？

今人稱竈神爲司命，且有歲終上奏人罪福之語，此並祭法七小祀中司命於竈耳。鄭君謂「司命主督察三命」，又云「小神居人間，司察小過作譴告者」。鄭君此注本兼七祀言之，然云「司察小過」，自於司命義尤切。通典引鄭沖云「司命則司命星下食人間司譴過小神」，是又以爲文昌七星中司命之精，皆聖人以神道設教之旨。所謂「禮失而求諸野」也。祭法正義曰「司命者，宫中小神，熊氏云非天之司命，皇氏云司命者文昌宫星，其義非也」。慈銘案，此雖非文昌之司命，然鬼神皆稟精英之氣，故能作譴告，所以通幽明也。

白虎通疏證 清 陳立

三十日 閲白虎通疏證。漢儒總説群經之書，石渠論既亡，幸此書與五經異義僅存，而異義掇拾奇零已不過十之四五，此書獨完善，最爲可寶。惟當日人主臨講稱制裁決，故多定於一説，罕列同異。異義備引諸家，又折衷以許、鄭兩大儒，雖久散佚，而唐人正義采之者多，故兩書相輔，足爲經義之窟。異義得陳恭甫氏疏證，最稱精審，此書近儒陳卓人疏證亦爲賅密，正文俱依盧抱經氏校定本，皆有明據，兩書正鑽研不盡也。

十二月

佚禮扶微 清 丁晏

朔 比以校勘丁儉卿佚禮扶微，紛紜數日。丁氏此書晚年所成，蓋多付之鈔胥，其引白虎通、五經異義及禮記正義中所存佚禮文，往往並解義及解它文之語牽連綴入，幾於不辨文義。丁氏何至疏失至此？必寫者之誤。今日俱校出之。白虎通封公侯篇中「太子有采地」一條，引禮本有誤文，丁氏輯入，幾不可讀。余謂此蓋引禮記王制文「天子之元子猶士也」語，傳寫誤作「禮曰公士大夫子子也耳」。下云「無爵而在大夫上，故知百里也」，以無爵故同於士，以在大夫上故封百里，孟子謂「天子之卿受地視侯」，太子蓋同卿制。

東山樂府　宋　賀鑄

初三日　幼遐以新刻賀方回東山樂府并補鈔一卷見贈。凡十册。樂府據汲古閣毛氏傳鈔本補鈔，出知不足齋鮑氏，道光末錢唐人王迪得之，今在陸氏皕宋樓。詞凡百餘闋，絶無傳本，不知鮑氏得之何人也。

左傳質疑　清　趙銘

初四日　趙炳林來，以其尊人桐孫同年所著左傳質疑一册、梅花洲筆記一册見貿。其左傳質疑三卷，余嘗序之，後續添讀左餘論一卷，皆論其大恉及文義，亦頗能貫穿。筆記雜考經史，皆實事求是之言。末附四書問一卷，亦有新義。

王荆公集　宋　王安石

初五日　王荆公集張工部廟詩云：「使節紛紛下禁中，幾人曾到此城東。獨君遺像今如在，廟食真須德與功。」李雁湖注云「未詳何人」。案，荆公集此卷多江浙間詩，其下一首寄伯兄有云「身留海上去何時」，蓋知鄞縣時作，此詩亦必作於浙中，所謂「張工部」者，張夏也。宋史河渠志載真宗景德中張夏以工部郎中爲兩浙轉運副使，治海塘有功，死後廟祀之。今吾越所謂張相公也，國朝雍正中封静安公，越中香火最盛，杭寧間亦有廟，京師内城高碑胡同、外城閻王廟街，皆有張相公廟，亦以名其地，即越人之爲商賈都中者所造。城外廟中有碑甚詳。荆公詩所謂「城東」，蓋即杭城，或越之東郭，然則廟之由來遠矣。

心巢文録　清　成蓉鏡

初九日　閲寶應成芙卿蓉鏡心巢文録。上下二卷，南菁書院叢書本也，皆考證古義，多切實之談，其釋飯鬻、釋餅餌、釋祭名三篇，可以輯入續爾雅。

孟子　戰國　孟軻

孟子梁惠王篇「齊人伐燕勝之」兩章與公孫丑篇「沈同問燕可伐與」及「燕人畔」兩章，明是一時之事，王白田據史記燕文公卒，齊伐燕取十城一事，屬之梁惠王篇，以爲宣王時事；以公孫丑篇事屬之湣王，謂是殺王噲醢子之之役，故梁惠王篇皆明稱宣王，公孫丑篇但稱王，以其爲湣王時或尚在，或門人以湣王不終諱而追去之。其説甚巧，然止取十城，不得便云取燕。且文公卒，易王立，燕未大創，何得云「毁其宗廟遷其重器」？又云「謀於燕衆，置君而後去之」乎？王氏之説本之黄氏日鈔，實不足信。惟易王無名，王噲無謚。余嘗疑王噲即易王也，史記燕世家本極疏略，所載諸君多無名，然易王始與六國稱王，其名不應無考，昭王爲噲王之子，何以不爲父立謚？謚法好更改，舊曰易，正以王噲讓國於相爲反易天常，故以此謚之耳。

睢陽五老圖册

十一日　閲睢陽五老圖册。以伯希質之李在銛太守，得二百金，將以贖宋槧周禮纂圖互注也。昨屬仲弢來取甚急，故今日細閲一過，將跋而歸之。夜月殊清皎，命僧喜録五老圖中宋元人題跋。

杜正獻年在五老中爲最少，而錢明逸撰睢陽五老圖序以正獻爲主，故有云「明逸遊公之門久矣，以鄉閭世契，倍厚常品，今假守留鑰，日登翹館，因得圖像，占述序引」云云。是此記實承正獻命而作者。臨川何同叔異跋，譏其以畢世長年最高而次之第三，謂文、富耆英之會洛陽，風俗以齒不以官，錢之序次先後不能無議。不知錢序既主正獻，自不得不以官位爲序，然其文殊率爾。凡宋、元名人所跋無一成文語者，書法亦多不工，且有誤字，如范文穆、洪文惠、文敏三公之跋語皆拙甚，兩洪之字亦劣，石湖書與楊誠齋題字如出一手。元人柳道傳跋亦甚拙，又有誤字。虞道園跋亦不佳，趙期頤、周伯琦篆法一律，明吴匏庵兩跋前後相去二十年，而字體墨色豪髮不異。考都元敬寓意編載崑山朱氏所藏睢陽五老圖，有錢明逸序，而無歐陽公、司馬公以下詩，惟存南宋及元人題跋，與此本同。疑此是臨本，且出不讀書人所爲，故往往不辨文義耳。

所載洪武戊辰金陵王遜一記最詳，凡南宋人題跋、觀款及圖之源流、朱氏之世系，皆備載之。而末兩行剥蝕有闕文，中間亦有誤字。余觀葉石林詩話言「正獻少清羸，若不勝衣，年過四十，鬢髮盡白」，蔡寬夫詩話云「正獻公風姿尤清古，年近七十，髮鬢皓然，無一莖黑者」。今此册所繪，乃豐頤龐碩如偉丈夫，絶無見爲清羸者，頗亦疑其非真像矣。

世補齋醫書　清　陸懋修

十三日　得陸鳳石祭酒書，以其尊人九芝翁所著世補齋醫書三種見贈。第一種爲文集，皆論醫學者，甚多名理，於仲景傷寒論闡發尤精。

師鄭堂集　清　孫同康

十七日　昭文孫秀才同康來謁，以所著師鄭堂集爲贄。集共六卷，多説經之作，專宗高密，考據鑿然，它文亦簡絜有體裁。聞其年甚少，一時未易才也。

光緒十九年

正月

會昌一品集 唐 李德裕

朔 夜閱會昌一品集。其文高潔宏麗，無體不美，篇篇可傳，中唐以後，合陸敬輿、杜牧之而一之，它人無與比也。其請改封衛國狀，言「亡父先臣，憲宗寵封趙國，先臣傳與嫡子嫡孫寬中，小名三趙，意在嫡嗣不及支庶」。謝改封衛國公狀又云：「亡父先臣，開國全趙，亡兄已經繼襲，未得傳孫。」是吉甫長子德修已襲封趙國公，而舊、新唐書李吉甫傳及新書宰相世系表俱不之載，此可以補史闕。

初二日 閱李衛公別集。諸賦皆命意高秀，詩尤清麗，卷九、卷十皆平泉山居詩文，情縟旨深，令讀者遐想不盡。

初五日 閱李衛公外集。晚年之作，筆力稍衰，輿采亦減，然識詣精進，尤多名論。

初六日 閱李衛公集。杜元穎之相穆宗，建銷兵之議，致河北復叛。及帥西川，又召南蠻之亂，中唐之罪人也。而衛公有論故循州司馬杜元穎兩狀，稱其潔廉畏法，忠藎小心。又言成都被兵，由於韋皋

「邀結南蠻爲其外援，親昵信任，事同一家，亭障不修，邊防罷警，後人加置一卒、繕理一城，必有異詞，便乖鄰好，自武元衡以後三十餘年，戎備落然，不可獨責元穎」。此當日平情之論，爲史所未詳。

韋執誼坐伾文之黨，世以爲小人，而衛公有祭韋相執誼文，稱爲賢相，且云「信成禍深，業崇身喪」，又云「儻知公者測公無罪，不知我者謂我何求，臨風敬弔，願與神遊」。其推許之如此。雖朱崖均貶，氣類相傷，亦足知叔文之才，固欲效忠唐室，執誼與劉、柳等皆思倚以成功，一蹶不支，身名交喪，史以成敗論人，非公言也。

其奇才論言甘露之變，李訓畫策之謬，新唐書訓注傳論贊取其説，謂「訓因王守澄得幸，日夕遊於禁中，出入無礙，此時挾守澄之勢，與天子契若魚水，北軍諸將，望其顧盼，與目覩天顔無異，若以中旨諭之，購以爵賞，即諸將從之，勢如風靡。訓捨此不用，而欲以神州靈臺遊徼搏擊之吏，抱關擁篲之徒，以當精甲利兵，猶霜蓬之禦烈火矣」。余往嘗著論以爲不然，訓自日親用事，已爲中人所忌，及入相之時，已誅楊承和、王踐言，杖殺陳宏志，酖死王守澄，南北司已如水火，訓安得復出入軍中，潛説諸將？使在未相以前，則勢位尚輕，忽以中旨密諭，諸將亦未必能信從。衛公雖耳目見聞，亦一時揣度之言，未必悉中事理。

今觀奇才論又云：「賴中人覺其變，未及其亂。向使訓計盡行，所誅者不過侍從數百人而已。其徒尚數千人，與北門協力報怨，則天下横流矣。」且引竇武之事爲證，此真老成之言矣。訓所用者，自金吾及臺府卒隸外，王璠、郭行餘兩鎮迎候之兵耳，惟遠恃鳳翔，而與鄭注又自相疑。其時北軍久制於中官，恩義固結，已成不拔之勢，使當日金吾仗内幸誅仇士良等，不過大璫數人；行餘、李孝本等上殿毆擊，所殺亦不過近侍小璫而已。中人之握兵權居禁中者，豈能以一詔召之皆束手就死？勢必奉天子出居於外，召鳳翔之兵合力相攻，不特宫中流血，殿闕成燼，且將士庶塗炭，城市邱墟。而鄭注終是僉人，將如何進之召董卓、韓約，孝本其才又非袁紹等比，其禍更有不可勝言者，所謂讒人以君徼幸也。衛公此論，固已燭照後來崔胤之事，其末云「嗟乎！焚林而畋，明年無獸；竭澤而漁，明年無魚。既經李訓猖獗，則天下大勢亦不可用也。」何其言之深切哉？宋景文不全采此論，僅刺取其以中旨諭諸將之説，未得衛公本意。

新唐書　宋　歐陽修　宋祁

初十日　夜閲新唐書。漢靈帝之鴻都觀、北齊武成之文林館、唐中宗之修文館、宋徽宗之延康殿，即宣和殿。皆濁世昏亂所爲也。然當其際，皆極一時之盛。文林館中人才尤著，經儒文傑，皆萃其地。惟修文館足以亞之。其時如李嶠、崔湜、沈、宋、富、閻雖皆僉人，而文采艷發，照映今古，鴻都、延康不足比也。

李忠定公奏議　宋　李綱

十八日　閲李忠定公奏議。明正德間刻本，凡表、章、奏、劄八十卷，猶是其子秀之所編元本。前有陳福公俊卿序，即爲秀之作者。後附制誥四卷，靖康傳信録、建炎進退志、建炎時政記各三卷，索價至十二金。

古今説海 明 陸楫輯

二十日 閲陸楫古今説海中所載宋人廖瑩中江行雜録、趙葵行營雜録、陸放翁避暑漫鈔、趙溍養疴漫筆、方回虛谷閑鈔、高文虎蓼花洲閑録。諸書真僞皆不可知。所采輯間注書名，頗病錯雜，其事亦多習見，然亦有足補史闕者。如行營雜録引坦齋筆衡載徽宗時道教方盛，一時詔命章表皆指佛爲金狄，歷舉政和、宣和之詔書，林靈素之賀表。避暑漫鈔引中興紀事載張巡守睢陽時加金吾將軍謝表及激勵將士詩。蓼花洲閑録引玉堂逢辰録載大中祥符八年四月榮王宫之火，皆它書所未詳。

北里誌 唐 孫棨

二十二日 閲唐孫棨北里誌。有自序，題中和甲辰歲，僖宗之十一年也。其明年改元光啓矣。書中叙次詳雅，多有關於掌故。其末載北里堪戒二事爲王金吾式、令狐博士滈，皆以宰相子幾取殺身，言之凛然，其垂警後人深矣。

又元人所撰青樓集不著名字，但題雪蓑釣隱輯，前有至正甲辰隴右朱經序，言雪蓑爲商顔黄公之孫。至正甲辰，順帝之二十二年也，自此四年國亡矣。所叙亦簡潔。其紀一代人士風流習尚，多存軼事。兩書皆陸氏説海本，四庫皆不著録，蓋以間載穢褻。如北里誌述張住住事，「舍下雄雞傷一德，南頭小鳳納三千」之類。然其餘無似此者，亦以已收説海一書，故不復分載耳。

唐國史補　唐　李肇

二十五日　比日温煦，而體中不適，校閲雜書以自遣。校唐國史補。津逮祕書本，頗多誤字。取唐六典、唐會要、唐語林、太平廣記諸書校之。唐人説部已不多，言掌故者尤少。惟李氏此書最爲可觀，惜無佳本。

古今説海　明　陸楫輯

二十九日　閲古今説海中説淵，所輯諸傳大半出太平廣記，而多强加標題，不注本書，此明人喜改古書之積習也。其甘棠靈會録取之廣記卷三百五十，本出纂異録，所云「玉川叟」者，盧仝也。其云「有少年神貌揚揚者」，蓋指舒元輿。「有短小器宇落落者」，蓋指李訓。「有長大少髭髯者」，蓋指王涯。「有清瘦及瞻視疾速者」，蓋指賈餗。此録首稱會昌元年，蓋作者深痛諸君子湛族之酷，藉此傳其狀貌耳。説海本此下注云「此傷涯、餗諸公枉死於甘露之變也」。蓋所采唐、宋説部中本有此語，廣記此條目題「許生」二字，其下次以顔濬，而有目無文，説海本此下即繼以顔濬傳，所述會昌中進士顔濬下第遊建業遇張麗華事，蓋所據廣記是明初本，今小字本脱去，可據以補之。其人虎傳取李景亮所撰述李徵化虎遇其同年袁傪事，與廣記卷四百二十七引宣室志小異，而文加詳，蓋張讀亦取景亮之作，有所删逡耳。廣記作「天寶十載楊浚小字本誤作「没」。知貢舉」，此作「十五載楊元知貢舉」。據唐語林、唐摭言及登科記當作十五載，楊浚兩書皆傳寫有誤。至説海本「李徵」作「李微」，「袁傪」作「李儼」，則轉刻之訛也。其中山狼傳、五真記及林靈素傳、徐神翁傳、周處士恪傳、唐先生甘弼傳，以上總題海陵三仙傳。皆雜取唐、宋説部。

二月

搜神記　晉　干寶

初五日　閲干令升搜神記、劉敬叔異苑。文筆簡潔，而古誼盎然。令升之書雖出摭拾，亦有它書竄入者，如卷六全録兩漢五行志之類。四庫目録所考甚詳，目録於此兩書及博物志、神異經、十洲記、漢武故事、漢武内傳、飛燕外傳、續齊諧記、續搜神記諸書考訂皆極精。然自非後人所及也。

物理小識　明　方以智

初七日　校物理小識。舊刻本頗有古字，新刻本盡改之，而字較整齊，亦間能改正誤文。惟舊刻每句加圈，新刻去之，非也。

搜神記　晉　干寶

初八日　夜校搜神記，凡太平廣記所脱誤者，一一皆同，足見此書是從宋以後誤本廣記録出，四庫目録謂「皆輯自它書」者，此亦其一證也。

世補齋醫書　清　陸懋修

十三日　閲陸九芝懋修世補齋醫書。其文集十六卷，極多名理之談，學者不可不讀也。如謂老人多陽盛而陰虧，凡昔肥今瘦、不耐煩勞、手足畏冷、腰腳痠軟、筋絡拘攣、健忘不寐、口流涎沫、溲液頻數、陽痿不舉、其脈沈小者，皆陰竭而血不充，熱甚而水易沸。治之者當用靈胎徐氏説，非獨補陰，並當清火以保陰。而董文敏所傳延壽丹一方，尤爲無弊。何首烏七十二兩君，豨薟草十六兩臣，菟絲子十六兩臣，杜仲八兩佐，牛膝八兩佐，女貞子八兩佐，霜桑葉八兩佐，忍冬藤四兩佐，生地四兩佐，桑葚膏一斤使，金櫻子膏一斤使，黑芝麻膏一斤使，旱蓮草膏一斤使，酌加煉熟白蜜擣丸。

謂婦人經帶皆是水而非血，經是天一之水，謂之帶者，以帶脈而名。能治火乃能治水，能治水乃能調經。治者宜於逐濕清熱，不可以爲血虧而收攝滋補之。

謂小兒驚風即傷寒，甚則傷寒中之温熱病。急驚風是三陽證，病之熱而實者宜用清法而瀉之；慢驚風是三陰證，病之寒而虚者宜用温法而補之。

謂人知有勞病，而不知有逸病，劉河間傷寒直格列八邪之目，曰外有風寒暑濕，内有饑飽勞逸。張子和云饑飽勞逸，人之四氣。陳無擇云瘧備三因，饑飽勞逸。凡人閑暇則病，小勞轉健，有事則病反卻，即病亦若可忘者。食後反倦，卧起反疲，皆逸病也。逸之病，脾病也，脾爲太陰，人不行動則陽爲陰遏。仲景之理中湯以白朮爲君，乾薑爲臣，參、甘爲佐，皆理陰也。

謂人嗜鴉片煙者之煙漏即下利也，即滯下也，即俗所謂痢疾也。嗜煙者卧多行少，其氣易滯。治之者仍從滯下。正法以通爲止，則漏自止，若塞之，則愈漏矣。皆名論不刊。

又力辨温熱之非瘟疫，吐法之非嘔法，吐者吐痰。犀角之用在邪入血室之後，所以攻毒去惡。凡神昏者在胃不在心，宜用石膏、大黄，若一用犀角則引邪入心。人參之用在邪未去時此指體虚不能達者，用三五七分。少用之，以佐達表，邪既去時用一二三兩，此指已極汗下、病既危篤者。重用之，以救傷液，所以和陰養陰。

凡補陽者宜用附子，可以斬關奪隘，通行十二經，若一用蕿，則陰盛傷陽，皆昔人所未及。又謂瘧無截法，以發爲截。痢無止法，以通爲止。尤扼要之論也。

古今説海　明　陸楫輯

十五日　比日閲古今説海。説淵壬集中載元和十二年蘇州人吴全素被追入冥事。其曰全素寓居長安永興里旅舍，又其從母之夫户部吏居宣陽里。又曰西市有絹行，又曰布政坊十家，街南王家屠案最大。此等徐氏唐兩京城坊考皆未采，全素以元和十三年明經及第，徐氏登科記考亦失采。此事不見太平廣記，余嘗見之，忘出何書矣，陸氏題曰「知命録」，謬。

紅梅閣本事

二十八日 傍晚，偕漱翁坐臺前觀西班演齣，有紅梅閣一曲甚佳，本崑曲之紅梅記，演賈似道事也。錢唐遺事有「賈相之虐」一條云：「似道居西湖之上，嘗倚樓望湖，諸姬皆從，適二人道裝羽扇，乘小舟由湖登岸，一姬曰『美哉二少年』。似道曰『爾願事之，當令納聘』。姬笑而無言。踰時，令人持一合喚諸姬至前，曰『適爲某姬受聘』，啟視之，則姬之頭也，諸姬皆戰慄。」明人演爲紅梅記樂府，乃云賈平章妾李慧娘游湖上，於柳陰下見秀才裴舜卿，目之，遂爲賈所殺，又羈裴於私第，將殺之。慧娘與裴幽媾，救之得免。近日翻入西腔，亦僅見也。柳陰遇士人事，記宋元説部亦有載之者。

三月

鐵橋漫稿 清 嚴可均

初二日 夜閲嚴氏可均鐵橋漫稿。長洲蔣氏重刻本，共八卷。其前二卷詩不甚佳，文多考據之作，卷三荀子當從祀議、甲癸議二首關係世教，文亦博辯恣肆。甲癸議爲義烏疑案，有夫出二年生子者，作仿魏時四孤論假甲乙爲姓名，託稱唐逸小説之文，博樹諸議，而歸於妊月無定，有不及十月者，有過十月者，羅列傳證，意在忠厚而誼至塙。卷五、卷六皆其所輯古佚書之敍，卷七全紹衣傳，謂全氏舉鴻博時徐相國屢招致之，不往，遂深嫉之；及乾隆元年成進士，十月大科朝試，相國以祖望故，特奏凡經保薦而已入詞林者不必再試鴻博。所謂徐相國者，錢唐徐文穆本也。聞吾鄉胡稚威亦以忤文穆爲所中傷，謂其奔競，裕陵嘗以詰史文靖，嘗嘆後鴻博科失此二人，遂致不競。宰相之不愛才誤國至此，此人之有技若己有之者，所以爲一个臣也。杭人險詐，自昔爲然。今吾浙鄉誼，杭越若仇，固無怪矣。

千金要方　唐　孫思邈

十七日　竟日小極，閲千金要方，其中精理名言能抉靈素之祕，使人醒悟。卷二十六論食治、卷二十七論養性，尤人宜熟讀者。養性中道林養性篇、居處法篇，字字格言，真嗇神之寶符、延年之上藥，後來服食宜忌、遵生八箋等書皆僅餟其醴魄、獵其鱗爪耳。

惜抱軒尺牘　清　姚鼐

二十一日　閲惜抱軒尺牘。其言多醇實，論文雖時涉機構揣摩之法，然具有心得。於初學古文者易於進步。惜抱此事不可謂不深也。其論學雖時譏漢儒，然不敢恣肆如後來桐城人之病狂。此書爲陳碩士侍郎所刻，與侍郎之札爲多，切劘文字，不少假借，而真摯如骨肉，尤見古人師生之誼。惜抱時年八十，所與友朋及族親後生書皆周至曲盡，雖寥寥短幅，文亦不苟作，其精力不可及也。爲系一跋，識之如此。

四月

鎮安府志　清　羊復禮纂

朔　鎮安府志，乾隆中左江分巡道沈世楓、鎮安府知府靈壽、傅聚兩次撰輯，皆衹八卷。今辛楣重修之，爲二十五卷。其卷二沿革表據近人南海陳氏澧説，以府治天保縣爲漢牂柯郡之句町縣地，漢志之文象水即今之泓滂江，其説是也。此志惟宜詳沿革、輿地、山川、户口、職官、建置、土司、世系、物象、風俗，實不過八卷足矣。其餘荒陋殊甚。今必備他志體裁，如選舉表、勝跡志、人物志、藝文志，而進士僅同治癸亥譚子中、光緒庚寅黃天懷二人；勝跡無一地可紀，人物、藝文無一人一篇足録，惟其中死難及百歲之壽民、守節之列女可並進士、舉人等以人物一卷括之，國朝舉人十二人，其九人爲歸順州人，今光緒十二年歸順已升爲直隸州，隸太平歸順道，嘉慶己卯解元梁卓漢亦歸順人。存其梗略而已。辛楣於沿革表甚用心，紀事志三卷，述唐、宋以來西原蠻及土司叛服事最可觀。

新阪土風絶句一百首　清　陳鱣

陳仲魚氏新阪土風絶句一百首，詠海昌故事也，自爲之注，而詩不工。

考古質疑　宋　葉大慶

初六日　閱葉大慶考古質疑，其書辨證確鑿，實出南宋人程大昌考古編、王觀國學林、王楙野客叢書之上，所駁學林及吴曾漫録諸條，多中其失。卷三舉王荆公字説之精者數條，賴此得存崖略。朱注所引「中心爲忠」、「如心爲恕」，亦出字説，尤賴此見之。

李太白文集　唐　李白

十一日　閱李太白文集，康熙間吴門繆武子曰芑仿宋本。太白之文，才氣横逸，詞鋒飆厲，高過少陵，而醇實遜之。中唐以後，江湖叫囂一派，實開其始。其爲吴王謝責赴行在遲滯表，吴王者，嗣吴王祇也，祇於天寶間爲河南道節度採訪使，後入爲太僕宗正卿，史於祇傳不詳其爲何時，觀此表有云「陛下重紐乾綱，再清國步，愍臣不逮，賜臣生全，歸見白日，死無遺恨。」又云「非有他故，以疾淹留。今大舉天兵，掃除戎羯，所在郵驛，徵發交馳，臣逐便水行，難於陸進」。蓋當肅宗初收西京時，疑忌宗室握兵在外，故祇既被召，虢王巨亦貶，永王璘遂陷於罪，而房琯以爲明皇建分命諸王出鎮討賊之策，遂爲肅宗所疑，罷相出師，卒致貶謫。祇以追赴行在遲滯被責，當日情事，可知矣。唐經武后之禍，宗室幾盡。中宗人奴，反正之後，追卹甚薄。明皇以枝庶平内亂，恐人效尤，猜忌益甚，子孫至不出閤。肅宗背父自立，宜其猜防愈密矣。

十二日　閲李太白文集。其與韓荆州書云：「白聞天下談士相聚而言曰：『生不用萬户侯，但願一識韓荆州。』」其上安州裴長史書云：「時節歌曰：『賓朋何喧喧，日夜裴公門。願得裴公之一言，不須驅馬將華軒。』」此等皆太白信口編造，非當時真有此語。即如漢世「説經鏗鏗楊子政」、「五經無雙許叔重」、「天下中庸有胡公」及黨錮傳諸人題目之語，亦皆其門人子弟隨地標榜，非時人真有此言也。太白爲人放軼不羈，好自標置，所言多不足信。

余嘗疑所謂御手調羹、貴妃捧硯、力士脱鞾等亦皆出江湖浪人浮遊誇詡，並非事實。即李陽冰草堂集序、范傳正新墓碑，皆言爲「涼武昭王九代孫」，然陽冰又謂「神龍之始逃歸於蜀中葉非罪，謫居條支，易姓爲名。復指李樹而生伯陽，驚姜之夕，長庚入夢，故生而名白」。傳正又謂「隋末多難，一房被竄於碎葉，隱易姓名，神龍初潛還廣漢，父客以逋其邑，遂以客爲名。公之生也，先府君指天枝以復姓，先夫人夢長庚而告祥」。傳正謂「家無譜牒，公之孫女搜於箱篋中，得公之亡子伯禽手疏十數行，紙壞字缺，不能詳備」。則其家世姓名茫昧已甚。

然上裴長史書自云：「白本家金陵，「陵」當作「城」，即隴西也，若金陵，安得遭沮渠之難。世爲右姓，遭沮渠蒙遜難，奔流咸秦，因官寓家，少長江漢。」則敍述甚明，未嘗有謫條支、竄碎葉、隱易姓名、逃歸於蜀之事，是李、范皆未見此書，而范所謂據伯禽手疏者亦不足信矣。

且集有奉餞十七翁二十四翁尋桃花源序、夏日諸從弟登汝州龍興閣序、春夜宴從弟桃花園序、俗本作「桃李園」。早夏於將軍叔宅與諸昆季送傅八之江南序、冬日於龍門送從弟京兆參軍令問之淮南覲省序、秋於敬亭送姪耑遊廬山序，其詩中若贈從弟南平太守之遥、贈從弟宣州長史昭、贈別舍人弟臺卿、別中都明府兄、對雪獻從兄虞城宰、贈從孫義興宰銘、陪從祖濟南太守汎鵲山湖、陪侍郎叔游洞庭醉後三首及送族弟況之秦、送族弟凝等作尤多，是其宗族甚盛，李、范之言尤近無稽。

又有感時留別從兄徐王延年從弟延陵詩，考新唐書宗室世系表，高祖子徐康王元禮，曾孫嗣王餘杭郡司馬延年，宗室列傳嗣徐王璀薨，子延年嗣。拔汗那王入朝，延年將以女嫁之，爲右相李林甫劾奏，貶文安郡別駕，終餘杭司馬。按其詩有云「哲兄錫茅土，聖代含榮滋。九卿領徐方，雄豪動京師。列戟十八年，未曾輒遷移。大臣小喑嗚，謫竄天南垂。長沙不足舞，貝錦且成詩。佐郡浙江西，病閑絶驅馳。」又云：「兄弟八九人，吴秦各分離。」所言皆與史傳合，而表不載延陵及兄弟八九人之名，傳亦不言延年嘗官九卿，皆足以補史缺。而太白雖不附屬籍，與當時諸王曾序昭穆，且稱爲從兄、從弟，則太白爲唐宗室無疑。惟延年兄弟實爲武昭王十一代孫，則太白亦不得爲九代孫矣。

又魏顥李翰林集序云：「白始娶於許，生一女二男。疑當作「一男」。男曰明月奴，女既嫁而卒。又合於劉，劉訣；次合於魯一婦人，生子曰頗黎；終娶於宋。」是太白嘗四娶。

其上安州裴長史書有云：「楚有七澤，遂來觀焉。而許相公家見招，妻以孫女，便憩於此。宋曾鞏序言「高宗時宰相許圉師家以女妻之，留三年」。而其竄夜郎於烏江留别宋刻本作宗十六璟詩有云：「君家全盛日，台鼎何陸離。斬鼇翼媧皇，鍊石補天維。一迴日月顧，三入鳳皇池。失勢青門旁，種瓜復幾時。猶會舊賓客，三千光路歧。我非東牀人，令姊忝齊眉。」則宋亦顯族。考唐初宋姓，自廣平以前無居台鼎翼天維者，宗姓尤無其人，不知何人也。陽冰、魏顥皆太白同時相契，其言必非無據，而陽冰所言世次、顥所言子女，皆與太白自述者不合。其在金陵寄東魯二稚子詩云：「嬌女字平陽，折花倚桃邊。折花不見我，淚下如湧泉。小兒名伯禽，與姊亦齊肩。雙行桃樹下，撫背復誰憐。」又送蕭三十一之魯中兼問稚子伯禽詩云：「我家寄在沙邱旁，三年不歸空斷腸。君行既識伯禽子，應駕小車騎白羊。」皆未嘗及明月奴、頗黎等，疑明月、頗黎或有一爲伯禽小字也。李華志墓謂：「伯禽天然，長能持，幼能辯，數梯公之德，必將大其名。」而傳正碑言伯禽以貞元八年不祿而卒，子一人，出遊，不知所在，女二人，嫁陳雲、劉勸，皆農夫，是其嗣已絕。惟傳正言二女衣服村落形容朴野，而進退閑雅，應對詳諦，儒風宛然，欲令改適士族，皆謂死無面目見大父於地下，執志不肯。此則足爲謫仙生色矣。

三江閘私議　清　宗能述

十六日　得宗加彌能述書，以所著三江閘私議見質。三江閘港近年淤沙日廣，閘流且阻，偶一霪雨，山、會便成澤國。議者歸咎於同治丙寅之開宣港。宣港者在閘港外之東北，以直對北塘内宣港村而名，向有東西兩沙嘴爲閘之屏蔽，所以捍潮。蓋潮自曹江東來，有兩沙嘴抵之，以殺其勢，則潮至閘港，其力已弱，海沙無由擁入，諺所謂「三灣抵一閘」也。自掘宣港而通之，則潮之入閘港較入曹江轉爲徑直，奔騰挾沙，毫無阻閡，江流出閘，不能敵之，日淤而日漲矣。其時王文勤凱泰爲浙臬，主其議，蓋皆不習地勢，而越之紳士效奔走者多僉人，昧然行之，今冲刷至數百丈矣。遽欲塞之，費何所出乎？

儀顧堂續跋　清　陸心源

十七日　閱儀顧堂續跋。共十六卷。存齋收藏之富，近時罕儷，故多讀人所未有之書。其所有者又多舊槧舊鈔，所據既精，故能證人之誤，此其事較易。其前跋十六卷，余數閱之，可取者多，在近時著録家在陳簡莊、朱述之之下，吴兔牀、蔣生沐之上，幾足與張月霄相頡頏而時不及。其考證宋、元人名字亦不及勞季言之精密，若上追竹汀、澗薲諸公，相去霄埃，固不必言。即以視紀、阮兩文達，亦豈特巨鐘之與寸筳哉？蓋諸公於經史之學，貫綜極博，汎而及於丙、丁兩部，皆以實事左其心得，又暇而及於金石碑版，搜遺補墜，故推闡精密，語有本原，非如黄蕘圃以下皆恃收藏爲生活者也。乃存齋續跋自序謂潘伯寅尚書嘗言其前跋爲七百年未有之作，蓋近於病狂矣，不知所謂七百年前者何人之書也。世人不學而恣臆大言，往往如是，故爲世道人心之憂。

穰梨館過眼録　清　陸心源

二十日　閱穰梨館過眼録。皆記收藏書畫，以時代爲次，共四十卷，載至國朝四王、吴墨井、惲止，乾隆以後如張南華、華新羅以下皆不列焉。書中備載紙絹尺寸、印記、款識及名人題跋，所儲之富，幾與天府埒。然法書之最古者冠以梁武帝異趣帖、虞永興汝南公主墓志銘。異趣帖昔年在周荇老處，余數見之。汝南公主志，余丁卯里居時見之倉橋沈氏書肆，祇索四十金。此兩事實皆贋鼎。畫之最古者以閻立本北齊校書圖爲冠，亦荇老物，昔年曾爲題長歌者，實亦贋物也。蓋書畫愈遠者愈不可信，因此嘆收藏之難，而雲煙變滅，轉眴易主，尤可感喟。

儀顧堂續跋　清　陸心源

二十二日　閱儀顧堂續跋。其考訂宋人隱僻姓名、里貫、仕履、遺聞佚事，益爲精密，蓋所見日富，搜耆亦勤，其强識不可及也。其元槧宋史跋言上海郁太峰家散書事，丁雨生中丞日昌至强篡數十種，令材官騎士儋負以趨，爲其孀婦所追，争鬨於門，則真惡道矣。好書本是雅事，而以封疆大吏，自同盜賊，不如不識字之爲愈也。存齋自言與雨生本交摯，以争購古書致隙，而謂宋史郁太峰本以六百金得之，今歸存齋，僅言購以善價。其范華原煙嵐秋曉卷跋言本項墨林故物，近日歸海寧知州曾星槎，壽麟，湖南邵陽人，同治癸酉科舉人，近宰山陰甚久，余識之都中。以與存齋一言之戲，不肯食言，遂以歸之，以星槎爲君子人。其王孤雲金明池龍舟圖卷跋言本嚴分宜物，籍没後以折俸歸韓存良太史，又語本清河書畫舫。道光中萬廉山司馬以重直得之張米庵後人，因此獲罪於琦相。然則清明上河圖之獄，何代無之？褻人衣珠，匹夫懷璧，此等尤物，皆宜以雲煙視之，而孜孜畢生至不惜性命者，真大愚矣。

二十五日　閲儀顧堂續跋。其據蘇天爵滋谿文集引金世宗實録及蔡珪所撰施宜生行狀，言宜生於正隆四年以翰林侍讀學士使宋，五年遷翰林學士，大定二年致仕，三年卒，年七十三，並無以使宋漏言被烹之事，岳珂桯史所記皆妄。存齋謂滋谿之言信而有徵，元遺山中州集施宜生小傳亦不言其烹死，乃金史施宜生傳不據本國之實録，而采敵國傳聞之妄談，不足爲信史。余謂元修金史時金諸帝實録具存，宜無不見之理，蓋宜生之死，當時本有傳疑，與宇文虚中事正同，未必全據桯史也。

夷堅志　宋　洪邁

二十六日　午後多卧，閲夷堅甲志，陸氏十萬卷樓刻本也。洪氏敍次簡雅，其中往往可以考證宋事，於人之中外昏姻、官閥科第，取裨宋史尤多，非僅以語怪傳者。

二十七日　夜閲夷堅乙志。其卷三「王夫人齋僧」一條，言宗室瓊王仲儡之子士周娶王晉卿都尉孫女，死後二十有二年，當紹興丁丑，士周以復州防禦使奉朝請居臨安，王氏憑婢來喜言瓊王主龍瑞宫，從者數百輩。龍瑞宫在會稽山下，瓊王疑爲其神云。案，嘉泰會稽志龍瑞宫在縣東南二十五里，有禹穴及陽明洞天，道家以爲黄帝時嘗建候神館於此，唐神龍元年置懷仙館，開元二年因龍見，改今額。宫正居會稽山南，峰嶂遒崒，其東南一峰崛起，上平如砥，號苗龍上昇臺。苗龍者，不知其名，唐初人，善畫龍，得道仙去。大抵龍瑞尤宜煙雨中望之，重峰疊巘，圖畫莫及，故邦人舊語云「晴禹祠，雨龍瑞」。

輿地紀勝碑目云：「瑞龍宫記賀知章撰，刻於飛來石上。」嘉泰志又云：「瑞龍宫記賀知章撰，並正書刻於宫後葛仙公煉丹井側飛來石上，漫滅僅存。宫内有重刻本。」是南宋時賀祕監原刻已毀有識者。自道光中吾邑杜氏尋得之，刻其文入越中金石志。去歲，陶心雲即余所指地徧訪之，仍得之望仙橋南三里飛來石下，亦可稱好事矣。據宋史宗室列傳仲偪爲濮安懿王之孫，景孝簡王宗漢之子，紹興中襲封嗣濮王，生而不慧，以次得封，入見，榻前慟哭，帝驚問故，答語狂謬，帝優容之，九年薨，追封瓊王，謚恭惠。乃謂死主龍瑞宫，小説無稽，不足究也。

志又有「粉縣主」一條，謂宗室郇康孝王仲御之女孫，士驪之女，年十四五時，一日雷火震於庭，忽不見，但得雙目睛於砌下。按，宋史仲御亦安懿王之孫，昌端孝王宗晟之子，史稱其自幼不群，通經史，多識朝廷典故，封嗣濮王，薨年七十一，贈太傅，追封郇王。而夷堅丁志又有「張氏獄」一條，言「政和初宗室郇王仲御判宗正事，其第四女嫁楊侍郎之孫。楊早失父，其母張氏數與婦争詈。楊故元祐黨籍中人，門户不得志，婦尤鬱鬱。張嘗曰：『汝以吾爲元祐家，故相淩至此。時節會須改變，吾家豈應終困？』婦以其語告郇王。王次子士驪妻吴氏，王荆公妻族也，每出入宰相蔡京家，遂展轉達於京。京以爲奇貨，即捕張置開封獄，府尹劾以誹謗乘輿，言語切害，罪至淩遲處斬。行刑之日，郇王矍然，不謂至此。士驪與兩弟入市觀，未幾，輒相繼死。」此事宗室傳、奸臣傳、刑法志皆不載，可裨史闕。

五月

儀顧堂續跋　清　陸心源

初六日　閱儀顧堂續跋。其跋癸辛雜識，謂公謹著書多誣善之言。蓋承其曾祖祕附秦檜劾張浚之家法而已。又爲賈似道客，故多仇正人。國朝紀文達公生後七百年，而喜拾公謹之唾。以文達素附和珅，故臭味同耳。其言可謂恣肆矣。自來攻擊四庫提要者，無此誕妄也。其同治烏程縣志跋，又謂祕勇於進言，急於請外，其人似非庸流，雖好與道學諸公爲難，亦猶洛蜀分黨，未可以此定賢奸。又自相矛盾。

錢唐遺事　元　劉一清

初七日　校閱錢唐遺事。其紀宋德祐乙亥、丙子事，頗與宋史略有異同而加詳，其末記科舉恩榮，亦爲詳備。

李衛公集　唐　李德裕

十二日　得歸安朱竹石觀察之榛書，饋所刻李衛公集一部，與定州王氏所刻不相上下，惟外集不去所附劇談録、賈氏談録兩則，别集窮愁志中不去周秦行紀跋及所附周秦行紀耳。外集所附兩則不特非體，且唐、宋小説中似此可采甚多，亦嫌罣漏。周秦行紀跋本在窮愁志中，自以不去爲是。惟周秦行紀雖本衛公所附，然似不必存，當於跋後注一行云，行紀已載入太平廣記諸書，兹不録。

宋史 元 脱脱

二十三日 比日校朝野雜記及宋史、續通鑑諸書。孝宗諸孫名皆從手，雜記與宋史俱同，近有影鈔宋本，名皆從木者，不知徽宗諸子名皆從木，孝宗入嗣高宗，當莊文太子之生子挺，恭王即光宗。之生子擴，即寧宗。高宗尚居德壽，其命名豈敢與高宗同行？觀寧宗嫌名避廓、郭、彍等字，可證其爲擴，非從木之橨矣。橨即今幌字，與廓等音迥殊。

理宗寶慶初，湖州潘甫等之變，史彌遠所遺客視濟王疾，逼縊之者，齊東野語、錢唐遺事皆作「余天錫」者，是也。天錫爲彌遠館客，又同鄉素暱，私承彌遠恉，訪得理宗，即授讀邸中，力助彌遠傾濟王而奪之位，則此日濟王之死，自當出其一手，豈有更遣它人者？宋史理宗紀及宗室傳，皆作「秦天錫」，自是余、秦字形相近致誤。彌遠之客，亦不聞更有秦天錫者。宋史黨彌遠，不入奸臣傳，宋史理宗以後諸傳多出袁清容手，袁、史同鄉世姻，故多恕辭。余天錫傳亦諱其事，致使逆惡不彰。畢氏續通鑑乃從宋史作「秦天錫」，其謬甚矣。錢士升南宋書作「余天錫」。

兩京新記 唐 韋述

二十四日 閲韋述兩京新記。日本天瀑所傳殘本，甚多脱誤。

舊唐書疑義 清 張道

二十六日 閲張少南舊唐書疑義。其用力頗勤，惜取材太少耳。「姚崇十事」一條，謂據丹鉛録所載舊書崇傳，問答具備，今崇傳無有，與楊升庵所見本異。案，丹鉛總録所載俱見通鑑考異，云出世傳吴兢所撰升平源，今不取，是本不出舊唐書，且亦非真出吴兢，升庵妄言之耳。其文較考異又有所删改，而又不如原文，此升庵以時人無見舊書者，故以欺人耳。

六月

宋史 元 脱脱

初六日 是日校齊東野語訖，並略校宋史后妃傳、宗室傳、李全傳，頗有足以參補者。宋史李全傳首尾完密，大半取之野語，而時有不同。至宗室傳僅四卷，而世系表至二十七卷，卷又繁重，幾盈廿册，徒載人名，官位闕如，且多訛錯，自來史書無瘤贅若此者。其傳則叙次錯雜，全無眉目。蓋宋代封國之制，最爲芴釀，有大國，有次國，有小國，而大國之中又有次第，故諸王封國有六七改者。宰相久任者，封亦或改至五六。其嗣王者如嗣濮王、嗣秀王等，既不以嫡長子孫世世相襲，而代襲者又各別封國，歿後又別贈王爵，故紛拏淆混。作史者筆力既弱，敘述又無法，往往糅雜牽互，卒不得其端緒。史、漢舊法，至此蕩然矣。

趙子固孟堅，輟耕録諸書皆言其入元隱居，有誚責從弟子昂事，惟野語稱其卒於宋季，歿後有嚴州之命。公謹與子固素交，又同居潮州，宜得其實。

苦瓜和尚畫語録　清　石濤

初八日　夜閲苦瓜和尚畫語録。其詞喜爲玄遠，然浮屠文之雄也，於畫理亦實有獨到處。苦瓜名原濟，所謂石濤和尚也。本楚王孫，分封湖湘間者，入國朝爲金陵僧，嘗自稱清湘老人，又稱阿長，又稱殘秃，亦稱秃殘，又稱大滌子，又稱瞎尊者，又稱枝下人。余嘗見其畫册印章有曰「膏肓子濟」，有曰「前身龍眠濟」，有曰「贊丰侯孫」。贊丰二字不可解，或曰丰是㞢十二字，亦不可解。

其云畫理在於一畫，當先從此求之，能知一畫之法，則萬法具矣，此真名言也。是録首爲一畫章，以下十章皆推廣此義耳。明宗室無侯爵，太祖第六子楚昭王楨後，以「孟季均榮顯，英華蘊盛容」十字爲名次，楚傳至華奎而亡，華奎庶子蘊鑨封漢陽郡王，不知所終。昭王庶子永安、通山兩郡王皆傳十世，至容析、容枘而亡。其封湖湘間者，有金陵、岳陽二王，皆一再傳而絶，武岡王傳至華增而亡。

桯史 宋 岳珂

初九日 閲桯史,又隨筆校之。倦翁記郭倪、郭倬、郭僎事甚詳,而宋史略甚,凡盱眙之退、儀真之敗,幾無端緒。倦翁言倬尚能戰,罪輕於李士翼,蓋公言也。其敍倬誅死本末,情事曲折,則韓侂胄尚能守法不私,可以概見。蓋亦於韓有恕辭也。

春秋會義 宋 杜諤

初十日 榮成孫佩蘭同年葆田寄來所刻宋杜諤春秋會義二十六卷。諤字獻可,江陽人,自署鄉貢進士,有元祐丁卯季秋自序二首及嘉祐案,二字有誤,嘉祐,仁宗元號,壬寅爲嘉祐七年,去哲宗元祐二年丁卯相去二十六年,不應與諤自序先後差互如此。壬寅六月任貫序。其書久佚,乾隆中四庫館臣楊簡齋昌霖從永樂大典輯出成書,而總目失收。佩蘭從人得鈔本,更爲排比校訂,刻而行之,其用力可謂勤矣。

然其書雖名采集衆説,而多舍三傳,尤不信左氏,專以唐之啖、趙、陸爲主,其序稱三家説尤精。而多采宋人如陳岳折衷論、王沿箋義、李堯俞集議、陳洙索隱、孫覺經社之説,大率空言臆測,妄求筆削之恉,勇於自信,穿鑿滋生,所謂卮言日出也。諸書雖皆不存,賴此得其梗概,然此等任其亡佚,亦不足深惜耳。

余今日隨手翻之,如「哀公八年宋公入曹,以曹伯陽歸」,謂左氏、公羊但見經書以「曹伯陽歸」而以滅言之，若實爲滅，則經當明書之，若晉滅赤狄以「潞子嬰兒歸」矣。蓋此以兵入其國而未滅耳。夫曹之滅，左氏親見之，公羊亦耳目相接，左傳敍其亡事本末甚明，此豈可僞造者？

又「齊人取讙及闡」、「齊人歸讙及闡」，謂當從公羊說。魯始因伐邾，以邾子益來，懼齊加兵，故以邑賂之。既歸邾子，則齊怨釋，故邑得歸。左氏以季姬嬖言之，經無其事，不足據。夫季姬之嬖，經以何法書之乎？此等皆汪容甫所謂宋人愚誣之論，不足辨也。

又如「隱元年鄭伯克段於鄢」，引本旨曰：段，賊也，賊不可稱弟，故去之以示法，稱鄭伯，則段爲母弟甚明。公羊云當國也，斯言甚近，但辭愧明白，無論若無三傳，安知段之爲母弟？至公羊所謂當國者，當猶主也，謂主國以討。所謂從國討也，從國討者，一國皆討之，故不稱弟，稱弟是鄭伯專討之矣。莊公縱惡陷弟，處心積慮以殺之，故稱鄭伯以並著其罪，不專從國討之文，此春秋之志也。解公羊者以當國爲敵國，亦失其義。本旨不知何人之書，乃謂「辭愧明白」，可笑甚矣。

春秋釋例 晉 杜預

二十九日 閲春秋釋例中長曆，顧氏大事表譏其置朔閏皆强合經傳，不知曆法，爲排比更定之。然仍以臆測，其術益紛。姚氏文田又力詆其失，别撰春秋朔閏表，而於經傳仍不能通，於是謂左氏不知曆學。姚氏之先，江氏永、戴氏震等皆有是説。豈知當時不特魯史具存，又有各國寶書二百四十二年之事，雖不知曆者按年考之，其朔閏豈容有誤？此左氏所謂魯史失閏及司曆過者自是實事，後儒生二千餘年後，乃欲周旋周、魯史官之失，而强誣左氏，其亦弗思甚矣。杜氏墨守左傳，學有家法，終勝於後來之臆説也。杜用乾度曆，當時尚書及史官參校古今記注，較泰始曆爲勝，泰始曆又上勝官曆四十五事，杜又並考古今十曆以驗春秋，其用力亦可謂勤矣。

七月

紅豆樹館書畫記 清 陶樑

朔 閱陶鳧香紅豆樹館書畫記。鳧香少以詞名吴中，收藏甚富，而學涉淺陋，書畫以外，蓋無所知也。

金史 元 脱脱 遺山集 金 元好問

十一日 比日隨筆校金史及遺山集。金史多本遺山及劉京叔之歸潛志、趙閑閑之滏水集，而文筆甚冗，時多俗語，其可删者甚夥，不知元人修史時出何人之手。施北研、牛空山皆識所芟削語，然尚不勝指也。趙、劉文亦蕪漫，遺山亦不能簡絜，蓋三家皆惟取達意，必盡其辭而後止。宋史自孝、光以後亦苦蕪冗，皆以所取材之本皆繁釀也。

存硯樓集　清　儲大文

十八日　閱儲畫山存硯樓二集，共二十五卷，卷一卷二有古體詩六十三首，近體詩二百二十八首，前集所無也。其文大半酬應之作，壽序至三十首，時文序至四十首，其卷十七至卷二十書後題跋之文，大率直録它書，或節取本書之文，後綴數語，有竟不知命意所在者，蓋多信手鈔撮，本不欲存，子弟門人彙而刻之，故不及前集遠矣。前有錢香樹序，文亦甚拙，疑非出文端之手。

香祖筆記　清　王士禛

十九日　閱香祖筆記。言燕中明時書肆多在禮部門外，今皆在正陽門外西河沿，餘惟琉璃窯廠間有之，然則康熙中琉璃廠書肆尚少也。

存硯樓集　清　儲大文

二十一日　再閱存硯樓二集。其文多喜全録古書，或致浮文妨要，然浩博實不可没也。中如書明歸化城封貢事後、誦明人詩記、書明小品後、宋頌諸篇，皆有關係，文亦典偉。其學長於地理，又好言經制，如六宗考、九河考、錢法議、積貯議、封建、制用諸篇，雖不免繁雜，亦可節取。其書曹公器物，謂「天下清宴，惟漢魏季年、唐貞觀中爲極，不可不覈其所繇。」而輒附會宋人無稽之語」。書饒右丞介之軼事後云：「觀弇州王氏之言，尤可以爲元曁張太尉猶克崇文，而初明殊不嗜文之證。」皆有特見。至其紀耶穌堂，有云：「予嘗謂明嘉靖以後人士，實可參七國時諸子者惟戚繼光、利瑪竇，其次則唐順之、王鳴鶴、此恐有誤。〔一〕李贄、熊廷弼、袁崇煥、釋幻有，又其次則劉宗周、高攀龍、阮漢聞、彭士望，而顧憲成、馮從吾、蔡懋德、黄道周不與焉，何則？學未充且匙要用也。」則雜出不倫，近於猖狂矣。

注釋

〔一〕「此恐有誤」，乾隆本存硯樓二集卷二十三耶穌臺，原文即有此四字。

帕米爾圖　清　錢恂

二十三日　錢念劬來，以石印帕米爾圖並叙例一册見詒。帕米爾者，在赫色勒嶺以西，連山攢聚，南北約二度有餘。北至後阿賴嶺，接俄羅斯境，南至因都庫什山，接印度境，爲喀什噶爾、葉爾羌甌脱地，英俄所久覬者也。圖爲許竹篔閣學所創，皆成於念劬之手。叙例後附英人楊哈思班、俄人康穆才甫斯基、英人戈登遊記，亦皆念劬所譯潤。

活人録　清　林開燧

二十七日　閲林氏手集活人録，共十四卷，國初長谿林開燧日生〔一〕據石鏡録增損成之，本名會篇，乾隆初其子祖成慶惟官黄巖鎮總兵時刊行之，前有開燧自序及祖成序，序末祖成系銜曰：「賜同武進士出身、由藍翎侍衛特授乾清門一等侍衛、進士侍衛班領指教管、領三旗漢侍衛鑾儀衛漢侍衛、兼光禄寺正卿太醫院副使、加副將銜、管京城内外九門中營巡捕事、誥封資政大夫、特簡兼理勇健營、署北直隸天津等處地方總兵官、升授湖南鎮筸鎮兼轄辰沅永綏五筸等處地方總兵官、特調浙江黄巖鎮兼轄紹台等處地方總兵官、加都督僉事、誥封榮禄大夫。」其所敍既絶奇，而官制亦多與今異。據其序言康熙乙未捷南宫，武進士由兵部主之，不得謂之南宫，南宫者唐、宋禮部之稱也，武夫不學，不足怪。選侍衛，得侍今上於藩邸，聖主隆飛，以一等侍衛總統勇健營務，更得備位卿貳，兼掌太醫院事，保和聖躬承乏醫院十有二年，是祖成在雍正朝以醫得幸者矣。

其書自中風至遺滑凡分六十二門，先爲問答，論受病之原，次論脈理，次載方散，頗詳簡有法。開燧自序謂「證各一門，門各爲治，隨證加減，瞭如指掌」，蓋不虚也。

注釋

〔一〕林開燧，字慕莪，號京白生，此作「日生」恐有誤。

止堂集 宋 彭龜年

二十八日 閱彭忠肅龜年止堂集。武英殿聚珍本，十八卷。其中奏疏最佳，議論深通，而往復調暢。如論假優遷以逐臺諫疏題本作「論優遷臺諫沮抑忠直之弊疏」，殊近不辭，今易之。謂南渡以來臺諫忠鯁，大率不逮祖、宗盛際，因舉劉安世、孫忭、傅堯俞、司馬光等四人行事以爲比例。進内治聖鑒疏，舉吕大防言本朝家法勝於前代者五事。乞議知院胡晉臣卹典罷曝書會讌疏，歷舉太宗、真宗、仁宗優重大臣喪禮七事。其言皆娓娓動聽。乞罷版行時文疏，知時文之刻，起於南宋。繳進宣取續資治通鑑長編疏，言李燾此書有兩本，一本知瀘州日投進，頗有未備；一本知遂寧府日别行删修投進，最爲詳密，藏祕書監。此亦學者所當知也。

八月

天真閣集　清　孫原湘

朔　孫生師鄭來，以其高祖子瀟吉士天真閣集見詒。凡詩文五十四卷，詞在古文之前，又附其配席佩蘭長真閣詩三卷。

圭齋集　元　歐陽玄

初五日　閲歐陽文公圭齋集。十六卷，本道光中其族裔重刻本，稍有所增輯，頗較舊刻本爲善。前有李祖陶序，江西人以古文名者，甚拙劣；其言圭齋之詩篇篇有味，又稱其序記小文勝於碑志大篇，皆不出村學究時文批尾之識。

東塾集　清　陳澧

十二日　閱陳蘭甫澧東塾集。文六卷，卷一卷二多説經之文，其戈戟圖説以鄭注「戈，今勾子戟。戟，今三鋒戟」爲非。喪服説謂上治下治，皆至三而止，故高祖元孫無服。説長白山謂在漢元菟郡境，爲西蓋馬、上殷台二縣地，皆近臆説，不及其讀書記之密粹。其科場議、推廣拔貢議亦近偏駁。

舊唐書　後晉　劉昫

二十一日　閱舊唐書高宗、武后兩朝列傳。以劉仁軌之賢而有因私憾陷李敬玄一事，深爲可惜，亦猶褚文忠之陷劉洎、陸宣公之陷竇參，其陷于公異事不足深信。皆君子之一眚。然洎雖賢，害其身，尚無害於國；參本小人，殺之尤無害。若劉之陷李，則喪師辱國矣。惟敬玄爲人亦無足取，而仁軌當武后臨朝之始，獨能仗義執言，以呂后、産、禄爲戒，危身奉上，可謂純忠。后能優詔褒揚，加晉官爵，既没之後，哀榮備至，而未及一年，子即被殺，妻孥籍没，蓋始納之而終銜之也。以許敬宗、李義府之姦惡而皆得保首領，有賢子孫，以劉審禮、易從父子之孝友，而一没吐蕃，一陷酷吏，此則天道之不可知者矣。

沅湘攬秀集　清　陸伯葵輯

二十六日　伯葵贈所刻沅湘攬秀集一部，凡五册。其督學湖南時校士作也。頗有佳篇，經解雜作尤勝，蓋衡湘間固多佳士。

新齊諧　清　袁枚

夜從桂月浦借袁子才新齊諧閱之。自道光甲辰見此書，今五十年矣。爾時酷嗜聊齋志異，以此書爲淺，直不知稗官小説自有記載之體，非必鋪華摛艷，以曲折婉委爲工。此老筆舌快利，見理明透，固可傳也。其好言穢褻，是其本色。

九月

初三日　竟日閲袁子才新齊諧，其中頗有名理，所載果報事，亦足資勸戒，且間有關掌故者。惟好談穢褻，至僞撰控鶴監秘記，託名張垍撰，蓋以無行相慕，自爲供狀。其尤可惡者，「邱生」一則，以譏同時之江艮庭、余蕭客，遂荒唐演説，誣詆康成，以目不見注疏之人，羅列無稽之語，污蔑經訓，狎侮聖言，竟爲無忌憚之小人。其條名「麒麟喊冤」。「某進士」一條，詆同時彭二林之學佛。「雙花廟」一條，至以孫伯符、周公瑾相愛爲比，則當墮泥犂獄矣。其引證古書，多詭謬牽綴，如謂石婦出太玄經。「神仙不解考據」一條，謂唐人田穎撰張希古墓誌中有云「左衛馬邑郡尚德府折衝都尉語，但唐書地理志馬邑郡所屬無尚德府」，不知唐府兵皆有府名，非府縣之府，唐時只有州郡，無知府也。惟河南以東京，太原以北京，成都興元以臨幸，故升州郡爲府。

藏書紀事詩 清 葉昌熾

昨絅齋言葉鞠裳編修昌熾撰藏書絶句七百首，羅列古今藏書家甚備，有從故書佚説、蛛絲馬跡中搜羅出之者，自爲之注甚詳。又山西人楊肖嵋明經志培之父某刺史，著山右金石志數十卷，甚賅博，楊書已刻，葉書僅有寫本。肖嵋亦博學，絅齋嘗撰補晉書藝文志，爲補訂十餘條，皆精確。近日後生英俊如曾孟朴孝廉、朴，撰補續漢書藝文志。朱古微編修，祖謀，撰南北朝會要。聞皆已成書；至陸存齋言其子樹藩撰補正王厚齋漢書藝文志考證，則人皆不信之矣。

宋詩紀事補遺 清 陸心源

十六日 陸純皎孝廉來，以其尊人存齋觀察新刻宋詩紀事補遺見詒。此存齋所輯，仍分一百卷，體例皆如厲氏之舊，增多三千餘家，得詩八千餘首，可謂富矣。前有凡例十二則，言搜采之事甚勤。然厲氏以詩存人，以人隸事，事皆典則，詩亦新警。此則意在務博，事多雜碎，詩尠可觀矣。所輯諸人小傳，往往詳略不倫，後人取其博覽可也。

止堂集 宋 彭龜年

二十一日 閲彭忠肅止堂集。其争光宗過宫諸疏，固已極切直，至寧宗初論車駕移御南内一疏，有云「太上皇帝指光宗。臨御六年，不得罪於諸臣、諸軍、百姓，而天下之心，一旦涣然離者，陛下抑嘗思其所以然乎？」尤人所難言。

活人録 清 林開燧

二十四日 閲林氏活人録。即會篇。其諸病各門條分縷析，先言病源，次言脈候，後載諸方加減之法，簡明直截，最便於用。

池北偶談 清 王士禛

二十六日 閲池北偶談。其談故最可觀。余二十歲時閲之，甚喜，有摘鈔本，然衹及談藝耳。今四十餘年矣，重翻之，似多未曾見者。人不可以無年，此亦其一也。余少時甚鈍，又多惑於俗學，人無良師友，耳目錮蔽，所見書籍大率時文講章，不特棄古鼎而寳康瓠，舍人蔆而求桔梗也。

十月

淳化祕閣法帖考正 清 王澍

朔 閲王良常淳化祕閣法帖考正。良常於此事研究頗深，亦以兼取米、黄、劉、姜、顧、徐六家之長，故辨析益密，所謂後人易爲功也。其寫刻甚精，而亦時有誤字。

黔語 清 吴振棫

初三日 絅齋來，以令祖仲雲尚書黔語一册見詒。並柬訂初六日飲浙館。黔語共二卷，咸豐甲寅尚書官黔撫時所述，凡七十六條。雜記山川風土，雖文筆雄麗不及田山薑黔書，而雅馴謹嚴，辨析流俗傳訛，皆證據確鑿。如飛山廟之祀楊老令婆，據靖州志爲五代之太原人楊再思，嘗據五谿之飛山，於貴陽無涉。黑神廟之祀南霽雲，據雲谿友議爲黔中觀察使南中丞卓，大更風俗，是正聲音，唐時黔府轄州十五，羈縻州五十一，故稱卓爲轄公，死而祀之，因稱轄神，後人或訛「南中丞」爲忠臣，因以霽雲當之，「黑神」則「轄神」轉音之訛。及辨康繼英之誤建文遺跡、諸葛臺等之不足信，皆非田書所及。「馬寶袍劍」一條，附録僞洪化二年吴世璠封馬寶豫國公僞敕及馬寶讓封表，亦足以資異聞。

蘊真居詩集　清　陸學欽

初六日　伯葵以其曾伯祖子若孝廉蘊真居詩集六卷爲贈。子若名學欽，太倉州人，嘉慶庚申恩科舉人，未會試，而病目數年，遽卒，年止四十五。嘗及錢竹汀之門，今集首有竹汀題詞，殁後可廬爲之作傳。其詩頗有清氣，而才力薄弱，多近率易，七古尤淺蹇。惟元宫詞二十首，自爲之注，頗雋雅可傳。其注多引元掖庭記。

感舊集　清　王士禛

十一日　閱感舊集，共十六卷，凡三百三十三人，詩二千五百七十二首，朱竹垞所序祇前八卷本，終於漁洋之兄西樵考功，時在康熙十三年，見漁洋自序。漁洋尚爲禮部郎也。其後八卷起於宋荔裳，終於李湯孫。國宋，興化人，詩止一首。乾隆初盧雅雨從黄崑圃得其稿本，官長蘆運使時與淄川張榆邨元等爲補輯各人小傳，揚州馬秋玉爲刊行之，時在乾隆十七年，故首列錢蒙叟姓名不諱，而屈翁山祇題「釋今種」矣。

附録

附録一

王重民輯越縵堂讀書記

蒓客先生每治一書，必序其源流，考其作者，辨其章句，撮其指歸，而詳記之于日記。若裒彙成帙，當能繼晁陳二氏以傳，固不讓周中孚之鄭堂讀書記也。本館既購得先生藏書，檢其題記有出於日記外者，亟備録之，略加銓次，署曰越縵堂讀書記。世之君子，以觀覽焉。北京圖書館識。

儀禮漢讀考一卷※ 李先生手鈔本，附訂周禮漢讀考後

段氏儀禮漢讀考僅成士冠一卷，向附周禮漢讀考以行，阮氏學海堂經解中亦刻之。其後歙胡氏承珙撰儀禮古今文疏義十七卷，即本段氏之意，推演其緒，而詳密有加，然於注之不出古今文者則不及，故漢讀尚未盡也。是書爲初印本，時去其撰儀禮漢讀考尚遠，故止有周禮六卷，今爲鈔補，以成段氏一家之學。作字必依説文，以篆爲隷，雖云好古，亦病違今。段氏許學顓門，而所著經韵樓叢書手自開雕，未嘗獨用古字，國朝通儒若惠氏定宇、江氏慎修、錢氏曉徵、戴氏東原、王氏鳳喈、孫氏淵如、王氏懷祖、阮氏伯元所著之書，無不皆然。惟經典之字必用其本，俗書之謬必正其初，筆畫繁簡必原

其體，偏旁正變必存其真，此則經儒鉛槧之精異於鈔胥者耳。今所寫皆用隸體，而點畫致嚴，各有據依，不敢苟作。段氏原書弟第雜出，其説文注則補第字於竹部，後儒多非之。今仍作弟。禮字初依説文作禮，以隸皆作禮，故於前數葉復塗改之，後仍作禮，以存字之原，不悉改也。光緒戊寅端午後二日越縵學人會稽李慈銘識於京師。

凌廷堪禮經釋例十三卷　文選樓刻本

凌氏此書綜江氏禮書綱目之要，而加精密，條分縷晰，誠學禮者之津梁也。辛酉正月得此于廠市，其中間有朱字附注者，乃舒城吕文節公所爲，文節之父雲里先生受業于次仲氏，淵原固有自矣。癸亥十二月十一會稽李慈銘記。

此書間有空白，文節亦未盡填補。今日據學海堂本勘畢，亦一快也。去以王西莊尚書後案中有漫漶者亦學海本，校之則皆黑塗無一字，爲之悶悶。因慨阮文達刻經解以惠來學，甚爲盛舉，而其時幕中襄校者草率蒇工，不加勘覆，事不副心，是嚴鷗盟諸君之責也。癸亥大寒節前一日，李悉伯再跋。

按越縵堂日記三十九册第十頁九頁光緒壬午十月二十八日，亦記此書，可持以參證。

郝懿行爾雅義疏十九卷　道光庚戌木犀香館刊本

此本爲陳碩甫氏所校，而陸大夫制府刻之於江寧，即從阮文達學海堂經解本翻刻，雖校勘精細，多刊俗字，遠勝原書。而阮本多所删節，託名於王懷祖，或謂即嚴鷗盟所爲。咸豐丙辰嘉興高秀才均儒從鷗盟之子得郝氏足本，較此幾多四之一，楊河帥以增爲刻於淮上，然印行絶少。陸制府死粤寇之亂，聞是書之板亦燬，世間已不可多得矣。悉伯記。

邵瑛説文解字羣經正字二十八卷 嘉慶丙子刊本

瑶圃先生承其父梅林孝廉之學，又爲二雲學士從子，濡染家風，覃精古訓，自登上第，官翰林二十年不遷，杜門著述，告歸以後復幾廿年，樸學彌劭。顧二雲氏名滿寰宇，而先生聲華闇漠，知者絶稀。此書二十八卷，爲先生一生精力所萃，深研博綜，務求至當，不特非逞私決臆者所能望見，即昕近儒之專事許書、規規穿鑿者亦不可同年而語。予家居時未得讀先生書，入都以來，購求益艱，頃竟於友人棄笥中獲此及劉炫規杜持平六卷，共爲一帙，喜躍捧歸，如獲異寶。殆先生之靈愍兹鄉邑後生（貧）悴失學，故有以默啓之耶？同治癸亥二月會稽李慈銘謹識。

段玉裁六書音韵表 説文解字附刻本

案，此表戴東原有批本，爲臨終絶筆，丁小山教授杰嘗臨以寄茂堂。經韵樓集卷六有答小山書云：「於表四弟四十二葉用圈點，凡圈者秦、人之入聲，點者轉卷選之入聲，師意合十二部秦、人以下十三部詵、孫、振以下爲一部，陸韵之真、諄、臻、文、殷、魂、痕、先也十四部轉卷選以下爲一部，陸韵之元、寒、桓、删、山、仙分也十五部，去入之至未、霽、怪、隊、術、物、迄、没、秦、人、銑、孫、振一部，用圈以别之。其祭、泰、央、廢、月、曷、末、黠、鎋、薛，配轉卷選一部，用點以别之。然拙書初稿亦見及此，初稿名詩經韵譜，邵君二雲録有其副，其與師不同者才數字耳，改定時遂合爲一者，以其有難截然分剖之處，即師所分贍卬一章，厲、瘵點，而疾、届圈，然謂惠字非韵見戴氏答段書，戴以分惠字配真文部，故云非韵。則未安也。雨無正二章戾勩用圈，而謂滅字非韵，亦未安。且據説文勩从力貰聲，貰从貝世聲，勩用圈，而世字泄字皆用點，未免相牾。正月八章删去結字，長發六章旆易爲坺，皆見戴與段書，坺字據説文引改皆未安也。況去聲入聲可二之，平聲上聲不可二之也。既以一部配二部，則平上聲亦必可而斷不可，故以爲弟十五部之入聲足以兼涵弟十二部，陸韵之諄、文、殷、魂、痕。弟十三部陸韵之元、寒桓、删、山、仙。之入音，猶其平聲與十二部、十三部皆彼此互轉最多，其相表裏皆最近，既兼具文、元兩部之入音，故其文理大致可分，陸氏韵亦有大致可分之處，而表詩經之韵不若渾焉會於一，與平上聲無齟齬，使審音者之自剖析其陰陽向背，可辨别爲二，是以改定之本不用初稿也。案段氏此書不以戴説爲然，而其答江晉三書又以分出祭、泰、央、廢、月、昌、末、黠、鎋、薛爲是，今故於表四弟四十二葉用朱筆依戴圈點出之，而載其説於此。戴有丙申與段書凡六千言，載東原集及聲類表之首，又段與江晉三論韵書亦五千八百餘言，載經韵樓集卷六，皆爲讀是書者所必不可少。又孔顨軒謂東、冬當分爲二，孔及江晉三謂屋、沃、燭、覺當分屬尤侯，段皆極以爲然。又匏有苦葉之軌字，是書從正義作軌，以爲合韵，後自辨其誤，别作考正一篇，此皆未及改正。其合韵之説，錢竹汀氏及江氏皆言其自生枝節，段雖自護其説，而亦未敢謂必然。皆讀是書者所當知也。丁丑祭竈後二日慈銘識。

王煦小爾雅疏八卷 嘉慶庚申刻本

先君子嘗謂吾越有「二雅」之學，邵二雲氏爾雅正義、王汾原氏小爾雅疏也。邵氏書盛行海内，學者無不知，而王氏此書稱者獨鮮。然其抉發古訓、鉤貫羣籍、精博邃密，有邵氏所不及者。王氏所著尚有説文五翼及詩文集數種，其全集首載同時諸儒簡札及題詞，多稱此書者。王懷祖氏謂精邃過其廣雅疏證，邵氏謂所作爾雅正義視此瞠然，其推服皆爲至盡。予謂邵氏及郝蘭皋氏之爾雅、王氏之廣雅與先生此書皆文義淵藪，曠古絶今，可援漢文帝立爾疋博士例，置於學官，爲國朝「四雅」之學。其時稍後者則有胡墨莊氏承珙著小爾雅義證十三卷，其書未見，不知視先生此書，能如郝氏之於邵氏否耶？予己未歲入都，行篋僅攜先生説文五翼一種，爲賊奴竊去，惋悵纍日，嗣偏閲廠肆，又於同鄉旅寓各處訪求，竟無從得。今年館商城相國家，同允臣比部偶過市，覯此書時行縢僅餘京錢兩緡，即舉付購歸，如獻異寶。回首故鄉，已爲盜窟，家燬于火，插架所有盡成灰燼，此板當亦付巨劫矣。鑿楹莫保，庭訓墜地，對之泫然。同治壬戌四月李慈銘識。

張有復古編二卷 乾隆辛丑刻本

頃見獨山莫友芝經眼録云：吴稷堂先生所藏復古編舊鈔本，與葛本相校，吴本奪譌特甚，遠遜葛本，然有真字疑字不敢妄改，頗足以是正葛本蓋數十處，葛本所有字，吴本或奪去，而葛本奪字，吴本八九皆有。如㓠下坫篆及諸別字非字與躲攔之類是也。亦有葛本寫到、吴本不誤者，如晦步百及諸字注或有先聲後形之誤，皆當從吴本也。如篆文尾之从到毛、㞋之從叉，亦皆勝於葛本。又張氏之例俗字皆云別作某，其爲此別它正者則曰別用某，二本皆有作用，互譌者可以意改也。莫字子偲，今已歸道山，安得假其本校之？·悉伯附識。

按越縵堂日記第二十册十七頁十八頁（同治甲戌一月十二日、十三日）可持以參證。

釋行均龍龕手鑑四卷　虚竹齋刻本

此書俗謬怪妄，不可究詰，全不知形聲偏旁之誼。又轉寫譌亂，徒淆心目，轉滋俗惑，直是廢書不可用也。其書本名龍龕手鏡，宋人避諱改爲鑑耳。慈銘記。

其部居誤認偏旁不必論矣。且如既有瓦部而瓻甂甗瓳等字皆入凡部，字俱从凡。既有瓜部，而瓠瓢瓤瓝爬等字皆入爪部，字俱从爪。此類蓋亦不勝究詰，特以其爲宋以前字書，墜文佚義，或間有存者，披沙揀金，聊供采獲，故好古者亦頗蓄之，然其誤人實不淺也。光緒辛巳涂月十一日偶檢書及之，再記。慈銘又書。

梁玉繩史記志疑三十六卷　原刻本

梁氏此書用力甚深，其鉤校年月錯綜乖互，於諸表最爲有功，引證羣書亦稱賅博。惟其議論五帝三代事好用臆測，所據諸書出入亦擇之不精，往往多謬，近於宋人之武斷。蓋諫庵拘牽文義，其識實不足以知史記，故多加疑駁也。是本爲高郵王氏舊藏，而書中於訓詁通借之説間用墨抹，必非石臞、文簡所爲，不知出何妄人也。愛伯記。

惠棟後漢書補注二十四卷 德裕堂刻本

惠氏此注精博絶倫，余自丙辰購之越中，梟燬于兵火，徧購南北不復可得。粤雅堂叢書中有刻本，板既狹小，字復譌奪。去年聞杭人朱修伯宗丞家多藏書，向借此編，未及數月，遽以索去。今從廠市得之，錢唐玉雨堂韓氏舊物也。惠氏所引古書多出藝文類聚、太平御覽、太平廣記諸書中，而不别白言之，此當時風氣未開，亦其一失。余欲爲後漢書集解，俟成編後，當更爲此書補載出處耳。同治癸酉七月二十三日，會稽李慈銘記于京師鐵門越縵行廬。

王鳴盛十七史商榷一百卷※ 乾隆丁未刻本

十七史商榷一百卷，考覈精審，議論淹通，多足決千古之疑，著一字之重。與錢辛楣少詹廿二史考異、趙雲崧觀察廿二史劄記皆爲讀史者必讀之書。自來論史者從未有此宏織畢賅，良罕悉見也。錢氏兼及宋遼金元史而無五代薛史，趙氏並及明史，此書有舊唐書、舊五代史，實十九史，而合舊于新，仍十七史之目。猶趙氏實備二十四史，而仍標廿二史也。錢專考訂，鮮及評議，趙主貫串，罕事證引,兼之者惟此書,故尤爲可貴。予幼嗜讀史,苦少藏書,侵尋老大,貧悴難厄,卒無所成,宋史以下購借爲難,竟至未能卒業。惟十七史稍能涉獵數過,新舊唐書尤所留心,故於唐事略窺頭緒,偶有所論,存越縵堂日記丁集、戊集中,多與此書足相發明。惟奇零陋略,不能成書,爲先生作厮僕可耳。先生持議頗亦有過苛者,如痛詆張守節、李延壽等爲誕妄,又言宋人若王應麟等皆無學識,歐宋新唐書亦力斥其猖狂,雖所舉皆當其失,而言辭太激,多過其分,殊無儒者氣象,此不能爲先生諱者。若其書之精博,自爲必傳。其力爲范蔚宗申雪,尚是文人袒護之見。至極表唐之王叔文及李訓、鄭注,則真卓識定論,非拘墟所及。乾嘉之際經儒輩興,其能兼精史學者惟嘉定錢王兩先生耳。吾鄉之全氏祖望、杭氏世駿、邵氏晉涵雖皆有乙部撰述,顧亞兩先生一籌矣。咸豐十年龍集庚申冬十二月大寒節會稽學人李慈銘長孺識于京師宣南客舍。

趙翼廿二史劄記三十六卷※ 湛貽堂刻本

此書貫串全史,參互考訂,不特闕文誤義多所辨明,而各朝之史皆綜其要義,銓其異聞,使首尾井然,一覽可悉,即不讀全史者寢饋於此,凡歷代之制度大略、時政得失、風會盛衰及作史者之體要各殊、褒貶所在,皆可曉然,誠儉歲之粱稷也。其書以議論爲主,又專取各史本書,相爲援證,不旁及他書,蓋不以考核見長。與同時嘉定錢氏廿二史考異、王氏十七史商榷不同。所記兼及舊唐書、舊五代史,實爲廿四史,而曰廿二史者,合新舊爲一耳。咸豐辛酉三月會稽李慈銘書於京邸。

陶岳五代史補五卷王禹偁五代史闕文一卷※ 汲古閣刊本

五代史補及闕文二書傳本絶少，此刻雖據宋本校正，而譌誤尚多，毛氏校勘頗疏，又喜臆改，其所刻書往往如是，雖視有明一代繆妄滅裂之習已爲遠勝，要不足深據也。陶介立識趣卑陋，叙次尤拙，其間一二佚事小可采掇，大體無當，遽名史補，殊不自量。王黄州闕文雖僅一十七事，而紀載嚴整，深裨勸懲，文筆亦甚簡老，以視介立，殆不可同年而語矣。癸亥于廠市購得此書，辛未再入都，爲識數語，時季冬廿六日立春之夜愛伯書。

錢儼吴越備史二卷 道光壬午刊本

錢遵王讀書敏求記言緒山此刻零斷殘本，實非完書，且云家藏舊本紀忠懿王事終始歷然，以校德洪刊本，知其先落紕繆。今此本又從緒山本輾轉翻刻，烏焉豕亥，幾不可讀。又省並卷數，面目全失。乾隆中興化任氏大椿曾撰吴越備史注二十卷，不知所據何本，惜未見於世。至此書編年紀載多裨史闕，大書附注，叙次有法，雖已殘脱淆亂，終爲可寶。間有私臆不可信者，如言南唐烈祖爲湖州潘氏子諸條，昔人早已辨之，不復贅焉。同治癸亥大暑節會稽李慈銘識於京城青廠相國邸中。

宋史錢儼傳，「儼撰吴越備史十五卷，備史遺事五卷。」而陳氏書録解題云吴越備史九卷，范坰、林禹撰，備史遺事五卷，錢儼撰。備史亦儼所撰，題林范者，儼託名云云。是則此書出於儼手無疑，而所載卷數已各自不同。陳氏又云中興書目其初十二卷，盡開寶三年後又增三卷，至雍熙四年。今書止石晉開運，比初本尚闕三卷，國朝四庫目録作備史四卷，補遺一卷，而云書録解題謂舊本缺前三卷，僅起於石晉開運，今本亦同，則又與書録前後舛誤，不知所收何本也。此爲席氏掃葉山房刻，乃又合併爲四卷，譌奪殊甚，暇日當一勘之。已未四月蒓客書於廣陵舟次。

楊衒之洛陽伽藍記五卷　道光甲午錢唐吴氏刻本

洛陽建都，元魏爲盛，楊氏此記雖義專佛寺，而意主國是，故其于注多旁及人物制度，所以述盛衰志時變也。史學圖經，深爲有裨。至其文章爾雅，叙次簡秀，足與酈道元水經注相頡頏。元氏一代著作傳者寥寥，固尤可寶貴矣。予向覯是書，於明人何氏鏜漢魏叢書、毛氏晉津逮秘書，皆校刻不精，多所訛奪。此本爲近人錢唐吴次平太常所刻，末有太常所著集證一卷，搜采較備，而書中誤字尚多，蓋付刻時未及審正，不能無恨耳。時咸豐辛酉四月會稽李慈銘書於京師宣南寓齋。

朱文翰山陰縣志三十卷　原刻本

是志出歙縣朱蒼崖比部之手，較有條理，列傳亦多所裁節，較乾隆季年紹興府志似爲過之。但其中失考濫收，俱多不免，固由邑人牽掣，不能無所瞻徇。而蒼崖史學本疏，於古文義法亦未能深解，惟諸傳不區列儒林、文苑、忠節、孝義等目，自爲有識耳。暇日偶取筆訂正或塗乙之，亂後家中無一書，亦無可借，略就見聞所及，以誌一二，將來修志者或有所取也。列傳不分門類固善，而事之宜類叙、人之宜附見者須總立一傳以括之，方免凌雜斷爛之病。此志往往有片語數字，亦自爲一傳散綴若帳蔀者，蓋未知總括之法。同治六年丁卯正月李慈銘附紀。

此志在近時已爲佳志，但其取孟子土地人民政事語劈分三類，既乖著書之體，而職官何與於人民，寺觀冢墓豈得謂非土地，書籍碑刻藝文又於政事何涉？支離配合，如腐生作時文，强立柱意，是大謬也。愛伯附記。

萬斯同歷代紀元彙考五卷 知不足齋重刻本

共和以上本無甲子可稽，史記十二諸侯年表自共和元年後所系庚申等紀年，亦是徐廣所增，非子長本文也。萬氏此考本自共和始，今本乃授一妄增自唐堯甲辰始矣。慈銘記。

陳棻同姓名譜二十四卷補遺四卷 抄本

吾邑陳士莊先生同姓名譜十册，同治丁卯之春偕傅節子郡丞至倉橋閲市見之，節子旋購去，癸酉春自福州寄京師，以歸予。昔先本生大父屢稱士莊先生之爲人，蓋吾家舊姻也。其書采摭浩博，分韻編次，便於檢尋，洵爲可傳。惜所載詳略未當，多沿俗稱，又不載出處，尤爲大病。其中沿譌襲誤，亦往往而有，鈔寫復多舛繆，未得爲完書也。蓋先生僅撮拾之功，實未深於史學，故有一人而誤分兩人，再而耳目昭著之姓名乃轉多所漏落。即以一事言之，錢竹汀養新録中有漢人同姓名一條，予嘗補其東漢二十餘人，如兩樊崇、兩張濟、兩王堂、兩王望、兩周栩、兩侯霸、兩劉尚此譜載六劉尚，而無光武時之武威將軍兩丁鴻、兩李暠此譜載四李暠，而無東漢時之二人、兩李熊、兩李肅、此譜載三李肅，而無東漢時之南郡太守、兩閔貢、兩傅毅、兩鄧弘、兩鄧康、兩郭璜，皆明見范書，而此譜皆失載，則其他可知矣。苦無數月之暇爲之一其體例，正其譌奪，又不得汪龍莊之二十一史同姓名録互相參校，爲之耿耿耳。閏六月晦李慈銘悉伯記。

浦起龍史通通釋二十卷　原刻本

史通向無善本，浦氏此書四庫提要收之，雖病其臆改，而稱其詳明。然劉氏元文脱誤甚衆，浦氏合校諸本，凡所增削，亦頗有廓清摧陷之功，而於所不解者擅自改易，既非箸書之體，且流於繆妄，蹈明人之惡習，厚誣古人而疑誤後生。同時若休寧戴氏之水經、金壇段氏之説文，以二君之精心讐校，確有據依，其學識萬非浦氏所敢望，而篇第字句稍有改易，人尚不能無疑。況浦氏見聞陋狹，恣臆點竄，尤不可以爲訓。其釋按之語亦多迂腐，全是時文批尾科臼。序例諸文，意拙辭俚，高自標置，「三山槍父南杼秋」等稱謂學究邨氣致不可耐，似尚不及黄氏本爲簡潔也。是本有朱墨評點，不知出何人手，頗亦有一知半解，而於疑古諸篇重加朱勒，則妄甚矣。悉伯記。

三不朽圖贊 不分卷 乾隆乙卯刻本

右張宗子先生所撰，凡一百八人。其自序言與徐埜公沿門祈請，得其遺像，繪而贊之。先生文獻世家，著述甚夥，平生精力注於石匱藏書，谷提學應霖因其槀本以爲明史紀事本末。其餘傳者惟陶庵夢憶，寥寥短書，余里居時嘗見其詩文集鈔本，初藏吾家柯谿小李山房，後爲富人孫姓所得，劫後已不可問。其西湖夢憶録鵑舌啼血録，余姻杜氏大吉樓藏有寫本，今亦付之兵火。此書舊版藏南街朱氏，稍有缺壞，聞朱氏略增補之，未幾以版鬻之人。余家所藏猶未遭改補之本，經亂幸存，世所僅見。張氏搜羅潛曜，具費苦心，先正衣冠，儼然可接，較之會稽先賢傳、後賢傳、會稽典録諸書尤爲有功越紐。惜其强分三立之名，中又各分子目，以致時代雜糅，冠笄相間，且輕重失倫，可議者多。陽明理學不能掩其功業，龍谿與石簣石梁學術相同，宗風是煽。而王在理學，陶則一居隱遯，一在文學，其所抑揚深爲未喻。倪施諸公殉國之烈，豈讓孫陸？忠烈忠節何以區分？餘姚陳孫兩冢宰正色立朝，非僅清節。章格菴風力甚著，不得以隱遯概之。若水高風，首陽比節，非可伍之蜕巖山澤之癯。至於張氏内山、肅之兩公志播清芬，子孫恒事，然一居功業，一居文學，此有公論，非可强求。金伯星鄉里善人，孫月峯批尾之學，何足以當不朽？金庭相國區區自守，多累蚊門，醇謹可稱，略無補捄，身叢梟射，黨禍以興。平心而言，功不抵過，以與木齋並美，何啻同傳老韓？張氏與朱世姻，故并相國之父亦入清介，董中峯阿附張桂，集矢陽明，險忮爲懷，何名剛正？而若山陰徐甫宰之戰功、會稽錢文貞之相業、章侍郎敞之清節、上虞潘太常府之學行，何以反見遺漏？義興侯鄭遵謙雖行事不甚醇，然糾旗舉族，首倡義師，斂區海隅，卒於夷滅，豪傑之士、生氣凜然。陶菴闕之，或有所諱。然觀其葉節愍汝蒞贊於義興頗有微辭，是亦有意没之者。

又考其序題庚申八月，時爲康熙十九年，滇亡已久，而越人之殉永曆者若中湘王何忠誠、大學士嚴忠節，皆功烈甚偉，或以道遠未得其詳，故不及載耳。至蔣定西者，明史諸書皆云江都人，今揚郡蔣氏其族尚盛，陶庵引爲越産。聞諸暨蔣氏祠堂中亦懸其綽楔，蓋以祖籍在越，支派遠分，鄉黨相夸，援爲光寵，入之於此，則爲贅坿。姜光禄諫儲一事，明史及諸説部無有言者，考萬曆十四年二月，户科給事中姜應麟首請建儲，自是繼請者百餘人，未嘗有姜鏡之名，而當日禮部諸曹因國本得罪者有郎中于孔兼、員外郎陳泰來、董嗣成，亦無光禄之名。且二姜同爲浙東人，同登萬曆癸未進士，給事後亦贈光禄少卿，不應同以争儲罷官，後又同得褒贈，而給事之名赫赫在人耳目，此獨泯然無述，惟有越人知之者。蓋光禄之子宗伯既貴，其後仍世顯榮，容有飾辭，後來毛西河文集亦載其事，要皆本其子孫之辭，然不敢質言也。徐檀燕僅有官大同副使時劾首輔方從哲一疏，見明史從哲傳，時争紅丸之議，主客紛紜，朋黨捭闔，迄無定論。來馬湖，明史無傳，惟畢自嚴傳稱其爲兵部主事，趙彦傳稱其爲天津僉事，魯欽傳稱其爲監軍按察使，南疆佚史稱其爲膠萊兵備，蓋一生以戰功著，不宜以博學目之。徐孝子允讓死於元末胡大海圍越之兵，事見保越録，元史亦載之，是當與其烈婦潘氏皆歸之元代，不應入明。

其他官爵之誤者如韓五雲官止副都御史，而以爲左都御史；周海門官止南京尚寶卿，而以爲工部侍郎；趙麟陽官左都御史，以憂歸，召拜刑部尚書，未至卒，其先在南京則歷刑禮吏三部尚書，而以爲歷官刑禮二部。尚書，明代以南京爲閑秩，猶唐宋之東西京分司，故紀載必加南京二字，以見其非真拜，若北之七卿爲政事所出，故明史特立七卿表，而左都御史最爲清要，與冢宰相出入矣。孫俟居贈光禄寺少卿，而以爲贈光禄寺卿，孫官主事，褒贈例得五品卿，不得至三品也。朱越峥於萬曆八年官太僕寺卿，其罷歸當在是時，而謂萬曆五年因太子出閣講學，翫其畫扇不聽書，爲講官所言罷官。神宗即位幼冲，時方就學，安得更有出閣之太子？蓋觀扇者即是神宗，而鄉俗誤傳以爲太子，陶菴因而載之。又於徐龍川，謂「越中四諫」自公首難，案明史言謝瑜、葉經、陳紹與徐稱「上虞四諫」，謝首疏劾分宜，在嘉靖十九年分宜長禮部時，次疏在二十一年分宜初入閣時，葉疏在二十年，陳疏在二十一年，繼謝次疏之後，而徐疏直至二十九年俺答入犯時。是四諫徐最在後，凡此皆有待於考正者。

要其文筆簡潔，所載佚事多有出於史傳之外者，老成典刑，後生有述，惟桑與梓，必恭敬止，雖不能至，心嚮往之矣。同治六年歲在强梧蟬嫣孟春十日後學會稽李慈銘識於受禮廬。

朱少師公事實 原刻本

同治己巳三月得此於味經堂沈氏。少師公業爲明季之冠，顧既卒，而贈謚闕如，有以知莊烈之不競，而當日朝論之乖錯夢夢以至於亡也。國朝修明史時多東林復社後人秉筆其間，故凡於當時不甚坿黨局者多致微辭，即鉅公名德亦半從刊落。少師本傳又出於拙人，得此編略略辨之，少師心迹可以少明。至魯藩贈謚或曰襄毅，或曰忠定，全謝山辨之亦不能詳也。李慈銘跋尾。

畢沅老子道德經考異二卷※ 經訓堂本

案，道藏載彭耜道德真經集注十八卷、釋文一卷、雜説二卷，此即其集注之釋文也。所引自河上公王弼、陸德明外凡十四家，其所據政和御本，即畢氏所稱宋徽宗本也。司馬者光也，曹者道冲也，陳者象古也，葉者夢得也，黄者茂材也，程者大昌也，邵者若愚也，纂微者陳顯微所纂也，見道藏目達真者達真子也。其云李林二家者李畋音解、林東音釋也。又引朱文公説一條，畢氏已載之采取亦博矣。畢氏僅載耜説四條，故備録之。李慈銘識。

甲戌十月十九日夜，復取三原李氏惜陰軒所刻薛蕙老子集解考異校録一過，蕙字君采，明弘治間進士，官吏部郎，工五言詩。所稱薛考功者也。明人著書不知體例，多任胸臆，其集解自云「兼取要本，擇其近是」，考異亦止列一作某字、一無某字，不載所出何本，然所稱往往與彭耜釋文合，姑存以備采據焉。

壬申正月小盡日，以璜川吴氏所刻道藏本彭耜釋文過録竟，並校是本及陸氏釋文，其所載陸語與今本同者悉不贅録。吴刻本有誤字，其明顯者稍爲改正，餘皆仍之。悉伯記。

韓非子二十卷※ 翻宋乾道本

韓子得失前人論之已詳，然在周末諸子中已不能自成一家言，與申商異矣。其意主于尊上用威，而設術太多，往往自窮其説。至引證古事，每有複出，亦多相抵午，則後人傳寫之譌。其所稱一曰云云者，皆校讀者附記之語，顧氏識誤謂出於劉向，殆或然也。世之重宋刻者以其尠誤字，今此本奪繆不一，顧氏識誤雖亦見乾道本，而此本之誤多有爲顧氏所未及者，蓋影刻時又不無亥豕之異。書中間有注語，向不詳爲何人，淺陋簡略，蓋無可取。而宋刻誤文注中尤多，吴氏一皆仍之，惟求不爽原槧豪髮，此則同於臨模古帖矣。同治丙寅夏四月，越縵學人李慈銘識於新河寓齋。

光緒壬午三月長沙周荇農閣學購得顧千里嘉慶丁巳校臨本，乃用惠定宇校臨馮已蒼校本，馮校用宋本、葉林宗道藏本、秦季公校本、趙文毅刻本以校張鼎文本，惠氏過録于趙本，顧氏復取馮惠兩校本補録于趙本，其中宋本只第三二卷及第一卷中一條，亦無甚佳處。因略取前三卷校注此本上，以見其凡，其已見識誤中者不復出，偶有復出者，所據本異也。用墨筆者存異文，用朱筆者顯然當改也。越縵記。

淮南子二十一卷 莊氏校刊本

同治癸亥三月得於京師廠市。此本爲莊伯鴻據道藏本校刊，旌德呂文節更據羣書治要所引，以朱筆校注於眉間及行中。世傳淮南子率多明槧，固脱誤不可讀，而道藏所收亦非善本。莊氏此校所是正者寥寥無幾，乾嘉間自孫淵如氏、洪筠軒氏喜讀道書，謂可以補正古籍，一時嗜奇者遂廣相搜采，過而存之，其實非也。治要刺取奇零，更不足據。然得失亦往往相形，學者治古人書而偏有所尊，倍積非成，是其害益甚，是貴博取而闕疑耳。高郵王氏讀書雜志中有論此書者二十二卷，又附刻顧澗薲氏校宋本一卷，皆精密多可取云。會稽李慈銘悉伯識。

陸游老學庵筆記五卷　汲古閣本

放翁天懷曠朗，博識典故，老學庵筆記十卷，爲南宋説部佳本。其中多載趙宋掌故，間及越中故事，均有裨於史乘。汲古閣毛氏刻入津逮秘書，其版久散亡。昔年余購得全部，中缺此記後五卷，屬坊賈覓補得此本十卷，紙槧精好，尚是初印本，極爲難得，因收後五卷補入全書，此五卷付僧喜藏之。中間有朱筆批點，蓋出景星橋侍郎手也。越縵。

俞正燮癸巳類稿十五卷　求日益齋刻本

咸豐十年庚申八月，元和顧河之孝廉持贈越縵學人。此書見聞極博，自經史以及談諧小説，無不賅綜。甘石岐黄之書，尤所留意。惟好自炫鬻，繁徵博引，筆舌迂冗，轉晦本義。又如節婦貞婦説、妒非女人惡德論、佛經論、紅教黄教論等持論偏頗，引用不根，皆其所短。而淹洽貫串，終不可没也。是月二十一日，蒓客記于都城宣南困學僑齋。

洪頤煊讀書叢録二十四卷　道光二年刻本

案，先生字筠軒，與兄坤煊、弟震煊皆以績學稱，而先生尤博綜羣籍，名亦最顯。受知阮文達公，以嘉慶辛卯拔貢就銓州判，需次廣東，偃蜷以歿。所著尚有宮室答問等書。咸豐辛卯上元日鄉後學會稽李慈銘長孺甫識于都門寓舍。

又案，先生此書，儀徵相國已最其説經者刻入學海堂經解中，其他如禮經宮室答問二卷、孔子三朝記注二卷及詁經精舍文集所載禹貢北過降水至于大陸考、禹都陽城考、曾氏一貫論、釋魯郊、七經孟子考文補遺跋諸篇皆博稽精核，卓然可傳。震煊字百里，拔貢生，與先生同佐儀徵編經籍纂詁，著夏小正疏義四卷及詁經精舍文集所載禹貢北過降水至於大陸考、論語過位解、孔子去魯證、顔氏復禮論、曾氏一貫論、中庸説、性情説、格物説、夏小正昏旦星説、鞠則見解、漢經師家法考、六朝經術流派論，共十二篇，亦皆見學海堂經解，精奥不讓其兄也。中春望後一日，蒓客又記，時館商城相國家。

全祖望鮚埼亭集外編五十卷※　嘉慶辛未刻本

全氏之學精實縝密，尤以道學文章自任，于宋以後儒術源流及明季忠臣節士搜遺摭佚，拳拳畢生，乃至世家故族、南北之遷轉，中外之姻連，條貫縷晰，不啻綱譜，固數百年來絶學也。其平生出處恬漠孤介，亦有洛閩典型，集中文章皆非苟作，惜乎稍嫌繁雜，頗少翦裁。外編彌爲蕪秕，而議論考據多足取資。又其綴萫畸零，皆志乘所未及，有志鄉邦文獻者當奉爲至寶矣。李慈銘識。

全祖望鮚埼亭詩集十卷※　箋經閣刊本

光緒己卯三月，從吾友蕚庭借讀此集，以朱筆圈識之。先生之詩與聲律當家流連景物者不同，大氐直抒胸臆，語必有本，質實之過，亦傷蕪僿。然其大者多足以補史乘，徵文獻，發潛闡幽，聞者興起。其次賦物考典，亦可佐雅詁、資韻談，即題序小注皆非苟作，不當以字句工拙之間求之者也。是書蕚庭得之廠肆，上有印識，爲劫木菴道士際衍所藏，且有「臧諸行篋」語，是亦方外之勝侶矣。閏月三十日寓中小雨，紫藤陰下書。會稽李慈銘。

先生自嶺南歸後，次年即卒，此集爲病中所自編，凡辛酉以前詩盡删之。董小鈍撰先生年譜，謂粤歸以後有詩十餘首，不能成集，遂不復存也。惟先生卒於乙亥七月，其子昭德先於三月中殤，先生有哭子詩十首，爲詩之絶筆，是當附載於後，而竟亦未收，則小鈍諸人之過矣。悉伯又書。

姚鼐惜抱先生尺牘八卷　咸豐五年刻本

惜抱尺牘，世之守桐城學派者奉爲枕中鴻寶，其高才博學專事漢學者又以土苴棄之。然其中自有名理佳論，與陳碩士侍郎諸書中尤多可取。其言古文雖多主機勢，亦不廢聲采，所言作文之法以示中材便有涂轍可循。蓋惜抱文雖不逮，於此中實有領會，故言之親切爾。其言學術雖多詆漢人，而言尚循循，不敢恣肆，視後之方東樹等猖狂無忌者相去遠矣，所載尺牘多八十以後作，而與門人後輩言懃懃懇懇惟恐不盡，此其心力亦豈後人所可及耶？癸巳三月二十日大病中卧讀一過，記之於此。越縵學人慈銘。

楊夢符心止居詩集四卷文集二卷　嘉慶十四年刻本

右吾邑楊六士先生心止居集，爲古今體詩四卷、雜體文二卷。先生世家邑之安城鄉，爲大瓢先生從曾孫，僑居毘陵，久宦京輦，際乾嘉之盛，與一時魁傑角逐藝事，飛騰觴詠。其詩文皆雅雋麗則，有先民典型，孫洪諸君子言之詳矣。先生年止强仕，宦既不達，著述遂尟。其中子子掞爲張茗柯高第弟子，勤抱遺書，斐然有作，以鹺掾需次長蘆，未補官而殁，子姓遂居津門，門祚零替，家業蕩然。余自歲在甲申主講問津書院，有楊生鳳藻才藻秀出，戊子登京兆秋榜，以此書及大瓢先生柳邊紀略稿本來謁，始知生爲子掞之孫，孑身僅存，家徒壁立。先生兩世所著僅此二册，敝紙破爛，版亦久亡，余爲整理完之。吾越故家文獻衰落，摩挲此册，不啻陵蠹簡，片楮靈縑，彌可寶貴。略言其槩，俾後有考焉。光緒辛卯正月會稽李慈銘識于京邸軒翠舫。

戚學標鶴泉文鈔續選九卷　嘉慶癸酉刊本

鶴泉精於音聲訓詁之學，所著漢學諧聲，卓然成一家言。文鈔初編余未之見，此續選九卷，頗不脱時文家技兩，議論亦近淺陜。又旁加圈點，下系批尾，皆非體也。末卷附四書詩經諸解，如采薪之憂等條，亦病穿鑿。然大致訓雅，多有本之言，經生作文，固別有揮麈風流，不同塵俗也。光緒辛巳正月得之廠市。李慈銘記。

惲敬大雲山房文稿初集四卷　嘉慶二十年南昌甲戌坊刊本

大雲山房文從子家入，由史家出，簡潔峭深，谿刻自處，於唐似杜牧之，於宋似尹師魯，元明以來無此偏師之雄矣。在國朝中雖未能掩勺庭之雋悍、躬菴之疎爽、西河之卓鍊、湛園之秀出、望溪之醇邕、子湘之清婉，然亦足以獨張一軍。若乾嘉而後殆無其匹也。其文謹于體例，碑志尤長，幾乎篇篇可法。惟説經多疏，以康誥爲武王之書，酒誥梓材爲成王之書，尤武斷不可訓。又以爲武王先封康叔于康，成王滅殷後更封于衛，亦羌無故實之談。「匏有苦葉」，雄雉、桑中説詩諸篇皆乖故訓。顧命辨上下二篇，議論獨有依據，其據爾雅及僞孔傳以廟爲即成王之殯所，恰與雜記暗合，較之言柩前即位須告廟者説更直截。聞先生宰縣頗不理，卒以事被吏議。觀其後二僕傳其取怒于民可知，而猶曰縣官在必不致此，蓋其高自標置，不特文章爲然。而所學得之法家，故言亦峻刻少恩，如其文品耳。同治二年季冬五日燈下會稽李慈銘㤅伯書，時寓商城相國邸。

孫原湘天真閣集五十四卷　原刻本

光緒癸巳七月，及門昭文孫師鄭同康以其曾大父子瀟太史天真閣集見詒。其詩清雋而有骨力，在同時與郭頻伽、陳雲伯、吴蘭雪三君綿麗相近，而健特出其上，蓋可與彭丹亭、楊蓉裳相驂驔也。駢文亦雅馴無俗氣。集前有小像。其配席孺人詩才爲林下之冠，惜詩詞集尚未刻。余曾見其小像於隨園老人花下授詩圖卷中，時年已五十餘矣，竹裹彈琴，危坐磐石，風流猶可想也。師鄭旋於九月舉京兆弟二人，余監試内簾，填榜時與常熟尚書相對掀髯。慈銘記。

顧廣圻思適齋集十八卷　附手補抄遺文四首，道光己酉刻本

右思適齋集十八卷，元和顧千里澗薲撰，千里本名廣圻，以字行，嘉慶間諸生。其學精于考訂校讐，上自經史，下訖碑版稗官小説，無不研究，以盡古義。于禮學字學尤所致意，詩詞皆膚率，備體而已。賦樵選學，亦僅面目。文以考訂傳，固一時絶學也。先生文孫孝廉瑞清輯録爲二十卷，上海徐渭仁刊爲十八卷。蓋原編第六卷爲學制備忘記，立學古義考、祭義四代之學解三篇，第七卷爲答段懋堂書三首，標之曰書上，第八卷標曰書下。徐渭仁妄謂諸作已刻段氏經韵樓集中，故盡删去，其實段集僅刻學制備忘記及與段第二、第三書也。渭仁既删去兩卷，而第六卷仍標以書下二字。又先生有與吴山尊兩書，今删去其第二書。第十五卷古刻叢鈔跋、第十六卷祀三公碑跋皆有空白，係篆文，未及填寫。第十七卷天后宫碑有題無文，可謂草率不檢之甚者矣。孝廉以楊文蓀靳不付校對，深以爲憾。先生之學以矜慎爲主，不敢據此失彼，輕斷是非，故頗不滿于金壇段氏，其争端起于小學在國之西郊及四郊一事，蓋段學固博奥，頗喜立新義，盡翻古人，不及先生持詳矜重爾。會稽越縵學人識。

右文四首，以先生元稿本有，故爲録入。其祭義四代之學解及與段第一書則無從考補矣。段氏經韵樓集後二卷專爲議禮之一大端，而近儒無平其是非者。蓋兩家義據皆堅，解紛非易也。先生與段氏争此事爲此事，往復論辨，其詆先生甚力，且牽及於先生之禮記考異、文選考異兩書。先生此四首中學制備忘之記亦極訾段失，而此書之辭尤峻。余謂論學者求其是而已，無取忿争。段氏著書宏深博辯，其集中之文亦皆考證卓絶，獨後二卷中訾警先生，惡讖毒駡，殊爲全書之累，要其斷斷不少置者，自以先生强敵，不得不用全力以争。先生綜核羣書，實事求是，校勘之學，尤號專門，並世高郵王氏父子通儒冠代，石渠先生尤精考校，而極推先生，以爲獨絶，此非金壇一時之忮所能掩也。是集皆平心自得之言，不逞意氣，故今録此四首於學制備忘之記及第二書中，語氣失平者稍從芟薙。而於第三書所汰尤多，幾及三之一，蓋先生此書已與段絶，不忍其横詈之苦，故亦稱情以報。兹於枝辭側出複沓、詰問無當經義者，悉翦落之，其涉於考辨者則一字不略。先生主於墨守注疏，以西學還之本經，段氏雖引據縱横，駿辯四溢，而王制西郊之不當作四，鄭之論周立四代之學非在四郊，大戴禮之言五學亦本一處，以及王肅紊古違鄭之非，皆依據謹嚴，足爲定論。故阮氏學海堂經解中取段氏集，刻其諸辨論各書，於詆訶之文槩亦刊去。時先生之集未出，特録其周立學古義考一首，所以寓折衷也。先生此書後有附注與段數行，屬其刻集時附刻此書「勿添改删潤，以失本來」，亦出一時憤激之辭。而段氏亦竟全載其書，以示其無足爲損，皆非君子讓善之義。竊依阮例去厥浮文，泯反唇之相稽，存儒者之氣象。所慨先生令孫河之孝廉殁已十餘載，聞有一子，久未得耗。曩言在耳，宿草久荒，補輯遺文，末由商訂，聊志良友惓惓之意，以冀復於九原耳。是集近歲徐氏已入之春暉堂叢書，倘有能更刻者當持以相質。其餘二首後或訪得，俟補完焉。光緒四年歲在著雍攝提格五月十日慈銘識於京師保安寺街。

平定張誦風爲經制議論之學者，於經學甚疏，尤不解考據之事。其撰閻百詩年譜，因先生言嘗見顧亭林所刻廣韵初印本，閻氏列於受業之次，而閻氏著書不稱亭林爲師，痛斥此言之無稽，横詆先生天性輕薄，於平生師事之段茂堂一旦論學不合，痛加詆毀，無復弟子之禮。余謂先生所言必有據，且未嘗以段氏爲師，段氏集中與先生書及與黄紹武書，雖亦有師資受教之言，而未言執贄稱弟子，蓋段氏年輩已老，爲經學大師，久居吴門，先生以輩行尊之，相從論學，固事之所有，要非奉手受教在門下者也。張氏不知而妄言，無足深論。河之嘗爲余言之邑邑，故附記於此。慈銘又記。

今人侯官林惠常昌彝著三禮通釋，其第十二卷釋辟雍校序，亦申段駁顧，謂孔疏誤據王制經注誤本，而顧氏過信之，不當以誣鄭也。其説甚長，中有取顧説而駁之者，曰廣圻云若四郊之西郊東郊皆有學，則東郊在大學東之東，而大學在中。鄭云或尚西或尚東，無尚中之説也。竊謂周之大學東膠在國中王宫之東，以王宫之東爲上東耳，至于國外四圍有學，何乖於大學尚東哉？聖人因時立制，斷不如此拘泥。況上西上東乃注家之言，非經有明文也。廣圻又云虞庠在國之西郊，與大學在郊互見發凡，一爲周制小學，一爲殷制大學，同在西郊，經文一言西一不言西，故曰互見。竊謂凡發凡者欲人知其例也，舉周制小學所在爲殷制大學所在發凡，可令人知其例乎？

且殷之大學即右學在西郊者，作王制者何不云右學虞庠皆在國之西郊爲徑直乎？而乃爲此不可解之發凡乎？廣圻又云賈氏孔氏云虞殷尚質貴西，夏周上文貴東，若四郊皆有學，則亦西亦東，非文非質，未之前聞。竊謂虞殷尚質而貴西，夏周上文而貴東，孔氏或有所本，然表記虞夏之質、殷周之文至矣，虞夏之文不勝其質，殷周之質不勝其文，然則安見虞殷必皆質、夏周必皆文哉？鄭之分別上西上東者，以地勢西高東下，故云上庠在西下庠在東，王者南面，西爲右，東爲左，故云右學在西、左學在東。若東序西序東膠本有東西字，故其分別如此也。廣圻又云此經之上文「祀先賢於西學」，注云「西學，周小學也」，此非周立小學在西郊之明證耶？竊謂「祀先賢於西學」，正與保傅篇「帝入西學尚賢而貴德，則聖智在位，而功不遺」相符合西學者四郊學之一，而祀先賢必於此，故謂之西學。而注云「西學，周小學也」，明其爲小學在西郊者也，別辭也。若下文「天子設四學」，注則云「四學謂周四郊之虞庠也」，明其爲周之小學在四郊，故稱四學也，都辭也。慈銘案，林氏所駁多意必之辭。鄭注王制「有虞氏養國老於上庠」一節，云皆學名也，異者四代相變耳，或上西，或上東，或貴在國，或貴在郊，明指經文分別四代學名而言，安得謂經無明文？虞庠在國之西郊一句，緊接養庶老於虞庠，下安得横加右學二字乎？十一日慈銘又記。

庚申八月初二日，元和顧河之孝廉瑞清館吴縣潘侍郎家，介武進吕定子編修來訪，一見即投分甚摯。初七日，通州師敗，都人洶洶，初八日車駕東狩，初九日都城内外盡閉，朝官富民相率遠遁。河之復來，抵掌談禦變略，痛憤叱咤，盡日始去。初十日日晡復至，告即日將南返，省親于洞庭山，蓋君家蘇之閶門，有老母妻子遭亂無耗，其戚有居洞庭山者，故間道往尋其母。因言家故貧，惟有書數萬卷，皆其祖澗蘋先生所藏，善本多有手校手寫者，秘籍及宋元槧亦不下百餘種。先生嘗爲鄱陽胡氏校刻通鑑及文選，文選尤最所致意。其考異一書，皆出先生，故家有藏稿。又有初印紅字通鑑，真希世之寶也。今地爲徐中丞所焚，又被寇掠，所藏殆不可問。言之哽咽，予亦不覺頓足歎惜。又言是集皆其掇拾而成，手寫爲二十卷，楊文蓀芸士者曾與先生交，老居吴中，負時名，而以諸侯上客自矜，鄙瑣特甚，有書賈携是集示之，遂録副本，屬上海徐渭仁刻之。河之慮其轉寫譌脱，屢詣楊請付校對，不許。洎刻成，乃止十八卷，又有空白未填者，詳見後跋至咸豐甲寅劉麗川亂海上，徐以通賊繫獄死，此集板遂散失，孝廉家藏亦尠矣。此乃潘季玉舊購者也。因屬予識之如此。慈銘。

徐紫珊吴中大猾，頗嗜名，好文學，其刻此集則由楊芸士慫恿，校勘踈略，前跋已略言之。此記與卷首楊序皆未嘗及河之守遺編輯之功，楊又攘以自伐。河之爲予言抱守勿失，子孫責也，顧以此事歸它人，則子孫不肖，將無以視息天壤矣。予謂君所學所行如此，他日當更昌大其世業如惠氏、比者鄭小同，不足多也。何用此介介爲？河之笑而止。越縵又記。

河之少承祖訓，又從申耆先生游，故其學極有原本，處貧守約，掇拾遺書，生長吴閶，不識冶遊事。爲人淳樸謹信，衣冠古拙，類有道者。予居京城，河之館故太傅潘文恭家，介昆陵吕定子編修來訪，時年四十四矣。與予相識未及十日，來訪者五次，來輒論學，盡晷不去，臨行出藏書數種爲别，可感也已。庚申長至日又書。

劉逢禄劉禮部集十一卷附録一卷 道光十年刻本

劉禮部集十一卷，禮部儀制司主事武進劉逢禄申甫先生撰。先生邃于公羊之學，由此以通羣經，故所著者于春秋公羊共有書十餘種，于書于易皆有撰述，成一家言，于詩則自詩聲衍外亦有論次。又精聲韵文字之學，旁及星經、算術、堪輿，無不研究，而以公羊學、易學、書學、韵學四者爲其學問之大端。是集所載皆其諸經説之緒論，言公羊者居十之七八，皆名理湛深，體用兼備，多足以治世復古，不屑屑於章句，固一代通儒也。惟其尊信公羊過甚，又偏袒何氏，訾謷二傳，乃欲改定左氏之書，未免師信心自用。其中徵考禮文多駁鄭氏，又不信用周官，謂爲戰國之時所作，國朝諸儒專師東漢，其尊尚西京而於康成時有違言者，江氏、戴氏、程氏、莊氏、段氏已兆其端，至先生與胡氏承珙、陳氏奂，更好攻東京賈馬服鄭之説，同時孫氏星衍、凌氏廷堪嘗非之。蓋漢儒終以康成氏爲集大成，何邵公雖有師法，其註公羊時亦有精理古義，要多偏窒迂謬，不足爲大儒。是集中如論語述何篇、書序述聞皆醇駁互見，亦有附會不可通者，然其大旨皆有家法，又通于古今之變，亦如邵公之經緯典謨，不與守文同説也。其禮無二適議、適孫爲祖母持服議、張貞女獄議，尤足見讀書致用之學。其他文及詩亦多本原漢魏，於經生家爲難得焉。

劉禮部集十二卷，時歲庚申居京城日崑山張星鑑明經介武進吕耀斗編修來訪，以此書爲摯。張君博覽近儒諸經説，尤究心毛詩三禮，服膺鄭學，爲時賢中眉目。此書得失，大略已詳予前跋。予檮昧怠惰，于諸儒之説不能究其首尾，庚申之冬、辛酉之夏兩次閲此，皆艸艸涉獵而已。公羊既非所素習，雖劉氏援據精博，然於鄙意時有所扞格，韵學星經尤夢然不得其旨要。詩文則並未卒讀，大致華贍可取，稍乏精意，格律亦未渾成，惟能取法蕭選，用力頗深。末附其子麟石文鈔，亦瑰瑋有父風，皆可尚也。劉氏學本其舅莊葆琛氏，莊氏書既多不傳，劉氏所著春秋諸種亦未見於世，其禮議决獄四卷，當更可觀。惜不得其書讀之也。慈銘再跋。

姚瑩中復堂全集五十三卷 道光十三年刊本

桐城姚石甫廉使所著，凡十三種。嘉慶道光朝爲經制之學者，涇包孟開、邵陽魏默深皆承吴中陳氏黄中之派，伉慨言事，而文以經訓，故言有本原，非宋之永嘉可及。桐城則石甫與劉孟塗布衣、方植之孝廉、光栗園布政，皆爲是學。石甫、孟塗尤其眉目，石甫文稍見設施，故其名尤重，然于經學頗荒紕矣。是集行世殊尟，同治癸亥冬日，以京錢十四緡於楊梅竹斜街書肆得之。古文議論彌可觀，康輶紀行、寸陰叢録、識小録三書大義瑣言，均資考證，雖時有違失，自是一家之學，不可廢也。詩集支離犓拙，無一可存，姚氏先德傳紀載無法。東槎紀略已刻入昭代叢書中，概從删汰，以免累贅云。會稽李蓴客書。

李祖陶國朝文録八十二卷 道光十九年刊本

國朝古文自欽定皇清文穎外，竟無善本，王述庵湖海文傳頗有裁擇，而僅止乾隆嘉慶兩朝。陸朗夫切問齋文鈔則意主實用，惟取理學之言。魏默深皇清經世文編蒐羅最廣，而專務經濟，不論工拙。

吴枝庵國朝文徵采輯亦多，而往往以人存文，去取未審。王亮生國朝文述所登既隘，别擇尤疏。姚春木國朝文録世尟得見，今盛行者惟徐鳳煇國朝二十四家文選而已。顧所列若計甫艸、毛會侯、馮山公、李武曾、施愚山、陸稼書、儲同人，已不足與於文章家，而袁才子之佻俗，至選盈二卷，茅鈍叟、徐丹崖、沈椒園皆未能成文，亦以充數，蓋不出邨塾學究之見。是選大略相同，而評語卑陋尤甚，惟取子才及朱梅崖差爲有識耳。戊辰六月李悉伯書。

古文以叙事爲重，三蘇文之不滿人意者政以短於此耳。叙事之文，首在明義法，其間一字不得出入，國初諸家多逞才氣，而未講此事。至方望溪而紀律而始嚴，然過求簡潔，不足以盡能事。姚姬傳繼之，則瘻茶更甚，袁子才遂以倡狂顛倒之言惑亂天下，自是而古文之惡道有二，彌桐城者迂冗卑陋，如朱梅厓、王惺齋、沈歸愚、魯山木、程魚門、張鱸江之流是也；彌倉山者俚俗穢雜，如蔣心餘之流是也。嘉道之間幸得惲子居起而振之，古文之法僅而不墜矣。戊辰六月悉伯書。

國朝經史之學直踵兩漢，可稱極盛，駢文詩餘亦方駕六朝五代，一洗南宋以來之陋，惟詩則不特遠愧唐宋，亦且近遜有明，古文亦僅與元明頡頏，舉其最者，順治康熙間則魏勺庭，雍正乾隆間則方望谿，嘉慶道光間則惲大雲三家而已。其偏師之雄，順康間則寧化李世熊寒支集、雍乾間則山陰胡天游石笥山房集、嘉道間則仁和龔自珍定盦集，皆奥如曠如，足以獨立千載。由六家而下求之，醇雅如顧亭林、汪堯峯、朱竹垞、姜湛園、邵青門、邵念魯、李穆堂、姚惜抱、張皋文、錢衎石，豪健如侯朝宗、彭躬庵、王軫石、毛西河、羅臺山、包慎伯、魏默深俱尚足名家，又次則鄒訏士、儲畫山、杭大宗、彭秋士、彭二林猶有可節取者。若黄梨洲氏本不當列之我朝，且其文亦浩汗而無裁制，全雙韭文事實足徵，尤乖義法。吾邑章實齋持論最嚴，而文筆庸茶，體例亦疏。劉海峯極負時名，而摹儗遷固，畫虎類狗，方文輈自負亦高，其文骫骳，多墮小説，自鄶以下，益無足言。至如湯文正、陳文貞、熊文端、李文貞、朱文端、雷貫一之倫，則儒者之文，尚不流於語録。張文貞、王文簡（士禛）、汪文端（由敦）、紀文達、朱文正（珪）之倫，則廟堂之文，尚不囿於臺閣。陳亦韓、齊次風、趙鹿泉、沈沃田（大成）、錢竹汀、陳東莊（黄中）、朱笥河、莊珍藝、孫淵如、凌次仲、汪文端廷珍、李紳琦、陳恭甫、劉申甫之倫，學者之文，尚不入於考據飣餖，要皆不能以古文法律之。王惕夫自命韓歐，以振興斯道爲己任，而力蹇才疏，荆楛雜出，終亦不足與於斯也。同治戊辰七月朔日會稽李慈銘悉伯書。

李祖陶國朝文録續編六十六卷 原刊本

是録文辭工拙多所未審，體裁亦不能别擇，然羅列四十九家，名臣名儒多在其中，近經大亂，各家文集多付兵火，即有力儲藏者不能得什一，賴此存其梗略。李君頗講經濟性命之學，故所載掌故及格言之文獨多，讀之可以增長識見，陶淑性情，因用朱筆稍點識之，以示子弟，蓋不爲無益焉。悉伯識。

同治七年戊辰十二月，平景蓀觀察自南昌寄贈，所選較前録更爲雜糅，校刻亦甚拙惡，惟不加圈點及旁批，頗少酸餡氣耳。次年己巳元旦雨不能出門淨至龍山下寓廬閲此自遣。悉伯識。

録中如紀大奎、陳之蘭、熊璟崇、張錫穀輩直一無所知之人，臨桂陳相國、武進趙尚書亦豈得以文章論？端恪、勤慤奏牘通暢，並無意於爲文，簣山、雙湖陋俗彌甚，陸清獻之庸僿，俞可儀之淺促，萬孺盧之蕪滯，沈歸愚之散弱，皆斯道之下下者。韞山、止水經學既疏，文辭尤拙，即白田、果堂、懋堂、理堂諸君子學問精深，而文實不工。其稍可節取者，不及十家焉。

姚鼐古文辭類纂七十五卷　惜抱軒原刻本

姚氏以文章經術自命，此選頗能甄綜百家，自立體類，較之茅鹿門、儲同人輩以帖括批尾之學，衡量古今，終不出三家村學究識見者自爲過之。然其學無根柢，而高自標置，好爲議論，於古人文章源流正變實所未知，動輒譏斥六朝，卑薄蕭選，以駢儷散文畫爲二體。其選上及國策，蓋猶是明以來俗師偏采左傳國語之陋習，下及劉才甫，則自尊其師，而不知適彰其醜，所謂以瓦注者破，不止續貂之誚。又於列史傳志序論，子長以後僅采永叔，不知歐陽非但不敢望班氏，即蔚宗、子京亦多所未逮，至蘇曾所論古人古籍多不足信，而一概取之，是蔽於宋儒迂腐之見。其分類亦多所未安，如哀祭本辭賦之支流，而别出之，尤其疏也。同治己巳十二月李慈銘悉伯書首。

全唐詩録一百卷　刻本

全唐詩録一百卷，李唐一代作者精華大略具此，雖爾時意存廣搜，憲備三百年之製，亦或濫登蕪俗，而别擇尚稱謹慎。自康熙四十六年御定全唐詩九百卷出，騷壇片羽，蒐輯無遺，而卷帙浩繁，苦難殫究，故四庫全書仍收此編云。越縵書。

商盤越風三十卷 原刻本

右越風三十卷，弱冠之歲於此書用力甚勤，卷必有記，篇必有評，字必有點。箬船籃轎，每以自隨，平生得詩法之正，實繇於此。庚戌以後，束架不觀。癸丑與鄉人結詩社，中有有才而無行者好大言，士苴先民，發論及此，輒揶揄如不欲聞。予每規之曰：越人固無以詩名大家者，然或遠承秦公緒、吴子光則深秀工整，或近步楊老鐵徐青藤，則驚豔詭淑，淵源遞傳，矩矱斯在。而南宋有放翁，國朝有質園，六百年間後先傑出，皆足名家。是集爲質園心力所萃，不特甄罷裁僞，詩教有功，抑且徵獻考文，典型可溯，不宜妄下雌黄、輕爲月旦者也。己未入都，留此書于家，去歲越郡陷没，西郭李氏之宅無一存者，插架之物盡爲劫灰。今冬閒閱廠市，先得杜禾子孝廉越中金石志，既得祁忠惠公集，集有越中園名記，後又得是書，於是故鄉風俗稍可尋翫，而滄桑之感悲來無端，不啻洛陽老人摩挲銅狄矣。徼國威靈，枌榆速復，歸裝故篋，載以俱還，得於奉母之餘，有閒居一集附此以傳，斯爲幸耳。同治元年壬戌十一月二十一日柯山子李慈銘識於都門青廠相國邸中。

王先謙續古文辭類纂三十四卷 光緒壬午刻本

此選不及宗滌甫（稷辰）躬恥齋文集，嘗與周自盦閣學（壽昌）言之，並詒祭酒書，而已刊行不能補入矣。躬恥齋文集酒在〔一〕太多又喜剿襲道學門面語，然叙事言情頗多佳篇，道光以後無能及之者。黨録選二三十首，足爲此集增色。閣學言曾舉告祭酒，而似不以爲然，祭酒，閣學門人也，祭酒今已服闋來京，當與面質之，附記於此。慈銘記。

姚氏之書，本不必續者也，其於唐宋自八家外，惟李習之、晁説之一二篇，明惟歸熙甫，國朝惟方靈皋、劉才甫，蓋自爲一家之學而已，非甄綜古人也。祭酒乃自乾隆至道光已得三十九家，非姚氏之本指矣。所以舉補宗越峴者，以越峴亦爲姚氏之文、守其家法以傳馬平王定甫者也。定甫爲越峴姻家子弟，其文遠不及越峴，選王而遺宗，失其平矣。若是選所不及而卓然足名家者，如彭芝庭、朱笥河、王述庵、汪容甫、章實齋、洪稚存、孫淵如、武虚谷、莊方耕、錢衎石、龔定盦、魏默深、包慎伯、包孟開、馮林一諸家，皆足以奴僕朱仕琇、魯仕驥、吴定、管同輩。若王灼、鄧顯鶴、周樹槐、吕璜、彭昱堯等，本皆點鬼薄中人，更卑卑不足道矣。越縵又記。

陳碩士文甚蹇鈍，方植之浮險不學，朱伯韓、馮魯川、孫芝房皆駑材耳。戴鈞衡、管嗣復如小兒粗解學語。

是選幸有惜抱、大雲、茗柯、柏梘及曾文正、魯通甫六君耳，不然真續貂矣。然去取具有苦心，間附評語多有特識。祭酒自是邃於學者，故終可傳。慈銘再跋。

注釋

〔一〕「酒在」，原文如此，疑有誤。本編同治二年七月十六日讀躬恥齋文集，可參考。

徐斐然國朝二十四家文鈔 乾隆六十年刊本

是選惟湛園、竹垞、望谿三家頗有持擇，叔子青門，紀事大篇多見遺落，而所取者又大半膚淺俚率之作。于一、朝宗每雜小説，陳澤州之議論，馮解春之考辨，多有可觀，而各僅登五首，轉形拙劣。至毛會侯、陸稼書、徐丹崖皆不足以言文，倉山傖俗更不足齒。蓋斐然特一村學究，所見既陝，又溺於時文陋習，專取其淺易輭熟者，故如梨洲、西河、寒枝、山史、白茅顧黄公、南崖陶子師、畫山、謝山、堇浦復諸家不録一字，何異井蛙之見耶？·李悉伯書。

白朴天籟集二卷 四印齋刻本

蘭谷詞瀟灑絶塵，時寓黍離麥秀之思，金源遺老不忘故國，故自可貴。然爽雋氣多，幽致少，較之遺山尚有雅音，竹垞擬之玉田，則非其倫矣。臨桂同年王幼遐侍讀新刻此成以詒余，壬辰九月二十七日南窗負暄，以朱略點一過，聊識其概。越縵老人。

雪韻堂批點燕子箋二卷 原刻本

百子山樵，勝國之檮杌，莊烈早鑄之九鼎矣，其於此事實爲當家，至今傳之。其春燈謎一種，亦名十錯認，情事太曲碎，詞亦率爾，又遠不及此書㸌演波折，點染生趣，文而不夸，質而不直，極有元人家法。玉茗之奇豔,青藤之沈鬱,固足淩轢千古,而入於文人之變調,非樂部之本色也。後來東塘婉約而太文,稗畦圓美而太滑,皆非其匹耳。予幼喜閲之,今得原刻本,爲跋其尾。乙亥十一月中旬越縵書於白華絳柎閣。

關馬清商未足誇,仙韶終日按紅牙。處堂燕雀銷魂甚,半載江南玉樹花。

粉墨重登默將壇,此才真是没遮闌。笑他浪子錢紅豆,同演明妃雉尾冠。桃花聖解盦主題。

右甲戌燈節題詩,乙亥冬中寒夜圍鑪閲此復題三絶句

小殿榴裙按舞迴,蝦幕進後更傳杯。神兵十萬從天下,又自霓裳曲裏來。

變相梨園老不羞,桃花扇底現風流。興朝别有韶韺樂,鞠部傳宣萬古愁。

皖公山色黯烟霞,散盡歌姬别夢賒。祇有板橋雙燕子,猶銜花片覓君家。

越縵又書。

注釋

標題後加※者,複見附録二。

附録二

王利器輯越縵堂讀書簡端記

十七史商榷（洞涇草堂藏版）　清　王鳴盛撰

書首

庚申十二月客京師，購此書於廠肆，京錢十有一緡。乾、嘉之世，儒學極盛，其能兼精經史者，先生及錢先生大昕而已。若全先生祖望、邵先生晉涵、杭先生世駿、凌先生廷堪，非其匹也。此書與錢先生廿二史考異、趙先生翼廿二史劄記，皆爲讀史者之津梁。趙書意主貫串，便於初學記誦；此與錢書，則鉤稽抉摘，考辨爲多，而議論淹洽，又非錢之專事校訂者比矣。慈銘并記。

咸豐庚申冬十二月初六日購於都門琉璃廠書肆，會稽李蒓客識首。旅舍䪥寒，得此以消長夜，亦大快事。

十七史商榷一百卷，考覈精審，議論淹通，多足決千古之疑，著一字之重，與錢辛楣少詹廿二史考異、趙雲崧觀察廿二史劄記，皆爲讀史者必讀之書，自來論史者，從未有此宏纖畢賅，良窳悉見也。錢氏兼及宋、遼、金、元史，而無五代、薛史，趙氏並及明史，此書有舊唐書、五代史，實十九史，而合舊於新,仍十七史之目,猶趙氏實備二十四史而仍標廿二史也。錢專考訂,鮮及評議。趙主貫串,罕事引證。兼之者,惟此書,故尤爲可貴。予幼嗜讀史,苦少藏書,侵尋老大,貧悴艱厄,卒無所成,宋史以下,購備爲難,竟至未能卒業,惟十七史稍能涉獵數過,新、舊唐書,尤所留心,故於唐事略窺頭緒,偶有所論,存越縵堂日記丁集、戊集中,多與此書足相發明。惟奇零陋略,不能成書,爲先生作厮僕可耳。先生持議頗有過苛者,如痛詆張守節、李延壽等爲誕妄,又言宋人若王應麟等,皆無學識,歐、宋新唐書亦力斥其猖狂,雖所舉皆當其失,而言辭太激,多過其分,殊無儒者氣象,此不能爲先生諱者。若其書之精博,自當必傳。其力爲范蔚宗申雪,尚是文人袒護之見;至極表唐之王叔文及李訓、鄭注,則真卓識定論,非拘墟所及。乾、嘉之際,經儒輩興,其能兼精史學者,惟嘉定錢、王兩先生耳。吾鄉之全氏祖望、杭氏世駿、邵氏晉涵,雖皆已有乙部撰述,顧亞兩先生一籌矣。咸豐十年,龍集庚申,冬十二月大寒節,會稽學人李慈銘長孺識于京師宣南客舍。

廿二史劄記(嘉慶五年刊本) 清 趙翼撰

題記

此書貫弗全史,參互考訂,不特闕文誤義,多所辨明,而各朝之史,皆綜其要義,銓其異聞,使首尾井然,一覽可悉,即不讀全史者,寢饋於此,凡歷代之制度大略,時政得失,風會盛衰,及作史者之體要各殊,褒貶所在,皆可曉然,誠儉歲之粱稷也。其書以議論爲主,又專取各史本書,相爲援證,不旁及他書，蓋不以考核見長，與同時嘉定錢氏廿二史考異、王氏十七史商榷不同。所記兼及舊唐書、舊五代史，實爲廿四史，而曰廿二史者，合新、舊爲一耳。咸豐辛酉三月，會稽李慈銘書於京邸。

援鶉堂筆記（嘉慶己卯原刊本）清 姚範撰

跋尾

援鶉堂筆記共二十卷，其體例蓋仿何氏義門讀書記，即其手批羣書中掇拾而成，曰援鶉者，取揚子法言「援我手之鶉兮」語，注云：「鶉，和也。」鶉乃醇之借字。薑塢之學，專心考訂，實事求是，確守何氏、惠氏家法；桐城自望谿方氏鹵莽言經，流爲妄誕，薑塢起而救之，顧一傳而其從子姬傳，以右文自命，所爲經説，意立異論，頓非家學之舊，羣瞽和之，其弊遂肆。方東樹者尤猖狂不學，爲無忌憚之小人。薑塢曾孫石甫按察，惑於方説，遂并忘其祖。是書後有重刻本，更定卷次，多載方語，迂謬庸瑣，大與本書相違。此爲初刻本，雖多誤字，而未遭點污，轉可貴也。李慈銘跋。

吴梅村詩集箋注（清嘉慶甲戌滄浪吟榭刊本殘存卷一之七共七卷）清 嚴榮撰

題詞

余自年十七誦梅邨詩，愛之，時初學爲古近體，多所橅放，其後詩格屢變，二十四五時，五言非鮑、謝，七言非杜、韓弗爲，而於是集獨時時不去心，然置案頭而不觀者，亦幾十年。己未入都，攜以自隨，終未一展閲。去冬，偶理行篋，始取出之，磊棊蠟鳳，嗜好所在，研朱點閲，以誌昔緣。同治癸亥三月三日，柯山子書於京師青廠相國邸中。

梅邨擅場，自在七古，穠纖得中，哀婉赴拍，雖云取法長慶，實已上掩元、白。五古鬆軟，七律填砌，而佳者自不可掩。花月滄桑，湖山巾舄，政令後生恨不得見謝益壽風流耳。蒓客又記。

鮚埼亭集外編（嘉慶辛未七月雕本）　清　全祖望撰

題詞

全氏之學，精實縝密，尤以道學文章自任，于宋以後儒術源流，及明季忠臣節士，搜遺摭佚，拳拳畢生，乃至世家故族，南北之遷轉，中外之姻連，條貫縷晰，不啻肉譜，固數百年來絶學也。其平生出處，恬漠孤介，亦有洛、閩典型。集中文章，皆非苟作。惜乎稍嫌繁雜，頗少翦裁。外編彌爲蕪粃，而議論考據，多足取資。又其綴葺畸零，皆志乘所未及，有志鄉邦文獻者，當奉爲至寶矣。李慈銘識。

又

全氏於經史考訂之外，頗以道學文章自任，迹其平生，出處交際，恬漠孤介，誠有洛、閩典型；而恃才好罵，氣象未稱。文章固不苟作，然謂之史料則可，謂之史才則非。其前集尚有一二佳者，外編率迂冗俚雜，全無翦裁。至於西河毛氏，峻詞深詆，所作外傳，訐發陰醜，幾如酗酒罵人，尤爲無謂。

西河誠非長者，而學問奧衍，絶識絶人，於易則首追象數，於詩則創尊毛、鄭，於春秋則獨闢胡傳，國朝漢學，尤推首功，全氏亦不過隨其肩輩，即以文章論，西河所作諸傳論碑狀，篇篇可傳，恐當卧全氏於百尺樓下矣。越縵老人長孺甫又書。

鮚埼亭詩集（箋經閣刊本）　清　全祖望撰

題詞

光緒己卯三月，從吾友蓴庭借讀此集，以朱筆圈識之。先生之詩，與聲律當家，流連景物者不同。大氐直抒胸臆，語必有本，質實之過，亦傷蕪僿。然其大者，多足以補史乘，徵文獻，發潛闡幽，聞者興起。其次賦物考典，亦可佐雅詁，資韵談，即題序主注，皆非苟作，不當以字句工拙之間求之者也。是書蓴庭得之廠肆，上有印識，爲劫木庵居士際衍所藏，且有「藏諸行篋」語，是亦方外之勝侶矣。閏月三十日，寓中小雨，紫藤陰下書。會稽李慈銘。

又

先生自嶺南歸後，次年即卒，此集爲病中所自編，凡辛酉以前詩盡删之。董小鈍撰先生年譜，謂：「粤歸以後，有詩十餘首，不能成集，遂不復存也。」惟先生卒于乙亥七月，其子昭德先於三月中殤，先生有哭子詩十首，爲詩之絶筆，是當附載於後，而竟亦未收，則小鈍諸人之過矣。悉伯又書。

唐人萬首絶句選（松花書屋校刻本）　清　王士禛編

跋尾

己未十二月初五日，評點訖，以識一時讀趣所在耳，不必爲定評，他日于此事，或進或退，當否，更可相驗，則此又誌眼力境地也。

漁洋池北偶談云：「偶爲朱錫鬯太守舉宋人絶句，可追踪唐賢者，聊記于此。絶句，鄭文寶：『亭亭畫舸繫春潭，只待行人酒半酣。不管煙波與風雨，載將離恨過江南。』晚泊淮中，蘇舜欽：『春陰垂野草青青，時有幽花一樹明。晚泊孤舟古祠下，滿川風雨看潮生。』行色，司馬池：『冷於陂水淡於秋，遠陌初窮見渡頭。賴是丹青無畫處，畫成應遣一生愁。』惠崇春江曉景，蘇軾：『竹外桃花三兩枝，春江水暖鴨先知。蔞蒿滿地蘆芽短，正是河豚欲上時。』題閶門外小寺壁，寇國寶：『黄葉西陂水漫流，籧篨風急滯扁舟。夕陽暝色來千里，人語雞聲共一丘。』遺滎陽公吕希望楊道孚：『露白霜紅郭外田，山濃水淡欲寒天。參軍抱病陪清賞，一檄呼歸亦可憐。』題陽關圖，黄庭堅：『斷腸聲裏無形影，畫出無聲亦斷腸。想得陽關更西路，北風低草見牛羊。』和陳君儀讀太真外傳其二，黄庭堅：『梁州一曲當時事，記得曾拈玉笛吹。端正樓空春晝永，小桃猶學澹燕支。』吴江垂虹亭，米芾：『斷雲一葉洞庭帆，玉破鱸魚霜破柑。好作新詩寄桑苧，垂虹秋色滿東南。』雨中登岳陽樓望君山，黄庭堅：『投荒萬死鬢毛斑，生入瞿唐灧澦關。未到江南先一笑，岳陽樓上對君山。』楚城，陸游：『江上荒城猿鳥悲，隔江便是屈原祠。一千五百年間事，只有灘聲似舊時。』初晴遊滄浪亭，蘇舜欽：『夜雨連明春水生，嬌雲濃暖弄微晴。簾虛日薄花竹静，時有乳鳩相對鳴。』郭熙秋山平遠，蘇軾：『目盡孤鴻落照邊，遥知風雨不同川。此中有句無人見，送與襄陽孟浩然。』城上晚思，陳與義：『獨憑危堞望蒼梧，落日君山似畫圖。無數柳花飛滿岸，晚風吹過洞庭湖。』荆南别賈制書東歸，鄭震：『來時秋雨滿江樓，歸日春風度客舟。回首荆南天一角，月明吹笛下揚州。』東欄梨花，蘇軾：『梨花淡白柳深青，柳絮飛時花滿城。惆悵西闌一株雪，人生看得幾清明。』與莫同年飲湖上，蘇軾：『到處相逢是偶然，夢中相對兩華顛。還來共醉西湖雨，不見跳珠十五年。』烏塘，王安石：『烏塘渺渺路平堤，堤上行人各有携。試問春風何處好，辛夷如雪柘岡西。』南堂其五，蘇軾：『掃地焚香閉閤眠，簟紋如水帳如煙。客來夢覺知何處，掛起西窗浪接天。』懷金陵，張耒：『曾作金陵爛熳遊，北歸塵土變衣裘。芰荷聲裏孤舟雨，卧入江南第一州。』揚州雜詠，晁補之：『皂筴村南三四里，春江不隔一程遥。雙堤鬬起如牛角，知是隋家萬里橋。』雨中題壁，張耒：『去年此日泊瓜洲，衰柳蕭蕭客繫舟。白髮天涯歎流落，今宵聽雨占宣州。』泥溪驛中作，石介：『山驛蕭條酒倦傾，嘉陵相背去無情。臨流未忍輕相别，吟聽潺湲坐到明。』重陽，陸游：『照江丹葉一林霜，折得黄花更斷腸。商略此時須痛飲，細腰宫畔過重陽。』題周文翰郭熙山水，晁補之：『洞庭木落萬波秋，説與南人亦自愁。欲指吴淞何處是，一行征雁海山頭。』陌上花，蘇軾：『陌上花開蝴蝶飛，江山猶是昔人非。遺民幾度垂垂老，遊女還歌緩緩歸。』謝人送鳳團及建茶，韓駒：『白髮先朝舊史官，風爐煮茗暮江寒。蒼龍不復從天下，拭淚看君小鳳團。』梅花，陸游：『濯錦江邊憶舊遊，纏頭百萬醉青樓。而今莫索梅花笑，古驛燈前各自愁。』陽關詞，蘇軾：『濟南春好雪初晴，行到龍山馬足輕。使君莫忘霅溪女，時作陽關腸斷聲。』讀開元天寶遺事，蘇軾：『琵琶絃急滚梁州，羯鼓聲高舞臂韝。破費八姨三百萬，大唐天子要纏頭。』逍遥堂會宿，蘇軾：『逍遥堂後千章木，常送中宵風雨聲。誤喜對牀尋舊約，不知漂泊在彭城。』其二：『秋來東閣凉如水，客去山公醉似泥。困卧北窗呼不醒，風吹松竹雨凄凄。』題蘇若蘭迴文錦詩圖，黄庭堅：『千詩織就迴文錦，如此陽臺暮雨何。只有聰明蘇蕙子，更無悔過竇連波。』行至華陰呈舊同舍，韓駒：『落日同騎款段遊，倦依松石弄清流。蓬萊漢殿春分手，一笑相逢太華秋。』小雨極凉舟中熟睡至夕，陸游：『舟中一雨掃飛蠅，半脱綸巾卧翠藤。殘夢未醒窗日晚，數聲柔櫓下巴陵。』梅花其二，蘇軾：『何人把酒慰深幽，開自無聊落更愁。幸有清溪三百曲，不辭相送到黄州。』絶句，宋齊愈：『向來松檜欣無恙，坐久復聞南澗鐘。隱隱修廊人語絶，四山滴瀝雪鳴風。』過垂虹亭作，姜夔：『自愛新詞韻最嬌，小紅低唱我吹簫，曲終過盡松陵路，回首煙波十四橋。』姑蘇懷古，姜夔：『夜暗歸雲遶柁牙，江涵星影雁團沙。行人悵望蘇臺柳，曾與吴王掃落花。』過臨平，高翥：『征帆一似白鷗輕，起揭船篷看晚晴。梅子著花霜壓岸，自披風帽過臨平。』

已上所舉共四十首，宋人佳什，容多未登，此不過一時撮最者耳，録之以見漁洋家法。甲子十一月朔，尊客翦鐙書。

宋人絶句，若東坡、石湖、白石三家，風調清遠，多逼唐人，此特其厓略耳，不得謂阮亭去取，盡於此也；學者即此觀之，要亦咀雋吮華，已覺取資不竭。又記。

宋人絶句，名秀者固不乏，然不過到中唐劉隨州、韓君平境界耳；求如龍標、太白李十郎者，竟不可得。又記

王利器輯越縵堂讀書簡端記續編

重訂三家詩拾遺 清范家相撰，嶺南遺書本

題記

吾鄉范左南先生此書，嘉慶庚午刻於其家，葉氏先從鈔本寫出，惟將其文字考異及古逸詩二卷，本在前者，移置於後，其餘文義，絶無訂正，安得稱爲重訂？且先生自序，本以此二卷爲附録，其凡例亦先言三家異義，然後及文字考異。今例中第三條列之於首，「首」字蓋「後」字之誤。四庫提要謂：「逸詩不繫三家者，一例收入，未免貪多。」又謂：「冠於篇端，開卷即名實相乖。」殆亦未即其序例細推之耳。光緒乙酉元夕，慈銘識。

儀禮漢讀考 清段玉裁撰，李慈銘手寫本

跋尾

段氏儀禮漢讀考，僅成士冠禮一卷，向坿周禮漢讀考以行，阮氏學海堂經解中亦刻之。其後歙胡氏承

珙撰儀禮古今文疏義十七卷，即本段氏之意，推演其緒而詳密有加；然於注之不出古今文者則不及，故漢讀尚有未盡也。是書爲初印本，時去其譔儀禮漢讀考時尚遠，故止有周禮六卷。今爲鈔補，以成段氏一家之學；作字必依説文，以篆爲隸，雖云好古，亦病違今。段氏許學顓門，所著經韻樓叢書，手自開雕，未嘗獨用古字。國初通儒若惠氏定宇、江氏慎修、錢氏曉徵、戴氏東原、王氏鳳喈、孫氏淵如、王氏懷祖、阮氏伯元所著之書，無不皆然。惟經典之字，必用其本，俗書之謬，必正其初，筆畫繁簡，必原其體，偏旁正變，必存其真：此則經師鉛槧之精，異於鈔胥者耳。今所寫皆用隸體，而點畫致嚴，各有依據，不敢苟作。段氏原書第弟雜出，其説文注則補第字於竹部，後儒多非之，今仍作弟。禮字初依説文作禮，以隸作禮，故於前數葉復塗改之，後仍作禮，以存字之原，不悉改也。光緒戊寅端午後二日，越縵學人會稽李慈銘識於京邸。

字學　明葉秉敬著，清小石山房補刻蕉雨軒本

是書依據説文，采別精細，尤便於記誦，在明人中最爲有功小學。嘫頗信戴侗之説，又好自出新意，故時有與許氏背者。如解鬥、進、身、凡、父、舌等字，亦解叵近理，而或不免穿鑿；言孝孥爲一字，斅學爲兩字，殊涉武斷；説學説无，尤病支離；至説萬字，取埤雅蠆多之旨，而不知千萬自有萬字；説埶蓺兩字之外，別有蓻字從幸從丸，而不知蓺正從埶，並無蓻字；説劦字別刕字音黎，荔字從此，而不知劦知正音力制切，荔字從劦爲聲，並無刕字：此皆失於眉睫者也。同治丙寅冬至後二日，戡讀一過，時無它本可校，略是正之，並識其大都如右。㤅伯書於受禮廬。

金史　元托克托等撰，明嘉靖八年南監刊本

卷六十三后妃列傳上

跋尾

元好問中州集載賈左丞益謙言：「世宗大定三十年，禁近能暴海陵蟄惡者得美仕，史官修實録，誣其淫毒很鷙，遺臭無窮，自今觀之，百可一信邪？」國朝錢氏大昕曰：「世宗紀『大定八年，上謂宰臣曰：海陵時修起居注，不任直臣，故所書多不實，可訪求得實，詳而録之。』孟浩傳亦載此事。然則海陵事迹，多出於訪聞，中冓之言，不如是之甚也。海陵之惡極矣，世宗取之，固無慚德，乃必假細人之言，以增成其醜，斯亦心勞而計拙矣。益謙洵古之遺直哉。」慈銘案：楊衒之洛陽伽藍記載趙逸之言十六國苻生諸僞主事，亦此意。余嘗著紂之不善論，備列而言之。此卷言海陵事，尤君子所不忍覩，夙嘗欲刊除北齊書所載高洋、高湛事，及此傳事，以爲徒污簡牘，深以通鑑取二高事爲非是，故坿録元、錢兩家説於此。光緒丁亥七月晦夕三鼓，李慈銘識，時年五十有九。

五代史補五代史闕文　史補宋陶岳撰，闕文宋王禹偁撰，明汲古閣刊本

題詞

五代史補及闕文二書，傳本絶少，此刻雖稱據宋本校正，而譌誤尚多。毛氏校勘頗疏，又喜臆改，

其所刻書，往往如是：雖視有明一代繆妄滅裂之習，已爲遠勝，要不足深據也。陶介立識趣卑陋，叙次尤拙，其聞一二佚事，小可采掇，大體無當，遽名史補，殊不自量。王黄州闕文，雖僅一十七事，而紀載嚴整，深裨勸懲，文筆亦甚簡老，以睎介立，殆不可同年而語矣。癸亥於廠市購得此書，辛未再入都，爲識數語，時季冬廿六日立春之夜。悉伯書。

吴越備史　宋錢儼撰，清道光壬午埽葉山房刻本

題詞

錢遵王讀書敏求記言：「緒山此刻，零斷殘本，實非完書。」且云：「家藏舊本，紀忠懿王事，終始歷然，以校德洪刊本，知其失落紕繆。」今此本又從緒山本輾轉翻刻，烏焉、豕亥，幾不可讀，又省并卷數，面目全失。乾隆中，興化任氏大椿曾撰吴越備史注二十卷，不知所據何本，惜未見於世。至此書編年紀載，多裨史闕，大書附注，敍次有法，雖已殘脱淆亂，終爲可寶；間有私臆不可信者，如言南唐烈祖爲湖州潘氏子諸條，昔人早已辨之，不復贅焉。同治癸亥大暑節，會稽李慈銘識於京師青廠相國邸中。

咸豐己未春盡日，購此於姑蘇城學士街，時舟泊胥門口。會稽越縵生書。

跋尾

宋史錢儼傳：「儼譔吴越備史十五卷，備史遺事五卷。」而陳氏書録解題云：「吴越備史九卷，范坰、林禹撰，備史遺事五卷，錢儼撰，備史亦儼所撰，題林、范者，儼託名云云。」是則此書出於儼手無

疑，而所載卷數已各自不同。陳氏又云：「中興書目其初十二卷，盡開寶三年，後又增三卷，至雍熙四年，今書止石晉開運，比初本尚闕三卷。」國朝四庫目録作備史四卷，補遺一卷，而云「書録解題謂舊本缺前三卷，僅起於石晉開運，今本亦同。」則又與書録前後舛誤，不知所收何本也。此爲席氏埽葉山房刻，乃又合併爲四卷，譌奪殊甚，暇日當一勘之。己未四月，蒓客書於廣陵舟次。

洛陽伽藍記　後魏楊衒之撰，清錢塘吴若準刻本

跋

洛陽建都，元魏爲盛。楊氏此記，雖義專佛寺，而意主國是，故其于注，多旁及人物制度，所以述盛衰，志時變也。史學圖經，深爲有裨。至其文章爾雅，敍次簡秀，足與酈道元水經注相頡頏。元氏一氏著作，傳者寥寥，固可寶貴矣。予向覯是書於明人何氏鏜漢魏叢書、毛氏晉津逮祕書，皆校刊不精，多所訛奪。此本爲近人錢唐吴次平太常所刻，末有太常所著集證一卷，搜采較備，而書中誤字尚多，蓋付刊時未及審正，不能無恨耳。時咸豐辛酉四月，會稽李慈銘書於京城宣南寓齋。

直齋書録解題　宋陳振孫撰，清蘇州刻本

卷首

四庫提要識語

沈叔埏綵堂集云：「録中卷三鄭樵石鼓文考批注有先文簡字，宋龍圖閣學士吏部尚書程大昌謚

文簡；曾孫桀，字儀甫，號隨齋，元時人。文簡自歙遷湖州，與直齋同里，而批注所云：『樵以秦斤、秦權有丕殹兩字，遂以石鼓爲先秦物。先文簡論而非之，其説具載演繁露。』則隨齋爲程桀確然無疑。」案：沈説是也。卷四新唐書下批注有文簡云云，卷五越絶書下批注有文簡批編尾云云，是爲桀甚明；其説雖間有考證，然如注啖助爲人姓名，則似以爲不經見之人。又以曹憲博雅爲因張揖廣雅而譔，不知憲當日但以廣字避煬帝名，故爲廣雅作音而稱爲博雅音，未嘗自撰博雅，蓋讀書未多，有媿其祖多矣。同治七年五月丁憂户部郎中臣李慈銘坿識。

道德經攷異　清畢沅撰，經訓堂藏板

卷首題識

甲戌十月十九日夜，復取三原李氏惜陰軒所刻薛蕙老子集解考異校録一過。蕙字君采，明宏治間進士，官吏部郎，工五言詩，所稱「薛考功」者也。明人著書，不知體例，多任胸肊，其集解自云：「兼取衆本，擇其近是。」攷異亦止列一作某字，一無某字，不載所出何本。然所稱往往與彭耜釋文合，姑存以備采擇焉。

韓非子　周韓非撰，清嘉慶二十三年吴鼒刻本

卷第一卷端

光緒壬午三月，長沙周荇農閣學購得顧千里嘉慶丁巳校臨本，乃用惠定宇校臨馮巳蒼校本，馮校

用宋本。葉林宗道藏本、秦季公校本、趙文毅刻本，以校張鼎文本，惠氏過録於趙本，顧氏復取馮、惠兩校本補録於趙本，其中宋本祇第三一卷及第一卷中一條，亦無甚佳處，因略取前三卷校注此本上，以見其凡，其已見識誤中者，不復出，偶有復出者，所據異也。用墨筆者爲異文，用朱筆者顯然當改也。越縵記。

跋

韓子得失，前人論之已詳，然在周末諸子中，已不能自成一家言，與申、商異矣。其意主于尊上用威，而設術太多，往往自窮其説；至引證古事，每有複出，亦多相抵午，則後人傳寫之譌。其所稱「一曰」云云者，皆校者附記之語，顧氏識誤謂出於劉向，殆或然也。世之重宋刻者，以其尠誤字，今此本奪繆不一，顧氏識誤雖亦見乾道本，而此本之誤，多有爲顧氏所未及者，蓋影刻時，又不無亥豕之異。書中間有注語，而不詳爲何人，淺陋簡略，蓋無可取。而宋刻誤文，注中尤多，吴氏一皆仍之，惟求不爽原槧豪髮，此則得於臨模古帖矣。同治丙寅夏四月，越縵學人李慈銘識於新河寓齋。

索引

一　著者索引

A

B

C

D

F

G

H

J

K

L

M

N

O

P

Q

R

S

T

W

X

Y

Z

二　書名索引

C

D

E

H

J

K

L

M

N

南澗文集　一七七九
南江文集　五二九
南江札記　五四二，一六四五，一六四七
南爐紀聞　三六八
南疆繹史　六六
南雷文定　一〇六三
南齊書　四三一，一〇三五，一四一七，一五六二
南史　二五五，三一七，四三〇—四三二，五七七，五九一，五九八，一三五七，一三六九，一四三一
南宋書　一七〇，一九六三
南宋雜事詩　一二〇九
南唐書　一四七三
南唐書注　二一四一
南崖集　一七三〇
難經疏證　一九七七
能改齋漫録　三五〇，三五一
倪文貞公集　七八三
擬刻皇清經解續編目録　一八九二
廿二史考異　二〇〇
廿二史劄記　一六五，九一七
廿一史四譜　一〇八二
農書　一九二〇

O

歐陽文忠集　一六六
鷗堂日記　三八，四九

P

帕米爾圖　二三〇四
龐鴻書致宋雪帆書　二二二五
佩觿　六二〇
皮日休陸龜蒙詩　一八五
埤雅　八五七
癖談　二〇五八
甓齋遺稿　四〇七
駢體文鈔　三七五

Q

R

S

T

W

X

Y

Z

三　札記索引

B

C

D

E

F

G

H

J

K

L

M

N

Q

R

S

T

W

X

Y

Z